Theodor Kirchhoff

Hermann: Ein Auswandererleben

Theodor Kirchhoff

Hermann: Ein Auswandererleben

ISBN/EAN: 9783743361126

Hergestellt in Europa, USA, Kanada, Australien, Japan

Cover: Foto ©ninafisch / pixelio.de

Manufactured and distributed by brebook publishing software (www.brebook.com)

Theodor Kirchhoff

Hermann: Ein Auswandererleben

Hermann.

Ein Auswandererleben.

Episch-lyrische Dichtung

von

Theodor Kirchhoff

(in San Francisco).

Leipzig.

Verlag von Eduard Avenarius.

1898.

Inhalt.

Meinem geliebten Bruder

Christian

zum Gedächtnis.

An meinen
treuen Freund und Sangesgenossen
Dr. Castelhun
in San Francisco.

Vollendet bist du, Arbeit meines Lebens,
　　Du meines Hermann eigenart'ger Sang,
Ein Denkmal meines ernsten geist'gen Strebens,
Daran ich baute drei Jahrzehnte lang;
Nun will ich Dir aus vollem Herzen danken,
Durch dessen Beistand ich nach vielem Schwanken
Mit neuer Schaffenslust zum Ziele drang.

Wo zwischen schwarzen Mauern von Basalten
Der Oregon hinrauscht durchs wüste Thal,
Wo schimmernd stehn die riesigen Gestalten
Von Hood und Adams in der Sonne Strahl:
Dort hatt' ich auf der Wildnis öden Pfaden
Die heitern Musen mir zu Gast geladen
Und sang von Hermann froh das erste Mal.

Die Orte kenn' ich all', wo ich gewunden
Den Strauß, der immer neue Blüten trieb,
Die Jahre auch, die Tage, selbst die Stunden,
Als dies und jenes ich ersann und schrieb.
Manch eig'nes Schicksal ich darin verwebte:
Was selber ich erfahren und erlebte,
Was treulich im Gedächtnis mir verblieb.

Mein Freund war Hermann auf den Wanderspuren
Im lieben Deutschland, in Helvetia,
Auf Texas' blumenbunten sonn'gen Fluren,
Durch Berg und Thal in California:
Wo still die Blauen Seen im Hochland träumen,
Am Goldnen Thore, bei den Riesenbäumen,
Im Rosengau von Santa Barbara.

Oft freilich ist mein Schaffensmut gesunken
In dieser langen, vielbewegten Zeit,
Oft war erloschen fast der Götterfunken,
Und trübe schien die Welt mir weit und breit:
Denn nimmer, meint ich', würd' es mir gelingen,
Mein Lebenswerk zum guten Schluß zu bringen,
Und Stückwerk würd' es bleiben, mir zum Leid.

Da traf ich Dich, den auch ja an der Stirne
Apoll mit seinem goldnen Stab berührt,
Und freundlich hat er von Helvetias Firne
An deine stille Schwelle mich geführt.
Ich las dir vor, was ich von Hermanns Leben
Gedichtet jüngst, wo licht um Chillon schweben
Die Genien, die den Höh'ren einst erkürt.

Du kargtest nicht, mit Lob mich zu beglücken,
Ob manches auch dir nicht vollendet schien,
Und du begannst sofort, mit Adlersblicken
Die Schwächen an das Sonnenlicht zu ziehn
Du gabst dein Urteil ab ganz ohne Zaudern,
Und bei poetischem Gespräch und Plaudern
Entrann die Zeit im Fluge uns dahin.

Wie kann und darf die Stunden ich vergessen,
Die ich in deinem trauten Heim verbracht!
Wir schmiedeten, wie Stahl in Feueressen,
Die Verse um, zur Dichterglut entfacht;
Wir schmückten sie mit blühenden Gedanken,
So wie im Goldland sich die Rosen ranken
Durch grüner Baumeskronen üpp'ge Pracht.

Dein Mahnwort war, den Wohlklang hoch zu ehren,
Die goldne Saat zu sichten von der Spreu,
Des edlen Vorbilds und der Schönheitslehren
Der alten Meister eingedenk dabei;
Und vieles Rauhe schwand bei ernstem Mühen,
Wie dunkle Wolken von dem Himmel fliehen
Vorm Sonnenblick aus klarer Äthersbläu'.

Mir hat das Schicksal hohe Gunst gegeben:
Mein Lebensabend ward der Sorgen bar,
So daß zu guter Zeit mein Fleiß und Streben
Für meinen Hermann ungefesselt war:
Doch sollte mein bescheid'nes Werk man preisen,
Vergesse keiner, daß die Sangesweisen
Gemeinsam wir verschönt so manches Jahr.

San Francisco, im April 1897.

Theodor Kirchhoff.

Erster Gesang.

Daheim und nach Amerika.

Lichte Traumgebilde führen
    Mich in die Vergangenheit,
Und aus ihren offnen Thüren
Blickt die goldne Jugendzeit:
Wo es rauscht und singt und klinget
    in bekannten Melodien,
Und vergessene Gestalten
    wieder neu vorüberziehn.

Leise eilen fort die Jahre,
Die des Lebens schönste sind,
Immer heiter, wie die klare
Welle eines Waldbachs rinnt.
Maienzeit des Erdenlebens!
    wie ein Frühlingssonnenschein
Strahlt ins ernste Mannesalter
    noch dein leuchtend Bild hinein!

Wie berührt vom Zauberstabe
Schaut mein Aug' in jene Zeit,
Als von Karten stolz der Knabe
Schlösser baute, hoch und breit;
Als von flücht'gen Seifenblasen
    ihn das Farbenspiel entzückt,
Und des Kreisels surrend Drehen
    ihn begeistert, ihn beglückt;

Als er spielend mit den Schwestern
Tobte auf dem Rasenplatz,
Wenn im Lenz an neuen Nestern
Bauten Schwalbe, Fink und Spatz;
Wenn zur Winterzeit er jubelnd
    glitt auf schimmerndem Krystall,
Und er jauchzend warf zum Ziele
    den aus Schnee gepreßten Ball. —

Auf der Kindheit Glanz und Freuden
Folgt des Lernens strenge Pflicht.
Nach der Abenddämmrung Scheiden
Sitzen bei der Lampe Licht
Die Geschwister still im Stübchen,
    lesen und studieren dort,
Fragen oft und hören gerne
    auf der Eltern Rat und Wort.

Was die deutschen Denker lehren,
Was der Dichter Zunge preist,
Fällt wie Saat von vollen Ähren
In den jugendlichen Geist.
Reifen soll im spätern Leben
    jene Saat zu edler Frucht,
Deren erster Keim mit Sehnen
    schon die helle Sonne sucht.

Hermann sieht im bunten Bilde
Gern der fremden Zonen Glanz,
Palmen, tropische Gefilde
Und der Alpengipfel Kranz.
Wie ein Vogel möcht' er fliegen
    weithin durch die blaue Luft,
In des Südens Wäldern atmen
    unbekannten Blütenduft.

Am Gartenhause, hoch im Wein,
Versteckt im Laub der Reben,
Da nisteten zwei Vögelein,
Von Blüten dicht umgeben:
Die flogen her, die flogen hin,
    Zwitscherten hell und sangen,
Und lauter Freude war ihr Sinn,
    Wechselndes Lustverlangen.

Da legt' ich oft am Maientag
Ins weiche Gras mich nieder,
Und sang am bunten Rosenhag
Der Jugend frohe Lieder.
Die Vöglein horchten still hervor
    Unter dem Laub, im Weine,
Und schwieg ich, flatterten sie empor,
    Trillernd im Sonnenscheine.

Doch als der rauhe Herbst den Wein
Entblätterte, da zogen
Der Sonne nach die Vögelein,
Weit über Land und Wogen.
Ich blieb allein. O! könnt' ich auch
    Hoch in die Lüfte steigen,
Ich säng' mit euch in Südens Hauch
    Unter den Palmenzweigen. — —

Nach der Stadt im Travethale
Zieht vom elterlichen Haus
Jetzt allein zum ersten Male
Hermann in die Welt hinaus. —
Gott geleite dich, mein Knabe!
    spricht die Mutter trauervoll,
Der's so schwer uns Herz geworden,
    da der Jüngste scheiden soll.

Küßt ihm weinend Mund und Wangen,
Giebt ermahnend ihm ein Buch,
Drin sie schrieb mit Sorg' und Bangen
Manchen lieben goldnen Spruch:
Ihm der Weisen Rat zu geben,
    wenn Versuchung gleißend naht
Und ihn lockt mit Schmeichelworten
    von der Tugend schmalem Pfad.

Doch der Vater hält ihm lange
Fest die Hand beim Scheidegruß:
Sorge Du, daß deine Wange
Nie vor Schuld erbleichen muß!
Blühen werden drauf der Jugend
    Rosen noch so manches Jahr,
Wenn in Ehren du bewahrest,
    was den Eltern heilig war.

Vor Versuchung dich zu schützen,
Meide ja den Müssiggang;
Du mußt wirken, schaffen, nützen,
Fleißig sein dein lebelang!
Wissen sei dein Freund auf Erden,
    sei dein Hort, dein Talisman,
Den kein Schicksal dir entreißen,
    dir kein Unglück rauben kann. —

Lebt nun wohl, ihr lieben Räume,
Zeugen froher Jugendzeit!
Lebet wohl, ihr Lindenbäume,
Mit den Ästen hoch und breit
Übers Doppeldach sich dehnend;
    Erker du, mein Wohnort traut,
Wo im Frühling sich die Schwalben
    ans Gesims ihr Nest gebaut;

Wo des Knaben eig'ne Kammer
Voll von altem Werkzeug lag,
Er mit Richtschnur, Zirkel, Hammer
Sich vergnügt so manchen Tag;
Wo auf grünem Bücherborte
    dicht die Bände hingereiht,
Deren Bilder und Geschichten
    oft sein junges Herz erfreut.

Und du Garten, hell umkränzet
Von der Planke weißer Zier,
Wo die rote Traube glänzet
Unter Blättern am Spalier;
Deine schatt'gen Laubengänge,
    deiner Rasen Sammetvließ,
Deine stolzen Georginen —
    meines Vaters Paradies!

Wo von ragender Terrasse
Ich so gerne das Gewühl
Froher Menschen sah, die Gasse
Mit des Jahrmarkts Taub und Spiel,
Oder abends froh ich lauschte
    auf der Nachtigall Gesang,
Wenn aus dem Holunderbusche
    sehnsuchtsvoll ihr Lied erklang. — —

Zack'ger Giebel bunte Rauten,
Mittelalterliche Pracht,
Got'scher Dome hehre Bauten,
Schlanke Türme, kühn erdacht:
Königin der freien Hansa,
    sei gegrüßt! im Herrscherkleid
Tauchet stolz dein Riesenschatten
    auf aus der Vergangenheit.

Ob dein Mastenwald gefallen
Und dein Szepter längst zerbrach,
Lebt in grauen Ruhmeshallen
Doch dein Bild bis diesen Tag.
In Marias Tempel stehet
    einsam deiner Schönheit Thron;
Ach! der Türme Gipfel neigen
    müde überm Dach sich schon.

Hermann wird in jener alten
Vielgetürmten Hansastadt
Nie des Anblicks der Gestalten
Großer Vorzeit müd' und satt.
Heiter wechseln seine Tage
    in beglückter Stunden Lauf,
Und ihm geht ein neues Leben
    in den alten Mauern auf.

In des Lehrsaals Hallen lauschet
Er dem hehren Heldensang
Von Homeros und berauschet
Sich an seiner Verse Klang;
Und Virgil, der Dichtkunst Meister,
    reicht ihm Blüten, deren Glanz
Romas Heldenwiege schmücket
    mit der Sage Zauberkranz.

Durch des Ruhmestempels Pforte
Zieht Plutarchos Heldenschar,
Cicero mit Donnerworte
Warnt die Freiheit vor Gefahr;
Anmut muß Horaz ihn lehren
    und Catull, mit weichem Ton,
Weisheit Platos ernste Rede,
    holdes Lied Anakreon.

In der Kameraden Mitte
Wird manch loser Streich erdacht,
Und nach flotter Schüler Sitte
Ohne Skrupel keck vollbracht.
Übersprudelnd schäumt der Becher
    aus dem vollen Freudenquell.
Trinkt die Labe bis zur Neige!
    denn die Stunden kreisen schnell.

    Zu Lübeck, da funkelt im alten
    Ratskeller der Wein im Krystall,
    Wo kräftige Jünglingsgestalten
    Froh zechen beim Gläserschall.

    Es sitzen bei dämmernden Flammen
    Die Burschen von nah und fern
    Am Eichentische beisammen
    Nachts unter dem gotischen Stern.

    Zu Häupten summet nur leise
    Der Räder rollender Klang;
    Tief unten im fröhlichen Kreise
    Schallt mächtig der deutsche Gesang.

Hier leerten die weisen Räte
Schon manches bauchige Faß,
Und gossen nach frommem Gebete
Hinunter das feurige Naß.

Wenn durstig sie tranken und tranken,
Ermüdet vom Essen und satt,
Da kamen die großen Gedanken
Den Vätern der stolzen Stadt.

Ein Hoch den biederen Alten
Von Lübecks hohem Senat,
Die oft hier Sitzung gehalten,
Versammelt im weisen Rat!

Und mögen die wackeren Jungen
Vergessen der Alten nie,
Und trinken mit durstigen Zungen,
Und weise werden wie sie! —

Ernster Arbeit stille Freude,
Stunden toller Fröhlichkeit
Schmücken wie mit Glanzgeschmeide
Hermanns heitre Jugendzeit.
Keiner Sorge dunkle Schatten
  trüben den kryftall'nen Quell
Seines Lebens, drin des Glückes
  Bild sich spiegelt sonnenhell.

Abends geht er manchmal leise,
Ganz mit sich allein zu sein,
Aus der Brüder frohem Kreise
Nach dem hohen Buchenhain;
Ruht auf dem bemoosten Grunde,
  lauschend auf die Melodien,
Die die kleinen Sänger schmettern
  aus des Laubdachs hellem Grün.

Wenn der Sonne Glanzgefunkel
Schräge durch die Wipfel bricht,
Aus des Forstes Zwielichtdunkel
Sanfter Windhauch flüsternd spricht,
Wenn die Elfengeister schweben
    durch der Bäume dichte Reihn:
Ziehn die ersten Lieder schmeichelnd
    in die junge Seele ein.

Ach! mein Knabe, dem so heiter
Alles scheint in dieser Welt,
Trübsal hat der Sternenleiter
Dir vors Sonnenlicht gestellt.
Wenn das Glück am schönsten lächelt,
    ist das Unglück oft nicht weit:
Solches mußt du schon erfahren
    in der frühen Jugendzeit.

Aus dem Elternhaus, dem lieben,
Kam ein thränenfeuchter Brief,
Von des Vaters Hand geschrieben,
Der den Knaben heimwärts rief.
Todkrank liegt die liebe Mutter,
    las er zitternd — komm', mein Sohn!
Deine Mutter will dich segnen,
    eh sie steht vor Gottes Thron.

Und es naht sich bleicher Jammer;
Dunkel wird der Sonne Licht.
Hermann weint in stiller Kammer,
Daß ihm schier das Herze bricht.
Auf das Haupt legt ihm die Mutter
    segnend ihre schwache Hand;
Engel trugen die Verklärte
    ins ersehnte Heimatland.

Ach! wie einsam, wie verlassen
Fühlt er sich, und wie verwaist;
Licht und Leben könnt' er hassen,
Und umdüstert ist sein Geist.
Ahnungsgrauen füllt die Seele
    vor der unbekannten Welt,
Von des Wiedersehens Hoffnung
    nur mit schwachem Licht erhellt.

Ernst des Lebens, deine Schatten
Trübten bald der Jugend Glanz;
Auf des Frühlings bunte Matten
Legtest du den Totenkranz.
Herzerschütternd fielen, rollten
    dumpf die Schollen jetzt herab,
Und zum Jüngling ward der Knabe
    an der lieben Mutter Grab. — —

Kommt herbei jetzt, sonnenhelle
Bilder nach der Trübsal Nacht! —
Von der heimatlichen Schwelle
Zieht es Hermann fort mit Macht.
Städte, Dörfer, Schloß und Hütte
    nahn sich grüßend, schwinden bald;
Kreisend fliegen rasch vorüber
    Hügel, Fluren, Hain und Wald.

Und es bebt sein Herz vor Wonne,
Deutschlands weit erschloffne Gau'n
In dem Glanz der neuen Sonne
So voll Herrlichkeit zu schaun.
Freier wird sein Blick; beschränkt
    in der Heimat engem Raum,
Ahnte er im kleinen Kreise
    seines Volkes Größe kaum.

An dem Rhein in sel'gen Stunden
Weilt der Jüngling. Stolz und schön
Stehn, von Epheugrün umwunden,
Graue Burgen auf den Höhn:
Diese ernsten Heldengräber,
    Diese Mauern voller Sang,
Deren Trümmer Lieder atmen
    und der Barden Harfenklang.

Durch den Dom Colonias schreitet
Staunend er. Welch Gotteshaus,
Das die Seele aufwärts leitet
Bei der Orgel Donnerbraus!
Aus der Tiefe deutschen Geistes
    stieg der schlanken Säulen Pracht.
Hellas hat nicht schön're Bauten,
    Rom nichts Stolzeres erdacht.

Neue Bilder ziehen leise
Wonnelächelnd nun vorbei,
Und es tönt die alte Weise
Von dem Sang der Lorelei.
In der freundlichen Kapelle
    an dem blauen Laacher See
Singen fröhliche Studenten
    von der goldgelockten Fee.

Und die sanft erregten Wellen,
In dem Hain die Nachtigall,
Selbst die alten Klosterzellen
Lauschen auf des Liedes Schall:
Bis es mählich leis' verklinget,
    und der Abendsonne Glut,
Durch die farb'gen Fenster brechend,
    scheidend auf den Säulen ruht.

Weiter eilt sein Fuß. Es spiegeln
Städte, Burgen sich im Rhein;
An den Bergen, auf den Hügeln
Schwellt und reift der edle Wein;
Durch die grünen Fluten ziehen
      Dampfer ihre Schaumesspur;
Herrlich strahlt die Junisonne
      auf die blühende Natur.

Sei gegrüßt, du liebes Städtchen,
Stilles, trauliches Neuwied,
Wo der Bruder seinem Mädchen
Sang der Minne süßes Lied!
Nicht mit Perlen konnt' er schmücken
      seine Fee auf Rheinlands Flur;
Einen Kranz von zarten Liedern
      wand der Maid ihr Troubadour.

Jetzt erklimmt auf Felsenstiegen
Und durch düstrer Thore Reihn
Hermann, dem die Pulse fliegen,
Rasch den Ehrenbreitenstein.
Von den Felsenwällen gähnet
      Der Geschütze finstrer Schlund,
Schweigend, ernst herniederblickend
      auf das Thal, so farbenbunt.

Fels der Ehre, mögst du immer
Siegreich stehn auf hoher Wacht!
Wie der Feind auch wüte, nimmer
Beuge dich der fremden Macht!
Schaue frei, du deutsche Warte,
      westwärts nach den fränk'schen Höhn,
Halt' in Schutz die rhein'schen Lande,
      unser Kleinod, reich und schön!

Wieder eilt auf Eisenspuren
Hermann nach dem heitern Süd,
Durch des Rheingaus üpp'ge Fluren,
Durch des Odenwalds Gebiet:
Bis am Ziele seiner Reise,
   in des Neckars grünem Thal,
Deutschlands mächtige „Alhambra"
   ihn begrüßt im Sonnenstrahl.

Glücklich ist er, einzuziehen
In die alte Musenstadt,
Wo die Wissenschaften blühen,
Freie Bahn die Forschung hat.
All sein Sehnen ist erfüllet,
   alles, was sein Herz erkor;
Hochbegeistert kann er schreiten
   durch der hehren Aula Thor.

Mannigfaltig strömt das Wissen
In des Jünglings offnen Geist,
Der der Arbeit streng beflissen,
Dem sie Lust und Freude heißt.
Der Natur erkanntes Walten
   lohnet seinen regen Fleiß;
Heiter grüßen ihn die Künste
   in der neuen Freunde Kreis.

Täglich in des Lehrsaals Hallen
Hört er das lebend'ge Wort
Ernster Denker nun erschallen.
Geistesflammen leuchten dort,
Und der Forschung Lichtgedanken
   legen manch Geheimnis klar,
Das, wie im verschloss'nen Buche,
   dunkel ihm geblieben war.

Goldne Hoffnungspläne ziehen
Aus der Zukunft Nebelthor,
Wie erscheint mit Funkensprühen
In der Nacht ein Meteor.
Weisheit lernend, sucht er selber
    schon mit des Gedankens Macht
Neue Wahrheit zu ergründen
    in des Wissens tiefem Schacht.

Vor der Seele Augen schwebte
Oft ihm seines Vaters Bild,
Der zu alter Zeit hier lebte,
Auch von Wissensdrang erfüllt.
Seine Wohnung fand er wieder,
    wanderte auf seiner Spur
Wohl dieselben alten Wege
    durch die Stadt, durch Wald und Flur.

Nach der Prachtruine wandte
Gern hinauf er seinen Schritt.
Zürnend, schon als Knabe, kannte
Er die Not, die Deutschland litt,
Als der christlichste der Könige
    seine Räuber ausgesandt,
Städt' und Schlösser zu zerstören
    in dem schönen Pfälzerland.

Und noch heute blickt er bange
Auf das Bild von Neid und Streit,
Auf des Vaterlandes lange
Traurige Zerrissenheit;
Einen Herrscher möcht' er schauen,
    mit des Reiches Macht bewehrt,
Einen Kaiser, stark und weise,
    von dem Volk geliebt, verehrt.

Von dem Glanz, der längst entschwunden,
Träumt' er, als er einst allein
Wandelte in späten Stunden
Vor dem Schloß im Mondenschein.
Herrlich in der alten Größe
　　schien es sich empor zu baun;
An den hohen Fenstern standen
　　Fürsten, Ritter, Edelfraun.

Kurfürst Heinrich hatt' geladen
Kaiser Ferdinand zu Gast,
Auf dem Schloß im sonn'gen Baden
Auszuruhn von Herrscherlast.
Dieser hatte schon vernommen
　　von dem Otto-Heinrichsbau,
Den des Meisters Hand vollendet
　　als den schönsten Schmuck im Gau.

Jubel scholl im Rittersaale;
Fackeln sprühten, Kerzenschein
Strahlte hell, durch die Portale
Drängte sich das Volk herein.
Von dem Turme hoch im Winde
　　flatterte das Reichspanier,
Und Musik und Böllerschüsse
　　tönten rings im Waldrevier.

Ach! in leere Luft verrannen
Bald des Jünglings Phantasien.
Die Gestalten flohn von dannen,
Und es lag im Epheugrün
Mit den alten grauen Mauern
　　öde wieder da das Schloß,
Drauf der Mond aus blauem Äther
　　seinen bleichen Schimmer goß. — —

Ostern ist's. — Im Sammetrocke,
Fest den Ranzen aufgeschnallt,
Wandert mit dem Knotenstocke
Hermann durch den grünen Wald;
Ihm zur Seite flotte Burschen
    aus dem schönen Schwabenland,
Farb'ge Streifen an den Mützen,
    auf der Brust das bunte Band.

Fröhlich ziehn die Musensöhne
Durch des Schwarzwalds stille Pracht,
Dem der Lenz, der farbenschöne,
Licht und Blumenschmuck gebracht;
Von der Hitze auszuruhen,
    lagern sie zur Mittagsstund'
In des Laubdachs kühlem Schatten
    auf dem moosbedeckten Grund.

Ausgelassen, immer heiter,
Wandert der Studenten Schar
Durch die ruh'gen Dörfer weiter.
Aus den Kehlen frisch und klar
Schallt Gesang und lockt ans Fenster
    manche Dirne, schmuck und jung,
Die mit Kußhand all die Burschen
    grüßen voll Begeisterung.

Wenn die Abendsonne sinket
Und die Dämmerstunde naht,
Noch ein lichter Goldsaum blinket
Auf der Berge höchstem Grat,
Suchen sie als Ruhestätte
    für die Nacht ein schützend Dach.
Werden sie es hier wohl finden
    in dem dunklen Tannenhag?

Horch! es schallt in später Stunde
Laut Gebell vom Wald heraus.
Vor sich in dem schatt'gen Grunde
Sehn sie eines Försters Haus.
Prächtig blickt vom Giebeldache
    ein Geweih herab, das trug
Einst ein stolzer Sechzehnender
    durch den Tann wie Windesflug.

Rasch hervor aus seiner Hütte
Tritt der biedre Jägersmann;
Vor dem Ausspruch ihrer Bitte
Hebt er schon zu sprechen an:
Grüß' euch Gott und seid willkommen!
    tretet näher, junge Herrn!
Nehmt fürlieb mit meiner Klause;
    was ich habe, teil' ich gern.

Und er schilt die wilden Rüden
Laut zurück und ruft ins Haus:
Käthchen, komm'! und gieb den müden
Gästen, was du hast zum Schmaus —
Schinken, Käse, Brot und Kuchen.
    Wildpret, Blut= und Leberwurst;
Wirst auch nicht die Milch vergessen,
    um zu löschen ihren Durst!

In der offnen Thüre zeiget
Sich ein holdes Mägdlein nun,
Das sich züchtig still verneiget,
Nach des Vaters Wort zu thun.
Schelmengrübchen, braune Zöpfe
    und ein schwarzbraun Augenpaar
Nehmen wie im Sturm gefangen
    der Studenten flotte Schar.

Alle sitzen bald im Kreise
Um die Tafel froh geschart.
Herrlich schmeckt die kräft'ge Speise
Nach der langen Wanderfahrt.
Frische Milch aus irb'nen Humpen
      labt die Kehlen; doch genug
Dünkt's dem Alten nicht, der nochmals
      jedem füllt den bunten Krug.

Wahrlich! glaub's, euch würde besser
Munden wohl ein Fäßel Bier! —
Spricht er lachend — solch Gewässer
Kann ich nicht verzapfen hier.
Aber fette Milch von Ziegen
      lob' ich euch! das ist ein Trank,
Reich und kräftig. Schaut das Mädel,
      wie gesund sie ward, wie schlank!

In dem Kreis der Musensöhne
Wird des Beifalls Jubel laut,
Als beim leichten Scherz die Schöne
Ängstlich auf den Vater schaut,
Ihre Wange tief erglühet
      bis ans kleine Muschelohr,
Und verschämt das Auge blicket
      aus der Wimpern seid'nem Thor.

Singt ein Liedel jetzt, ihr Gäste! —
Ruft der Alte fröhlich aus —
Nach des Schmauses heiterm Feste
Hör' ich gern in meinem Haus
Einen Sang aus frischen Kehlen:
      so ein lust'ges Wanderlied,
Wie's der Bruder Studio singet,
      wenn er in das Freie zieht.

Hermann! laß ein Liedel hören! —
Schallt's mit Lärmen — Ruh' am Tisch! —
Und er singt, dem Wirt zu Ehren,
Gleich ein Lied, das laut und frisch
Aus der Brust ihm quillt. Die andern
    fallen ein im vollen Chor,
Und des Försters schöne Tochter
    lauschet mit erstauntem Ohr.

     Aus Heidelberg zogen, der weisen Stadt,
     Die Corpsstudenten aufs Land;
     Sie hatten's Studieren herzlich satt
     Und den Professorenverstand.
       Chor: Oweh! — Juchhe! — Oweh! —
          Den Professorenverstand! —

     Im Schwarzwald sind die Mädchen gar fein,
     Sind frisch und ohne Gezier;
     Im Schwarzwald trinkt man nicht sauren
                    Wein,
     Nur echtes bairisches Bier.
       Chor: Juchhe! — Oweh! — Juchhe! —
          Nur echtes bairisches Bier! —

     Die Corpsstudenten besuchen froh
     Den Förster hinten im Wald,
     Der tischt ihnen auf ein Quiproquo
     Von Gerichten, warm und kalt.
       Chor: Juchhe! — Juchhe! — Juchhe! —
          Von Gerichten, warm und kalt! —

     Die Musensöhne sind durstig sehr,
     Sie lechzen nach bairischem Naß;
     Da füllet der Wirt — bei meiner Ehr'!
     Mit Ziegenmilch ihnen das Glas.
       Chor: Oweh! — Oweh! — Oweh! —
          Mit Ziegenmilch ihnen das Glas! —

O schäme dich, Förster! Dein Töchterlein
Ist hold wie ein Engel schier;
Doch die Milch, die gieb dem Zickelein,
Dem Studio schäumendes Bier!
 Chor: Juchhe! — Juchhe! — Juchhe! —
  Dem Studio schäumendes Bier! —

Bravo! — ruft entzückt der Alte.
Hier, dem Dichter meine Hand!
Solch ein Stegreiflied erschallte
Nie im frohen Oberland! —
Aber wenn ihr glaubt, wir tränken
 Ziegenmilch, tagein, tagaus,
Irrt ihr sehr; denn beßre Labe
 birgt das alte Försterhaus!

Käthchen, flink hinweg die Teller;
Bringe Gläser, blank und hell!
Hol' Markgräsler aus dem Keller,
Hol' ein Dutzend Flaschen schnell!
Dieser Wein, der wird euch munden,
 seid ihr auch gewöhnt an Bier;
Werdet ihn in Bälde preisen
 als das wahre Elixir!

Prüft, ihr Burschen flott und munter,
Mir den Wein jetzt mit Verstand!
Gießt ihn nicht den Schlund hinunter
Wie Gebräu vom Bayernland!
Wein, ihr Herrn, hat andre Blume
 als Gambrinus' brauner Trank;
Geist und Feuer lieh die Sonne
 ihm an Badenweilers Hang. —

Jubel hallt im Zimmer wieder,
Und ein Vivat Hoch mit Macht
Gilt dem Wirt. Noch manche Lieder
Tönen durch die stille Nacht:
Bis die zwölfte Stunde mahnend
    ruft die alte Kuckucksuhr,
Und zur Ruh sich die Scholaren
    strecken auf des Estrichs Flur.

Ist es Wettersturmes Rollen,
Das den Frieden unterbricht? —
Nein! es ist der Völker Grollen,
Das mit Donnerworten spricht. —
Fürsten beben auf den Thronen,
    und die Drohnen zittern bang,
Denn von Land zu Land ertönt es
    wie zersprengter Ketten Klang.

Freiheit, die auf Stirn und Wangen
Der Begeist'rung Farben trägt,
Der mit stürmischem Verlangen
Jedes Herz entgegenschlägt:
Wahrheit soll dein Hoffen werden
    von erträumter Herrlichkeit,
Die der Dichter Mund gesungen
    in der langen trüben Zeit.

Fallen sollen alle Schranken,
Die den Menschengeist beengt
Und die schaffenden Gedanken
Eingeengt und eingezwängt.
Große Zeit! dein Pulsschlag zittert
    durch Germaniens weite Gau'n,
Deren Söhne hochbegeistert
    in die neue Zukunft schaun.

Von der Alp zum Meeresstrande,
Von der Oder bis zum Rhein
Geht der Ruf: Die deutschen Lande
Sollen frei und einig sein!
Heilig sei in ihren Grenzen
          freies Wort und Mannesrecht,
Und das Ausland achte, ehre
          ihr erstandenes Geschlecht! —

Unsern Jüngling drängt's zu Thaten.
Kaum noch hält er sich im Zaum,
Ruhlos schaut er die Penaten
In der Alma stillem Raum:
Während Kampf und Siegesjubel
          rings im Vaterland erschallt,
Vor des Volkes Macht sich beuget
          die gewappnete Gewalt.

Horch! vom Lande, meerumschlungen,
Seiner Heimat, brav und schlicht,
Ist ein Hilferuf erklungen,
Der zum Herzen mächtig spricht.
Deutsche Sprache ward verfehmet
          dort auf Dänemarks Geheiß,
Treu' und Recht beschimpft, verhöhnet
          in dem alten Sachsenkreis.

Hermanns Herz vor Wonne bebet,
Als das Schleswig-Holstein-Lied
Tausendstimmig sich erhebet,
Der Begeist'rung Flamme sprüht.
Fort mit dem gelehrten Plunder!
          Mein Gebet, vom Sturm bewegt,
Sei der Schlachtruf bei der Fahne,
          die der Freiheit Farben trägt! —

Unheil zieht im hohen Norden
Schnell herauf, gewitterschwer.
Von den Belten und Fjorden
Rollt der Donner übers Meer.
Freiheitskämpfer eilen freudig
   in den Krieg aus allen Gau'n,
Um den Brüdern beizustehen,
   die auf Deutschlands Hülfe baun.

An den baltischen Gestaden
Ringen Heere schon im Kampf.
Hermann mit den Kameraden
Steht im dichten Pulverdampf.
Wo die Büchsenkugeln pfeifen,
   berstende Granaten schrein,
Ist der junge Held zu finden
   in den vordern Schlachtenreihn.

In die Städte, bunt von Fahnen,
Ziehn die Sieger; grüßend stehn
An den Fenstern, auf Altanen
Fraun und Jungfraun, hold und schön.
Blumenregen, Vivatrufen,
   Händedruck, so innig, heiß,
Sonn'ge Blicke, Dankesworte
   sind der höchste Ehrenpreis.

Freude will das Herz zersprengen
In des Jünglings voller Brust
Bei der Lieder Jubelklängen,
Bei des Volkes Dank und Lust.
Nicht für Königsschätze gäbe
   er den schlichten Blumenkranz,
Der ihn krönet als Befreier
   des geliebten Heimatlands.

Über Nordalbingiens Fluren
Zieht zum Kampfe Heer auf Heer,
Und es folget deren Spuren
Sieg auf Sieg zum nord'schen Meer.
Schleswigs blut'ge Osterfeier,
    Eckernförde, Koldings Schlacht
Sind die Bürgschaft größ'rer Zukunft
    für der Deutschen ein'ge Macht.

Und es füllt ein frohes Ahnen
Ihm die Brust vom Ruhmestag,
Wenn die Stämme der Germanen
Sühnen ihre alte Schmach;
Wenn die Zwietracht ganz verschwunden
    und der stärk're Feind besiegt,
Von der deutschen Faust zerschmettert,
    auf der blut'gen Wahlstatt liegt.

Aber ach! es war entschwunden
Bald der Glanz der großen Zeit,
Und es kamen dunkle Stunden,
Voll von Weh und Herzeleid;
Nutzlos blieben Heldenthaten,
    die das junge Heer vollbracht,
Als es mit dem Feind gerungen
    in so mancher heißen Schlacht.

Und ein Tag voll Todesschauern,
Wie der Krieg noch keinen sah,
Ward gekämpft vor deinen Mauern,
Festung Fridericia:
Mit gebund'nen Schwingen träumte
    der gewalt'ge Preußenaar,
Als der Übermacht erlegen
    Schleswig-Holsteins Heldenschar. —

Nach dem blut'gen Ringen schweigen
Waffenlärm und Kriegsgebraus.
Hermann eilt vom Kampfesreigen
Nach dem stillen Elternhaus.
Froh in seine Arme stürzen
    die Geschwister, und es blickt
Ihm ins Auge stolz der Vater,
    der die tapf're Hand ihm drückt.

Wahrlich! — ruft er — daß erstaunen
Muß ich, daß der junge Fant
Zwischen Mörsern und Kartaunen
Wie ein alter Krieger stand.
Schade, daß der Kampf zu Ende!
    In der nächsten Freiheitsschlacht
Hätt' der Junge ohne Frage
    es zum General gebracht.

Traun! das Ehrenkreuz, ihr Kinder
Trägt am bunten Rock der Held.
Ob er einen Sechzigpfünder
Wohl vernagelte am Belt?
Hab' den lieben flotten Burschen
    kaum erkannt, so kühn und wild
Blickt er aus den blauen Augen —
    wie der alte Fritz im Bild! —

Bald jedoch zu neuem Ringen
Ruft bedrängt das Heimatland;
Seine tapfern Söhne schwingen
Hoch das Schwert in kräft'ger Hand:
Aber, Nordmark, aufgeopfert
    wurdest du in jener Zeit;
Deine Treu' zur deutschen Mutter
    brachte dir unsäglich Leid.

Von den Freunden ganz verlassen,
Kämpfend unverzagt allein,
Sahst du deinen Stern verblassen
In dem Schlachtenflammenschein.
Durch des Feldherrn böses Schwanken
    ward auf Idstedts blut'gem Feld
Dir der schönste Sieg verloren,
    all dein Hoffen jäh zerschellt.

Und im großen Vaterlande
Wüten Haß und Reaktion;
Neue Fesseln, neue Bande
Schmieden sie mit bitterm Hohn.
In den kalten Kerkermauern
    klaget der Gefang'nen Mund;
Vor dem Machtspruch fremder Mächte
    beugt sich Preußen und der Bund.

Heimwärts ziehn Holsatias Söhne,
Die ein stärk'res Schicksal schlug,
Ohne Sang und Freudentöne,
Mit umflortem Fahnentuch.
Traure, Deutschland! — Schergen brachen
    Schleswig-Holsteins Wehr entzwei,
Es den Dänen preiszugeben.
    Nur die Toten wurden frei!

Hermann sieht mit Seelenqualen
Deutschlands Not und tiefen Fall,
Übers Grab von Idealen
Unheil nahen überall.
Seiner Träume stolze Bauten
    stürzen nieder in den Staub,
Denn die Freiheit liegt im Sterben,
    wird der Tyrannei zum Raub.

Völkerlenz, dein heil'ges Hoffen
War ein Rausch, ein Wahn so schön,
Den ein eis'ger Hauch getroffen
Von den starren Herrscherhöhn!
Ach! ein kalter Winter tötet
    all der Blüten bunten Glanz,
Welche, fruchtverheißend, prangten
    in den Gau'n des Vaterlands. —

In der Seele wund geworden
Von des Schicksals schwerem Schlag
Wandert an des Elbstroms Borden
Hermann klagend, Tag um Tag.
In die Ferne will er flüchten,
    weithin übers große Meer,
Sein zerrissnes Herz zu heilen,
    das so trüb, so kummerschwer.

Dorthin, wo die Freien wohnen,
Wo kein Schranze sklavisch kniet
In dem Glanz von Königskronen,
Es mit Macht den Jüngling zieht:
Wo der Neuzeit Geist, erlöset
    von jahrhundertaltem Bann,
Thatenkräftig schaffen, wirken
    und sich froh entfalten kann. -

Leb' nun wohl, du deutsche Erde,
Mir so lieb in Leid und Weh,
Daß ich weich im Herzen werde,
Da ich scheidend von dir geh!
In dem Glanze fremder Zonen
    soll dein grünendes Gefild,
Deine Schöne mich begleiten
    wie der Jugend Zauberbild.

Lebet wohl, ihr Buchenwälder,
Die als Knabe ich gekannt,
Und ihr Wiesen, Moor und Felder
In dem meerumschlung'nen Land!
Letzten Gruß euch, bunten Sängern,
    deutscher Böglein frohem Schwarm!
Ach! wie werd' ich euch entbehren
    in dem Urwald, sangesarm.

Ruhe sanft in süßem Schlummer,
Mütterchen! bei deinem Grab
Brech' ein Blatt ich voller Kummer
Von der Trauerweide ab.
Deinen Jüngsten treibt das Schicksal
    weithin übers blaue Meer;
Doch dein Segen wird ihn stärken,
    wenn sein Herz oft sorgenschwer.

Und du Elternhaus, beim Scheiden
Ruht auf dir mein feuchter Blick;
Meiner Jugend Glanz und Freuden
Laß' ich trauernd dort zurück.
Einen Händedruck noch, Vater,
    Bruder, Schwestern! — nun Ade!
Und jetzt trage, stolzer Segler,
    fort mich in die weite See! — —

Längst verschwunden sind die Dünen
An dem Strand des Vaterlands;
Endlos liegt die See, beschienen
Von der Sonne Spiegelglanz.
Hermann scheint die Welt so traurig.
    Meer, warum so schweigsam du?
Raset, tobt, ihr Elemente,
    peitscht es auf aus träger Ruh!

Seht! da kommt der Sturm geflogen
Aus dem weiten Himmelsraum.
Von den Kämmen grüner Wogen
Stäubt empor der weiße Schaum.
Eilig reffen die Matrosen
    schon die schweren Segel ein,
Und es tönt Kommandorufen,
    und das Hohoi schallt darein.

Knarrend biegen sich die Raaen,
Flatternd reißt das Segeltuch,
Mächt'ge Wasserberge nahen,
Stürzen prasselnd übern Bug;
Blitze zucken, Donner krachen,
    Flammen züngeln hoch am Mast,
Und die finstern Wolken jagen
    durch die Luft in wilder Hast.

Endlich legen sich die Winde,
Leichter wird der Wogen Tanz;
Sommerlüfte, lau und linde,
Kräuseln sie im Sonnenglanz.
Auch im sturmerregten Herzen
    kehrt des Friedens Ruhe ein,
Und es strahlt aus Hermanns Augen
    neuer Mut und Hoffnungsschein.

Und die Tage kommen, schwinden
In dem ew'gen ebnen Gang.
Fortgeführt von günst'gen Winden
Fährt der Segler rasch entlang.
Westwärts strebt er, immer westwärts
    hin zum Port auf seiner Bahn;
Seine Spur smaragd'ner Wellen
    schwindet bald im Ocean.

Fern am Horizonte gleiten
Weiße Segel still vorbei,
Ziehn nach unbekannten Weiten
Durch des Meeres Wüstenei.
Lustig jagen sich in Schwärmen
    die Delphine; manchesmal
Spritzt die lichten Wassergarben
    hoch empor ein Riesenwal.

Dort die dunklen Wolken zeigen
Eines fernen Dampfers Lauf.
Aus der feuchten Tiefe steigen
Unterm Rauch die Masten auf,
Werden höher schon und größer,
    eben noch wie Linien kaum:
Bis der Renner auf dem Meere
    stolz sich naht im Wogenschaum.

Seht! Die Hansafahne schwebet
Hoch empor am Dampfkoloß,
Der die Eisenflanken hebet
Und sich bäumt — ein wildes Roß.
Meerdurchschwimmer, trag' des Wandrers
    Grüße heim zum deutschen Strand,
Seiner Liebe heißes Sehnen
    nach dem teuren Vaterland!

Feurig sinkt die Sonne nieder
In die See zum letztenmal.
Weiße Segel nahn sich wieder
Und es mehrt sich ihre Zahl.
Lotsenboote, an dem hohen
    Mast ihr großes Segeltuch,
Reiten auf den Wogenkämmen
    gischtumsprüht, mit schnellem Bug.

Leise kommt die Nacht; sie legt sich
Dämmernd übers große Meer.
Sehet! dort, ein Licht bewegt sich
Wie am Ufer hin und her.
Hermann weilt in höchster Spannung
    schlaflos draußen auf dem Bord,
Bei dem ersten Morgengrauen
    zu erspähn den nahen Port.

Herrlich steigt herauf die Sonne
Und bestrahlt Long Islands Belt.
O, wie schlägt sein Herz voll Wonne,
Als er schaut die neue Welt! —
Sei gegrüßt, du Land der Sehnsucht,
    sei gegrüßt vieltausendmal!
Zieh', mein Schiff, mit vollen Segeln
    durch sein leuchtendes Portal! —

Bunte Gärten, schatt'ge Haine,
Grüne Hügel, Wald und Flur
Lächeln rings im Sonnenscheine,
Wie ein Eden der Natur.
Weiße Villen liegen schimmernd
    an smaragd'nen Waldeshöhn;
Bunte Sternenbanner flattern
    in dem frischen Wind so schön.

Fernher braust ein dumpfes Lärmen —
Einer Weltstadt Atemzug!
Dampfer, voll von Menschenschwärmen,
Kreuzen hin und her im Flug.
Häusermassen, schlanke Türme,
    tausend Masten ragen auf;
Meerwärts wendet, Städte spiegelnd,
    stolz der Hudson seinen Lauf.

Hermanns Augen, freudetrunken,
Auf dem Glanz der Bilder ruhn.
In die Meerflut sei versunken
All du altes Elend nun!
Eines neuen Lebens Sonne
    strahlet aus ihr goldnes Licht,
Welches frische Rosenblüten
    um des Jünglings Stirne flicht. —

Sei mir freundlich! Land so prächtig,
Das mein Hoffen all umschließt,
Wo mein Herz, so sehnsuchtsmächtig,
Nun von Jubel überfließt!
Unter deinem blauen Himmel,
    der die Freiheit wachsen sah,
Will ich wohnen, schaffen, streben,
    herrliches Amerika! —

Zweiter Gesang.

Nach dem Mississippi.

Aus des Äthers blauen Räumen
Blickt das goldne Sonnenauge
Auf die stolze Stadt am Hudson,
Licht und Lust und Leben spendend,
Als zum erstenmal sich Hermann
Umschaut in der neuen Welt.
      Welch ein Leben, frisch pulsierend!
      Welch ein Schauspiel, sinnberauschend! —
Durch des Broadway meilenlange
Prächt'ge Zeile geht er staunend,
Fortgetragen vom Gewühle
Tausender. Es wälzt sich rastlos
Der Gesichter Flut vorüber,
Jedes Antlitz eine Welle
Im lebend'gen Menschenstrome.
Auf und ab in Reihen endlos
Jagen glänzende Karossen,
Rosse stampfen, und das Pflaster

Bebt und dröhnt vom eil'gen Hufschlag
Und der flücht'gen Räder Rollen.
Vieler Sprachen Laute tönen
Aus dem wogenden Gedränge;
Deutsche Worte treffen öfters
Wie Musik das Ohr des Wandrers.
Zwischen ragenden Gebäuden
Hängen riesengroße Banner
Über diesem Völker=Heerweg,
Sternenfahnen wehn im Winde,
Farbenbunte Schilder prangen
Zahllos an den hellen Häusern.
In Gewölben, deren Hallen
Mit verschwenderischer Pracht
Und mit Kunstsinn ausgestattet,
Liegen Schätze aller Zonen,
Die den Glanz der Fürstenstädte
Von Europa überstrahlen.
Hermann wandert wie im Traume.
Kaum erfaßt sein trunknes Auge
Diese Flut von neuen Bildern,
Strahlend in der Glut des Südens;
Und er sieht mit Wonnebeben
Dieses freiste Volk der Erde,
Das an ihm vorüberstürmet,
Tausendfält'ges Ziel verfolgend,
Nie ermattend, schaffend, wagend
Im Bewußtsein seiner Volkkraft.
Keine Macht des Thrones schaut er,
Keine goldnen Epauletten,
Krieger nicht in Wehr und Waffen;
Nur die Diener des Gesetzes,
Ordnung, Frieden zu bewahren.
Wahrlich! Glück und Arbeitsfreude

Hat ein güt'ger Gott verschwendrisch
Dir in deinen Schoß geschüttet,
Erste Stadt Amerikas,
Die am Thore der Atlantis
Prangt auf stolzem Herrschersitz! —
Könnten jene biedern Alten,
Die aus Hollands Niederungen
Nach der neuen Welt gewandert
Und auf der Manhattan-Insel
Gründeten Neu-Amsterdam,
Heute schreiten durch den Broadway,
Wahrlich! ihren Augen trauten
Nimmer sie. Sie alle würden
Als ein Märchen es betrachten,
Daß an diesem Ort des Glanzes,
Im Gewoge dieser Großstadt
Einst ihr stilles Dorf gestanden,
Wo die wohlgenährten Rinder
Weideten im Gras der Straßen,
Und sie selbst in langen Röcken
Mit den großen Silberknöpfen,
Ihre Frau'n mit blankem Flitter
Auf den Hauben, an dem Mieder,
Sonntags langsam und bedächtig
Auf dem Landpfad nach der Kirche
Wandelten! — Es hat dies Wunder
Freier Männer Mut und Thatkraft
In der neuen Zeit vollbracht.
Was Jahrhunderte kaum schufen
Drüben in der alten Welt,
Wo das Volk mit Müh' und Arbeit
Schwer den eignen Wohlstand mehret,
Seine beste Kraft vergeudend
Unter ew'gen Kriegesnöten —

Wen'ge Jahre thaten's hier! —
Washington, dies reich Vermächtnis
Deiner Thaten, deines Ruhmes,
Deiner schlichten Bürgertugend,
Die den Glanz von Königskronen
Durch ihr Himmelslicht verdunkelt:
Mög' es wachsen, Segen spendend
Den Bedrückten aller Zonen,
Und den Völkern dieser Erde
Sein der Neuzeit Kanaan!
Möge stets dein hehrer Name
Diesem Land ein Wachtwort bleiben,
Und es nie im Glück vergessen,
Daß der Schöpfer seiner Größe
Ihm der Menschheit höchste Güter
Anvertraut als heil'ges Pfund! —
    Also sinnend wandert Hermann
Durch die fremde Riesenstadt.
Seine Schritte lenkt er dorthin,
Wo ihn grüßt ein kleines Deutschland,
Wo die Häuser anspruchsloser,
Und der Glanz des Reichtums fehlt.
Statt der stolzen Kaufmannshallen,
Großgeschäfte und Paläste
Sieht er hier bescheidne Räume,
Händler, fleiß'ge Handwerksleute
Friedlich bei einander wohnend.
Mütter, auf dem Arm die kleinen
Rotpausback'gen Zukunftsbürger,
Stehen in den Thüren, grüßen
Freundlich ihn mit deutschem Wort,
Und die Straße schwärmt von Kindern.
Dann zum Stadtteil nah am Hafen
Geht er, Neues zu erspähen.

Lärm und wildes Leben herrscht hier.
Rohes Volk der grünen Insel
Brüllt in Kneipen und Spelunken;
Auf den Gassen, dumpf und schmutzig,
Drängen Menschen sich und Fuhrwerk;
Grobe Kutscher, Peitschen schwingend,
Schlagen auf die mächt'gen Rosse;
Angetrunkene Matrosen,
Iren, Yankees, Juden, Deutsche,
Neger, fremdes Volksgesindel
Schreien, fluchen durcheinander,
Und das Laster wandelt offen
In dem Strahl der goldnen Sonne. —
Eil'gen Fußes flieht der Wandrer
Bald vor diesem wüsten Treiben.
Ach! wie häßlich sind die Flecken
An Columbias blankem Schilde!
Ruft er, als er abends müde
Wieder weilt in stiller Kammer,
Und die farbenpräch'tgen Bilder
So verunziert nochmals wieder
Vor dem Geiste ihm erscheinen;
Bilder, die im Traum ihm folgen,
Als zum erstenmal der Schlaf ihn
Aufsucht in der neuen Welt. — —

Unter Scenen und Gestalten,
Deren Neuheit Hermanns Sinn
Wie im Bann gefangen halten,
Eilt die Zeit im Flug dahin.
Freunde finden sich in Menge,
      die den Landsmann gern mit Rat
Unterstützen, ihn zu führen
      auf den rechten Lebenspfad.

Einer, der ihm treu ergeben,
Giebt die Lehre frank und frei,
Daß Bescheidenheit im Leben
Keinem zu empfehlen sei.
Selbstreklame, spricht ein andrer,
    ist die Losung hierzuland;
So nur wird in Gold verwandelt
    das Talent und der Verstand.

Aller Hoffnung Ziel auf Erden,
Heil für alles in der Welt
Ist der Dollar. Glücklich werden
Wird allein bedingt durch Geld!
Armut ist die größte Schande;
    Reichtum ist des Himmels Gunst,
Herrlicher als Geistesgaben,
    Bildung, Wissenschaft und Kunst.

Auch belehrt man ihn, es wären
Auf der Freiheit Siegesbahn
Kasten, Orden, Titel, Ehren
Dinge, die längst abgethan.
Jeder Bürger sei ein König,
    und man kenne keinen Knecht,
Wie des alternden Europas
    tief erniedrigtes Geschlecht.

Doch vor allem wohl beachten
Muß ein Neuling dieses nun:
Stets mit Fleiß danach zu trachten,
Es den Yankees gleich zu thun;
Auch das deutsche Wort zu meiden,
    denn viel höher, wie man weiß,
Steht das Englische, die Sprache,
    die beherrscht den Erdenkreis.

Solche Rede, die gesprochen
Halb im Ernst und halb im Scherz,
Schmerzt, als würd' ein Dolch gestochen
Grausam ihm ins warme Herz.
Jene hohlen Freiheitsphrasen,
    Dollarlob aus deutschem Mund
Und Verhöhnung deutscher Laute
    machen ihm die Seele wund.

Als er aus dem Lärm der Gassen
Eines Abends heimgekehrt,
Fühlt er sich so ganz verlassen,
Wie noch nie am fremden Herd.
Traurig steht er lang' am Fenster,
    schaut hinaus aufs Häusermeer,
Und ihm tönen von den Lippen
    diese Worte, freudenleer: — —

    Alleine im Gewühl der Welt,
    Allein mit meinen Sorgen!
    Ich hör' kein andres Wort als Geld
    Am Abend wie am Morgen;
    Als läge unter Mammon hier
    Des freien Mannes Seele schier
    Vergraben und verborgen.

    Es hat ins neue Babylon
    Das Schicksal mich verschlagen.
    Im Auge quillt der Thränen Bronn,
    Träum' ich von alten Tagen.
    Ach! daß die Heimat ich verließ,
    In diesem Dollarparadies
    Nach flücht'gem Glück zu jagen!

Wohl trägst du, Königin im Land,
Ein Stirnband, sonnenhelle;
Dein farbenbuntes Prachtgewand
Umspielt die Meereswelle.
Reich bist du! mächt'ger stehst du da
Als Tyrus und Venezia
An großer Zukunft Schwelle.

Doch einsam, wie im Leben nie,
Muß ich in diesen Mauern
Die Stunden ohne Poesie
So freudenlos vertrauern.
Mir ist zu Mut so kalt, so leer,
Es schlägt mein Herz so kummerschwer
In bangen Ahnungsschauern. —

Auf einmal bricht die Dunkelheit
Herein ins öde Zimmer,
Und Schatten wandern, lang und breit,
Dahin im fahlen Flimmer.
Kein träumerisches Dämmerlicht
Wie alte Zeiten zu mir spricht
Aus ros'gem Abendschimmer.

Wie saß ich sonst im Zwielicht gern
Im Garten bei den Linden,
Und sah im Äther Stern auf Stern
Sein goldnes Licht entzünden!
Der duftumströmte Rosenstrauch
Umkoste mich mit süßem Hauch
In lauen Abendwinden.

Die Mutter ging den breiten Steig
Lustwandelnd auf und nieder,
Der Vater, Herr im Blumenreich,
Brach Rosen hin und wieder,
Und aus den offnen Thüren drang
Herüber des Pianos Klang
Und sanfter Ton der Lieder. — —

Horch! drüben tönt vom schwarzen Turm
Der Glocke dumpfes Schlagen.
Wie Brandung braust im Wettersturm,
So donnern Roß' und Wagen
Und Menschenwogen durch die Nacht,
Von tausend Lichtern hell gemacht,
Als sollt' es wieder tagen.

Braust, Menschenwogen! — Einsam fliegt
Mein Geist durch Traumlands Räume;
Weit hinter Horizonten liegt
Mein Paradies der Träume.
Für fremder Zonen Glanzgebraus
Gebt mir das stille Vaterhaus
Und meine Rosenbäume! — —

Heiter scheint die Sonn' ins Zimmer,
Als nach einer bangen Nacht
Hermann durch den goldnen Schimmer
Spät am Morgen aufgewacht.
Rasch entschlossen lenkt die Schritte
    er hinaus, wo Menschen sind;
Will nicht grämen sich alleine,
    wie ein kummervolles Kind.

Im Gewühl der Weltstadt schwindet
Bald das Heimweh, das die Brust
Ihm beengt, und wieder findet
Er die alte Jugendlust.
Soll die Sehnsucht ihn verzehren
    nach dem hingeschwund'nen Glück?
Nimmermehr! — Es bringt kein Trauern
    das verlorene zurück.

Frisch hinaus ins volle Leben!
Westwärts zieht es ihn mit Macht,
Wo sich neue Städte heben
Aus der finstern Urwaldspracht.
Schauen will er, wie die Wildnis
    dort sich aufschließt der Kultur;
Selber will er wirken, schaffen,
    wandernd auf des Fortschritts Spur. —

Türme, die zum Himmel ragen,
Stadt und Meer entschwunden sind.
Durch die Riesenwälder jagen
Eisenrosse pfeilgeschwind.
Leichtgebaute Brücken zittern,
    wenn der Zug in wilder Flucht
Über Schluchten hin und Flüsse
    rollt mit ungeheurer Wucht.

Unbebaute Länderstrecken,
Hügel, Berge, Sumpf und Moor
Fliehn vorbei, gespenstisch recken
Schwarze Stämme sich empor;
Städte, Farmen, Flüsse, Seen
    kommen, schwinden, tauchen auf,
Felder, voll von goldnen Kolben,
    kreisen wie im Sturmeslauf.

Nach der Grenze der Savannen,
Die von Indianas Staat
Über Illinois sich spannen,
Führt des Eisenrenners Pfad.
Dort am Präriesaum erstreckt sich
    weit und breit ein düstrer Wald,
Der von Lärm und wildem Aufruhr
    tausendstimmig wiederhallt.

Hermann weilt im Forstreviere,
Um das Wunder anzuschaun,
Wie des Westens Pioniere
Eine neue Stadt erbaun.
Rings im Urwald lodern Brände,
    prasselnd stürzet Baum auf Baum,
Und es sägt und pocht und hämmert
    überall im wüsten Raum.

Ohne Schutz vor Wind und Wetter
Liegen Kisten, Baugerät,
Schindeln, Fässer, Thüren, Bretter
Auf dem Boden hingesät.
Hochbelad'ne Wagen schwanken
    durch die Lichtung müd' und schwer,
Funkensprühnde Eisenrosse
    rollen heulend hin und her.

Wo im wüsten Waldgehege
Stümpfe zahllos noch zu sehn,
Werden bald am breiten Wege
Stattliche Gebäude stehn.
Vielfach strebt schon das Gerippe
    künft'ger Häuser hoch empor;
Käfigen für Riesenvögel
    gleichen sie aus leichtem Rohr.

Dort ein schönes Schulhaus! fertig
Leuchtet es im hellen Kleid,
Seiner Herrin schon gewärtig,
Einer klugen Yankeemaid.
Dort ein Gotteshaus! und andre
      liegen rings zerstreut im Wald,
Wo von hehren Glaubenssiegen
      bald der Frommen Lob erschallt.

Hermann wandert voll Erstaunen
Durch die neue Urwaldstadt.
Wie der Donner von Kartaunen
Schallt ins Ohr das wucht'ge Rad
An des Fortschritts Siegeswagen,
      dessen mutiges Gespann
Erst am Strand des Stillen Meeres
      rasten wird im Riesentann.

Als es Nacht ward und im roten
Blutgefärbten Flammenschein
Fackeln gleich die Fichten lohten,
Ging er in sein Kämmerlein.
Wo ein Baumkoloß gestanden,
      streckt' er sich auf weichen Flaum;
Doch der Schlummer mied ihn lange
      in dem fremden öden Raum.

Eh der Schlaf die müden Lider
Schloß mit bleierner Gewalt,
Mußt' er denken immer wieder
An den alten stolzen Wald,
Der seit ungezählten Jahren
      hier in wilder Schönheit stand
Und, von der Kultur verwüstet,
      seinen Untergang nun fand.

Seine Riesen sah er fallen.
Wo die Götter einst gewohnt
In den grünen Domeshallen,
Ward nichts Heiliges verschont.
Dumpfer Axtschlag, Singen, Lärmen
    klang noch lang in Hermanns Ohr,
Bis des Traumgotts goldne Schwingen
    rauschten an der Sinne Thor. —

Bin ich denn im Märchenlande? —
Spricht im Schlaf er, hörbar kaum —
Wach' ich, oder schlug in Bande
Meinen Geist ein wirrer Traum? —
Wunderbare Töne hört er,
    und Gestalten, winzig klein,
Huschen wie ein Spuk vorüber,
    necken ihn in bunten Reihn.

Horch! was regte dort sich? — Knistert's
Leise nicht und springt vorbei?
Auf dem Lager raschelt's, flüstert's,
Grad' als ob verhext er sei.
Sieh! jetzt steigt das Bett und hebt sich
    langsam aufwärts in die Luft,
Und der Boden sinkt hinunter
    tief in eine finstre Gruft.

Durch die wollne Decke sprießen
Zweiglein mit geheimer Kraft,
Zarte Tannennadeln schießen
Aus den Ästchen zauberhaft.
Höher steigt er, immer höher
    schwindelnd in die Luft empor,
Dichter, immer dichter wachsen
    Nadelzweiglein rings hervor.

Wundernd sich, halb aufgerichtet
Sitzt er da und schaut sich um.
Wie ein Märchen, hübsch erdichtet,
Scheint ihm dies. Vor Staunen stumm
Sieht er unter sich aufragen
      einer Riesentanne Stamm;
Oben steht sein Bett im Grünen
      auf des Baumes luft'gem Kamm.

Sieh! jetzt regt sich's in den Zweigen.
Winz'ge Leute, kampfbereit,
Tanzen einen Kriegesreigen
Im Geäst an seiner Seit',
Einer springt gar auf die Decke,
      packt ihn an der Kehle gut,
Zupft den Bart ihm, zerrt die Haare;
      schauerlich wird ihm zu Mut.

Die bemalten Bürschchen gleichen
Häuptlingen; im straffen Haar
Tragen sie als Rangeszeichen
Federn von dem Königsaar.
An den Taschen, reich von Perlen,
      klingen Glöcklein, dicht gereiht;
Mokassins an braunen Füßchen
      schimmern unterm bunten Kleid.

Blanke Tomahawkchen schwingen
In den Händen sie mit Drohn,
Zum Skalpieren sind die Klingen
Scharfer Messer fertig schon.
An den buntgeschnitzten Bogen
      ziehn sie fest die Sehnen an, —
Zielen mit den Pfeilen, wahrlich,
      nach dem Kopf ihm, Mann für Mann!

Nahebei im Grün der Fichte
Ruht auf einem Ästchen fein
Mit betrübtem Angesichte
Eine Fee, so zart und klein.
An den Schultern trägt sie Flügel,
    himmelblau, mit goldnem Rand,
Rote Federn auf dem Haupte,
    Waldesblümlein in der Hand.

Von den Wimpern träufeln Zähren.
Ihre Händchen legt sie fest
Auf die Brust, dem Schmerz zu wehren,
Der ihr Herz zusammenpreßt.
Doch die rot bemalten Krieger
    blicken alle voller Wut,
Heben dräuend ihre Waffen
    gegen ihn voll Kampfesmut.

Weinend klagt die Fee: O Jammer!
Meine Wälder stürzen hin;
Sägen knirschen, Axt und Hammer
Wüten Tag und Nacht darin.
Rette, Fremdling, diese Tanne,
    die der Stolz des Urwalds war!
Hofstaat hielt ich hier hoch oben
    ungestört dreihundert Jahr.

Ach! schon seh' ich wie Dämonen
Deine Axteschwinger nahn.
Meinen Fürstensitz zu schonen
Fleh' ich dich, und unterthan
Bleib' ich dir dein ganzes Leben.
    Glück und Segen sei dein Los;
Gold und Perlen und Geschmeide
    streu' ich dir in deinen Schoß! —

Einen Schmuck von Edelsteinen
Zeigt sie ihm, die Funken sprühn;
Zwischen ros'gen Fingern scheinen
Ringelein, die goldig glühn.
Hastig will er nach den Schätzen
   greifen mit begier'ger Hand,
Neigt sich schon zu ihr hinüber
   von des luft'gen Lagers Rand:

Da erzittert's in den Ästen,
Hohl und dumpf erschallt's vom Grund,
Und in seinen tiefsten Festen
Stöhnt der Baum, vom Axtschlag wund.
Feuer lodern rings im Walde,
   blutrot leuchtet auf ihr Strahl,
Männer rennen hierhin, dorthin,
   funkelnd blitzt der scharfe Stahl.

Die Prinzessin ringt die Hände.
Ängstlich schaut er schnell hinab;
Stürzt der Baumkoloß, so fände
Jach er ein entsetzlich Grab.
Ha! jetzt greift ihn an das Kriegsvolk
   mit dem Tomahawk und Pfeil;
Durch den Stamm schon frißt das Eisen,
   Späne schleudert weit das Beil.

Plötzlich springt, von Wut ergriffen,
Wild ein Häuptling auf ihn los,
Schwingt sein Messer, blank geschliffen,
Das ihn anstarrt riesengroß.
Vor Entsetzen steigt zu Berge
   ihm das Haar auf seinem Kopf —
Und jetzt packt der rote Teufel
   zum Skalpieren ihn beim Schopf!

Es beginnt der Baum zu schwanken,
Knattert, splittert, kracht und fällt:
Wirre werden die Gedanken,
Und im Kreis dreht sich die Welt.
Nach der nächsten Riesentanne
    greift er mit den Händen schnell — —
Da erwacht er — — — durch das Fenster
    scheint die Morgensonne hell. — —

In der neuen Stadt verweilte
Hermann wen'ge Tage nur,
Und auf scheck'gem Pony eilte
Weiter er durch Wald und Flur.
Schaun will er den Mississippi,
    den gewalt'gen Riesenstrom,
Wo am Ufer noch die Wilden
    wohnen in dem Urwaldsdom.

Coopers prächtige Romane
Las als Knab' er mit Begier:
Wie der Häuptling stand im Kahne
In der bunten Federn Zier,
Mit dem Tomahawk bewaffnet
    in der kampfgeübten Faust,
Von dem Strom der Ströme singend,
    der zu seinen Füßen braust;

Schwärmte auch von Büffeljagden
Auf unendlichen Prärien,
Von den blut'gen Männerschlachten
In des Urwalds düsterm Grün;
Sah Huronen auf dem Kriegspfad,
    Pocahontas vor sich stehn,
Und den letzten Mohikaner
    heldenhaft zum Tode gehn.

Seine Jugendträume schwanden,
Als die Wirklichkeit ihm nah,
Und die Indianerbanden
Unverfälscht er vor sich sah:
Eine Horde Chippewäer
 war es, die auf staub'gem Pfad
Neue Lagergründe suchend,
 plötzlich ihm entgegentrat.

Auf der Präriestraße nahten
Hundert wohl mit Kindern, Fraun,
Schmutz'ges Volk, wie Landpiraten,
Wie Zigeuner anzuschaun.
Weiße und rote Linien glänzten
 auf dem bräunlichen Gesicht,
In den Nacken fiel herunter
 schwarzes Haar, das straff und dicht.

Mancher Krieger trug verwogen
Ein Gewehr, und mancher auch
War versehn mit Pfeil und Bogen,
Wie's der roten Männer Brauch.
Bunte Decken, Perlenschnüre,
 Ledertroddeln, und im Haar
Habicht= oder Truthahnfedern
 schmückten viele in der Schar.

Nur die Weiber war'n behangen
Mit Gepäck. Ob müd' und schwach,
Schleppten Häute doch und Stangen
Fürs Gezelt sie hintennach,
Trugen auch noch auf dem Rücken
 Säuglinge im Korbgeflecht —
Denn die Arbeit gilt als Schande
 bei dem stärkeren Geschlecht.

Eine lange Reihe, schritten
Freudenlos die Wilden hin,
Und auf magern Ponies ritten
Andere mit düsterm Sinn.
Selbst die Knaben lachten niemals,
    gingen still für sich allein,
Wie in Ahnung, daß auf Erden
    sie des Stammes letzte sei'n.

Der bemalte Häuptling schreckte
Erst vor Hermann jäh zurück.
Gieb Tabak! dann rief er, streckte
Aus die Hand — Gieb großes Stück! —
Nahm's, und mürrisch schritt er weiter,
    dankte für die Gabe nicht,
Die er als Tribut nur ansah
    vom verhaßten Bleichgesicht.

Weit umher im Sonnenscheine
Lag die Prärie, hier und dort
Ein Gehöft im grünen Haine,
Fleiß'ger Farmer Heimatsort.
Fuhren mit den weißen Planen
    zogen aus der Ferne her,
Stolze Rosse, bunte Rinder,
    wandelten im Blumenmeer.

Hermann sann: Auf tausend Wegen
Schreitet westwärts die Kultur,
Und es folgen Glück und Segen
Wie ein Zauber ihrer Spur.
Sollte dieses neuen Erdteils
    reicher Boden denn allein
Ein Besitztum solcher Horden,
    ewig eine Wildnis sein?

Hier, wo Raum für Millionen
Fleiß'ger Menschen, dürfen nicht
Arbeitsscheue Wilde wohnen
Nach dem weisen Weltgericht;
Und ob diese mit Verzweiflung
  kämpfen für ihr ältres Recht,
Sind gezählt doch ihre Tage,
  und es siegt ein neu Geschlecht.

Leid und Trauer mag beschleichen
Wohl den Menschenfreund, daß nun
Jene sinken vor den Streichen,
Bis sie all' im Grabe ruhn:
Aber spätere Geschlechter
  werden preisen dies Geschick,
Wenn der Frieden weilt im Lande
  mit dem heitern Sonnenblick. —

Eilend flog die Zeit von dannen.
Hermann ritt auf treuem Roß
Weiter über die Savannen;
Aber fernab noch floß
Der ersehnte Mississippi.
  Seltener aus grüner Flur
Hob sich ein Gehöft, ein Zeichen
  westwärts wandernder Kultur.

Nie an eines Farmers Pforte
Klopfte er vergebens an;
Jeder gab mit güt'gem Worte
Unterkunft für Roß und Mann.
Eines Abends fand er wieder
  solch ein trefflich Nachtquartier,
Das er freudevoll begrüßte,
  und sein Rößlein mit Gewieh'r.

Auf dem schweren breiten Tische
Im Familiengemach
Luden ein zum Schmause Fische,
Frisch vom nahen Präriebach,
Truthahnbraten, Speck und Bohnen
   und Gemüse mancherlei,
Heißes Maisbrot, Ahornsirup
   und ein großer Kürbispie.

Wahrlich! nach dem langen Ritte
Eine Göttermahlzeit dies,
Als nach schlichter Landessitte
Man den Gast willkommen hieß.
Auch der Apfelcider schmeckte
   Hermann wie der beste Wein,
Und es schenkte oft der Wirt ihm
   in den mächt'gen Humpen ein.

An der Tafel horcht' er gerne
Auf des Farmers Lehr' und Wort,
Daß er immer Neues lerne,
Auch am fern entleg'nen Ort.
Über alle Tagesfragen
   wußte jener gut Bescheid,
Und von Politik zu reden
   war er jederzeit bereit.

Nach beschloss'ner Tafelrunde,
Als die Sonne untersank,
Saß, die Pfeife in dem Munde,
Hermann plaudernd auf der Bank
Draußen lange mit dem Wirte,
   welcher hier vor manchem Jahr
Dieses feste Blockhaus baute
   als ein Bollwerk in Gefahr.

Rauh war dieser anzuschauen,
Wie ein knorr'ger Eichenast.
Hinter dichten busch'gen Brauen
Glänzten seine Augen fast
Wie die Augen einer Wildkatz,
    und der Hüne schien allein
Zu bestehn aus Sehnensträngen
    und aus Muskeln, hart wie Stein.

Fremdling, glaub' mir's, sprach der Alte,
Zuviel Menschen giebt es jetzt
Hierherum; nicht länger halte
Ich es aus und muß zuletzt
Doch noch weiter westwärts wandern,
    denn das nächste Farmhaus liegt
Kaum entfernt noch fünfzehn Meilen,
    wie gradaus die Schwalbe fliegt.

Viermal nahm ich schon im Leben
Meinen Wanderstab zur Hand.
Wo sich Wälder dicht erheben,
Wuchs ich auf im Kentuckland.
Schon als Knabe blieb ich ungern
    in dem Elternhaus im Forst,
Sehnte mich hinaus ins Weite,
    wie der junge Aar im Horst.

Südwärts zog mit Roß und Wagen
Ich zuerst nach Tennessee;
Doch mich täglich dort zu plagen
Mit dem trägen Niggervieh,
War ein Greuel mir. Bald ging ich
    wieder auf den Wanderpfad,
Wohnt' als Farmer sieben Jahre
    in dem großen Buckeye-Staat.[1]

Endlich ward mir's dort zu enge.
Ich verkaufte Land und Haus,
Flüchtete vom Volksgedränge
In die Wildnis weit hinaus,
Nahm ein Weib, schlug Bäume nieder,
    machte Schindeln manches Jahr,
Bis aufs neue Nachbarn kamen,
    und die Ruh' zu Ende war.

So den Kopf voll großer Pläne,
Fröhlich, und mit starkem Arm,
Nahm aus Onkel Sams Domäne
Ich als Heimstätt' diese Farm.
Außer meiner guten Alten,
    den zwei Buben dort und mir
Gab es damals keinen Weißen
    wohl auf hundert Meilen hier.

Freilich, Wilde gab's in Menge —
Ein verräterisches Pack!
Trieben oft mich in die Enge
Mit Geschoß und Tomahawk.
Aber meine lange Büchse
    aus Kentucky scheuten sie
Wie den Bösen, denn die fehlte
    einen Indianer nie!

Meine beiden Buben waren
Treu mir stets in jeder Not,
Ohne Furcht vor den Gefahren,
Die uns Tag und Nacht bedroht;
Und Rebekka konnte laden
    ein Gewehr so gut wie ich,
Schoß zu Boden manche Rothaut,
    die im Busch vorüberschlich.

Heute sind's der Jahre sieben —
Nicht vergaß ich diesen Tag,
Den ich sorglich aufgeschrieben
Am Kamin im Schlafgemach:
Als ein Haufen roter Teufel,
   ein paar Dutzend, oder mehr,
Unfre Skalpe holen wollte,
   gleich als ob's ein Picknick wär'.

Harry dort, mein ältſter Junge,
Sah zum Glück die Wilden nahn,
Und wir alle war'n im Sprunge
In dem Blockhaus. Grimmig ſahn
Wir ſie fort die Stiere treiben.
   Einer ſprang gar auf mein Roß,
Ritt, uns höhnend, ſeitwärts näher,
   fünfzig Schritt wohl vor dem Troß.

Durch ein ſchmales Schießloch ſteckte
Raſch ich mein Kentuckyrohr,
Nahm aufs Korn ihn. Gut nicht ſchmeckte
Ihm das Blei im linken Ohr,
Denn er machte einen Luftſprung
   von dem Schimmel in das Gras.
Lachend lud ich ſchnell die Büchſe,
   als mein Leibroß lief fürbaß.

Jetzt ging's los! — Wie eine Meute
Hunde, der ein Fuchs entrann,
Heulten jene nach der Beute,
Schnoben Rache, Mann für Mann.
Dennoch ſchien's den Helden beſſer,
   ſich zunächſt am ſichern Ort
Hinter Stümpfen zu verſtecken,
   wo am Bach die Weiden dort.

Pfeile schwirrten, Schüsse knallten
Gegen Balken Thür und Schloß.
Selten nur durch schmale Spalten
Flog ins Blockhaus ein Geschoß;
Doch wir hielten uns zur Seite,
   sahn nur ab und zu hinaus,
Ob die Wilden sich getrauten
   Sturm zu laufen auf das Haus.

Plötzlich, heulend wie Cohoten,
Wie ein Pack von Hunden bellt,
Stürmten zwanzig wohl von roten
Teufeln übers offne Feld.
Pfeile flogen aus den Büschen,
   nahmen unser Haus zum Ziel,
Uns beim Schießen zu verwirren;
   doch mir schien's ein Kinderspiel.

Oft in neue Stellung eilend,
Nahm aufs Korn ich Mann um Mann,
Knallte nieder, kurz verweilend,
Den, der grade vornean.
Meine Frau, die beiden Buben
   luden die Gewehr' in Hast,
Denn die Zeit war knapp gemessen,
   eh ich schußrecht sie gefaßt.

Als ich achtmal rasch geschossen,
Lagen achte auf dem Grund,
Und die andern Mordsgenossen
Liefen alle kunterbunt.
Aber dreie noch im Rücken
   traf ich, eh sie alle fort;
Mit dem ersten lag gerade
   nun ein ganzes Dutzend dort.

Still und ruhig war's geworden
Nach dem Lärmen und Geschrei,
Gleich als ob, entsetzt vom Morden,
Nun der Feind geflüchtet sei.
Doch ich kannte seine Schliche,
    dachte wohl darüber nach,
Was er jetzt beginnen würde —
    denn zur Rüste ging der Tag.

Daß entflohen nicht die Roten,
Wußt' ich sicher, wußte auch,
Holen würden sie die Toten,
Wie es Indianerbrauch;
Doch der Mond war aufgegangen,
    und erst spät, wenn er verschwand,
Durften sie's im Dunkel wagen
    herzuschleichen unerkannt.

Wieder schaut' ich aus. Zu regen
Schien der Busch sich. War's ein Traum?
Sah ich drüben nicht bewegen
Sich die Weiden, Baum an Baum? —
Eine dichte Wand von Strauchwerk
    rückte übers Feld heran,
Stetig, langsam weiterwandelnd,
    wie der Wald von Dunsinan.

Und mein Jüngster schrie: Die Teufel
Woll'n verbrennen uns, Papa! —
Richtig war es ohne Zweifel. —
Eine Salve, gut und nah,
Dacht' ich, wird sie schon verjagen;
    sprach zur Frau, die bei mir stand:
Schieße, wenn ich Feuer! rufe
    mit den Buben nach der Wand.

Als heran sie sechzig Schritte,
Gab das Wort ich. Alle drei
Knallten los, und durch die Mitte
Von der Laubwand flog das Blei.
Jählings fiel die Wand zu Boden.
    Sieben Krieger, aufgescheucht,
Rannten nach dem Bach; doch Einen
    schoß ich nieder, wie mich däucht.

Dunkler ward's auf den Gefilden.
Schärfer späht' ich aus. Ich sah
In der Dämm'rung einen Wilden,
Der uns schon bedenklich nah.
Auf dem Bauche lag die Rothaut —
    's war der Häuptling — kroch heran,
Vor sich einen Haufen Reiser,
    hob den Kopf auf dann und wann.

Sachte, sprach ich, Freundchen, sachte! —
In den Stiefel steckte ich
Schnell mein Bowiemesser, dachte:
Höllenhund! ich lehre dich,
Uns das Haus in Brand zu stecken! —
    Zu den Buben sprach ich leis':
Gebet acht mit euren Büchsen
    auf das andere Geschmeiß! —

Langsam hob die Riegelstange
Ich hinweg und sprang hinaus,
Als er, kriechend wie 'ne Schlange,
Kaum zwei Ellen noch vom Haus:
Schlang um ihn die beiden Arme,
    riß vom Boden ihn empor,
Schleppte ihn hinein. Die Mutter
    hinter uns verschloß das Thor.

Wie ein Eber unter Hunden
Schnob der Häuptling. Wutentbrannt
Rangen wir zum Tod umwunden,
Zwischen Bänken, Tisch und Wand.
Hierhin, dorthin sprang Rebekka
    mit Gezeter und Geschrei;
Hätte nie gedacht, daß jener
    so ein kräft'ger Bursche sei!

Über sechs Schuh maß der Krieger.
Schlüpfrig war er wie ein Aal,
Grimmig wie ein Königstiger.
Narben hatt' er ohne Zahl,
Und es funkelten die Augen
    aus der Fratze, rot bemalt,
Wie die Augen eines Panthers,
    deren Glut im Finstern strahlt.

Endlich lag er auf dem Rücken.
An der Gurgel packt' ich ihn.
Nach dem Stiefel mich zu bücken
Und das Messer rasch zu ziehn,
War ein Augenblick. Dem Häuptling
    stieß ich in die Brust den Stahl;
Drüben hängt sein Skalp am Pfosten
    als mein schönstes Siegesmal!

Unterdessen war'n die Jungen
Mit den Flinten müßig nicht,
Denn zu Hilfe kam gesprungen
Manches grimm'ge Rotgesicht;
Doch die stoben schnell von hinnen
    als der Lärm im Haus vorbei,
Weil sie wußten, daß der Häuptling
    nun bei seinen Vätern sei.

Als ich vom verfluchten Toten
Wieder an ein Schießloch sprang,
Sah ich nur noch einen Roten,
Der sein Kriegsbeil heulend schwang.
Wollt' ihn eben niederknallen,
    als ein Pfeil geflogen kam,
Der durch Zufall seine Richtung
    grad' nach meinem Kopfe nahm.

An der Wange diese Narbe
Ließ der Flintstein mir zurück.
Für den Schuft in roter Farbe
Aber war's ein großes Glück,
Denn ich fehlte ihn. Er rannte
    wie ein Hirsch davon im Schreck.
Eh ich wieder schießen konnte,
    war er sicher im Versteck.

Hiermit nahm der Kampf ein Ende.
Keine Rothaut wagte mehr
Nah zu kommen im Gelände
Meinem mordenden Gewehr.
Als es finster wurde, holten
    heimlich sie die Toten fort.
Keine Spur von Wilden sah ich
    später je an diesem Ort! —

Mit verhalt'nem Atem lauschte
Hermann auf die graus'ge Mär.
In den Silberpappeln rauschte
Leis' der Nachtwind; ferneher
Riefen Unken, und am Pfosten
    hing der Skalp mit schwarzem Haar,
Der der finstre stumme Zeuge
    von dem Kampf und Morden war.

Als der Graubart mit dem Lichte
In die Kammer ihn gebracht,
Hielt die blutige Geschichte
Wach ihn noch die ganze Nacht.
Nicht ein Auge konnt' er schließen,
    bis der Morgen dämmernd kam;
Wohler ward ihm erst zu Mute,
    als er hastig Abschied nahm. — —

Fern im West, am Präriesaume
Zog sich hin ein dunkles Band,
Das vom blauen Himmelsraume
Scharf sich abhob. Unverwandt
Schaute Hermann lang hinüber,
    spornte dann sein treues Roß,
Denn er wußte, daß am Waldrand
    dort der Mississippi floß.

Achtmal stieg am Himmelsbogen
Schon empor das Sonnenrad,
Seit er frohen Muts gezogen
Westwärts von der Urwaldstadt.
Endlich sah er seiner Wünsche
    heißes Ziel sich mählich nahn,
Als das Ufer er erblickte
    von dem Prärieozean.

Doch die Sonne hatt' erklommen
Längst die Höhen im Azur,
Sank hinunter, glutumschwommen,
Auf der gold'gen Himmelsspur:
Eh der Reiter in den Schatten
    eines düstern Urwalds trat,
Und im fahlen Dämmerlichte
    mühsam suchte seinen Pfad.

Halbverbrannte Bäume reckten
Himmelan sich, blätterlos;
Stümpfe ohne Zahl bedeckten
Rings den Boden; zott'ges Moos
Hing in Strähnen an den Ästen
   knorr'ger Eichen; schlangengleich
Streckten sich gewalt'ge Ranken
   hin und her von Zweig zu Zweig.

Stämme, die vor hundert Jahren
Aufrecht standen, kerngesund,
Und der Stolz des Waldes waren,
Lagen auf dem feuchten Grund,
Ganz von Ephen überwuchert;
   dumpf und fröstelnd war die Luft,
Und das Massengrab der Pflanzen
   angefüllt von Moderduft.

Eichen, Ahorn, Eschen, Tannen
Drängten sich im Waldgeheg,
Murmelnde Gewässer rannen
Zwischen Farnen nah am Weg.
Wilde Reben, dichtes Buschwerk
   wechselten mit Sumpf und Rohr;
Nicht der Vögel helle Stimmen
   schmetterten im frohen Chor.

Plötzlich trat, ein Riesenbildniß,
Stolz der Mississippistrom
Als Beherrscher dieser Wildniß
Vor den grünen Urwaldsdom:
An den Ufern Forst und Röhricht,
   schweigsam alles weit und breit;
Nur am Strand der Wasser Gurgeln
   tönte durch die Einsamkeit.

Jenseits stand im Waldesgrunde
Fern ein Blockhaus ganz allein;
Blaue Wölkchen gaben Kunde,
Daß da drüben Menschen sei'n.
Baumkolosse trieben langsam
    abwärts auf der mächt'gen Flut;
Westwärts hüllte sich der Himmel
    ganz in Gold und Purpurglut.

Endlos dehnten sich gen Norden
Wie gen Süd die Wasser aus.
Von des eis'gen Winters Borden
Fließen aus krystall'nem Haus
Sie hinab ins Reich der Tropen;
    doch das helle Hochlandskleid
Ist vergilbt, wenn sie versinken
    in des Golfes Herrlichkeit.

Strom der Ströme, deine Wiege
Ist des jungen Riesen Bild,
Der in Hoffnung leichter Siege
Keck sich tummelt im Gefild;
Hell und muntig blickt sein Auge,
    blank am Gürtel hängt der Stahl,
Wie er sprengt auf wildem Renner
    durch Gebirge, Wald und Thal.

Doch dein Mannesalter gleichet
Dem Titanen nach der Schlacht,
Dem der Feind voll Ingrimm weichet,
Bis ihn schützt die finstre Nacht.
Blutig, allgewaltig schreitet
    von der Wahlstatt er daher —
Also rollst du, düster wogend,
    langsam fort zum großen Meer.

Hermann stand am Ufer lange,
Dacht' an alt' und neue Zeit,
Und es stimmte zum Gesange
Ihn die wilde Einsamkeit.
Von der deutschen Heimat träumt' er,
    hat vom Mississippistrand
Ihr aus übervollem Herzen
    diesen Liebesgruß gesandt:

Dem Vater der Flüsse vertraut' ich ein Wort
Der Liebe mit schmeichelndem Munde,
Der trug es wohl tausend Meilen fort
Und brachte dem Golfe die Kunde.
Der Golfstrom führte auf warmer Bahn
Die Botschaft hinaus in den Ocean.
Dort hat sie erspäht im Nebelduft
Der Sturm, der gewaltige Herrscher der Luft;
Der jagte auf brausendem Pfade
Mit ihr nach Europens Gestade.
Und wo an der Küste die Brandung rauscht,
Da hat der Westwind den Gruß erlauscht,
Ihn fröhlich auf leichten Schwingen
Zur deutschen Heimat zu bringen. — —

Rauschende Räder und schäumende Flut,
Stampfendes Eisen und prasselnde Glut,
Wirbelnder Rauch aus ragendem Schlot,
Funkenumstoben und flammenumloht:
Sei mir gegrüßt, du schwimmendes Schloß,
Schnaubendes, brausendes Wogenroß! —
Fern von Norden sprengtest du her,
Wimmelnd von Menschen, von Gütern schwer.
Düstere Wälder und prangende Flur,
Freundliche Städte und Urnatur,

Farmen und Herden in Thälern und Au'n,
Felsen, die trotzig herüberschaun,
Hochlandsbilder und weite Prärien
Sahst du wechselnd vorüberziehn.
Rote Männer, mit Federn im Haar,
Standen am Ufer in dichter Schar,
Horchten dem rauschenden Räderschlag,
Grollten dem schnaubenden Renner nach;
Kräft'ge Gesellen rollten herbei
Tonnen und Ballen mit Lärm und Geschrei,
Türmten hoch aufeinander am Strand
Kisten und Fässer mit emsiger Hand.
Sorglos aber verbringen die Zeit
Deine Bewohner in Herrlichkeit:
Sehen die Bilder am Uferhang
Tags vom säulengetragenen Gang,
Schwärmen in prunkenden Sälen bei Nacht
Oft bis der neue Morgen erwacht.
Sieh! vom schwimmenden Dampfpalast
Strahlen die Lampen blendenden Glast
Weit auf die dunkelnden Fluten hinaus.
Lauter ertönt das Rädergebraus.
Plötzlich erschallt ein Geheul und hallt
Wieder zurück aus dem finsteren Wald,
Und es verstummt der Räder Getos';
Nah ist der Dampfer — riesengroß! —
Hinter sich schleppend ein mächtiges Seil,
Springen Männer vom Schiff in Eil',
Rennen hinüber zum Waldessaum,
Schlingen es rasch um den stärksten Baum.
Knarrend spannt sich das Kabeltau —
Fest nun liegt der gewaltige Bau.
Planken schiebt man ans Ufer schnell;
Körbe aus offenem Eisengestell,

Hoch gefüllt mit brennendem Kien,
Hängen am Rande der Galerien,
Und der flackernden Flammen Schein
Leuchtet rot in den Urwald hinein.
Burschen in Reihen laufen aus Land,
Holen das Scheitholz, gelagert am Strand,
Packen die schweren Stücke mit Hast;
Hoch auf den Schultern türmt sich die Last.
Krachend stürzt sie aufs Deck mit Gewalt,
Wird eine Beute der Flammen bald.

Horch! schon mahnt der gellende Pfiff,
Daß zur Abfahrt fertig das Schiff.

Hermann, der sein getreues Roß
Untergebracht auf dem schwimmenden Schloß,
Eilt vom Verdeck im schwankenden Lauf
Schnell die gewundenen Stiege hinauf,
Wandert auf weichen Teppichen sacht
Staunend durch leuchtender Säle Pracht.
Aus dem Urwald, finster und kalt,
Ist er entrückt wie mit Zaubergewalt
Mitten ins sonnige Leben hinein,
Wieder bei fröhlichen Menschen zu sein.
Was der prunkende Reichtum gewährt,
Was die heitere Jugend begehrt:
Schwellende Kissen, Musik und Tanz,
Spiel und feuriger Augen Glanz,
Warme Herzen bei frohem Gesang,
Tafelfreuden und Gläserklang —
Alles vereint sich herrlich dort
Auf des Schiffes hochragendem Bord.
Spät erst sucht er die Koje auf,
Schlummert, indes mit rasendem Lauf

Schnaubend der Renner gen Süden fliegt,
Seine Seele in Träume wiegt.
Bilder der Heimat schweben vorbei,
Urwaldsdunkel und Wüstenei;
Über die blumigen weiten Prärien
Sieht er die Wilden im Kriegsschmuck ziehn,
Brausend rollen die Wogen daher:
Aber unter ihm dumpf und schwer
Stampft das Eisen im Dampfkoloß.
Trage ihn sicher, du schwimmendes Schloß!
Und Mississippi, Gewaltiger du,
Rausche, rausch' ihm ein Schlummerlied zu.

Dritter Gesang.

Neues Leben und Streben.

An des Ostens Purpurborden
    Stieg der Sonnenball empor,
Als vom Lager, wach geworden,
Hermann aufsprang. An sein Ohr
Schlug Geräusch von vielen Stimmen,
    Schrill erscholl des Dampfes Schrei'n,
Johlend zog man an den Tauen,
    und Kommando tönte drein.

Hingestreckt am Ufersaume,
Überragt von grünen Höhn,
Lag ein Städtchen, das im Traume
Oft sein Auge schon gesehn.
Schon im alten Vaterlande
    hört' er nennen diesen Ort,
Als das Wanderziel so vieler
    das gepries'ne Davenport.

Jubelnd ward er hier empfangen,
Blumen wurden ihm beschert,
Liebe deutsche Worte klangen,
Die er schon so lang entbehrt.
Kinder in den Straßen riefen
    guten Tag! ihm freundlich zu,
Grüße tauscht' er mit Bekannten
    Herzlich aus auf Du und Du.

Doch er sollte bald erfahren,
Daß auch hier im neuen Land
Unzufried'ne Geister waren,
Wie er oft daheim sie fand;
Daß getäuschte Hoffnung manchem
    hier auch hart gemacht das Herz,
Und der schwere Kampf ums Dasein
    unser Los ist allerwärts.

Von den alten Kameraden,
Die in Schleswig-Holsteins Heer
Mitgekämpft, vom schönen Baden
Flüchten mußten übers Meer,
Fand er viele hier beisammen.
    Wenige der Freunde nur
Hatten auf dem fremden Boden
    sich bewahrt die Frohnatur.

Als die Schar der Kriegsgenossen
Hermann traf beim goldnen Naß,
Und die Worte sprudelnd flossen,
Wie der Gerstensaft vom Faß:
Hört' er nichts als gift'ge Reden,
    gleich als ob in diesem Land
Disteln nur und Unkraut wüchsen,
    die gesät der Unverstand.

Alles ward verhöhnt, bestritten.
Glaube galt als Heuchelei,
Neuen Landes schroffe Sitten
Hießen Freiheitsflegelei.
Daß der Kern der rauhen Schale
    voll gesunder Lebenskraft
Schien unglaublich bei dem Volke,
    das nur Gold zusammenrafft.

Alles waren Yankeekniffe,
Alles Schein und eitel Dunst!
Maßlos roh noch die Begriffe
Über Wissenschaft und Kunst.
Schneider, Krämer, Juden, Pfaffen
    wären höher anzusehn
Als Gelehrte und Barone,
    die hier schnell zu Grunde gehn.

Kein Verdienst doch sei's zu nennen,
Wenn in diesem Paradies
Solch ein Krämervolk die Hennen
Goldne Eier legen ließ:
Denn ein Land, so reich gesegnet
    von der gütigen Natur,
Könne nicht zu Grunde gehen
    trotz der größten Unkultur.

Staunend horchte Hermann lange
Diesem hohlen Redeschwall,
Und im Herzen ward ihm bange
Um die Kameraden all.
Schüchtern frug er, was denn jene
    gar so Großes hier vollbracht?
Mürrisch nur, nach langem Zögern
    ward der Groll ihm klar gemacht.

Da vernahm er, daß es allen
Herzlich schlecht gegangen sei.
Klagelieder hört' er schallen,
Stets die alte Litanei.
Keiner mochte Mißerfolge
    zugestehn als eig'ne Schuld.
Jener lauschte stumm den Reden;
    endlich riß ihm die Geduld.

Eifernd sprach er: Lieben Leute,
Nehmt die Wahrheit freundlich hin!
Wenn die Arbeit euch erfreute,
Wär' auch heiter Herz und Sinn.
Auf der Bierbank andre schelten,
    hat noch keinem wohl gethan;
Besser ist's, die Kraft zu prüfen
    auf der neuen Lebensbahn.

Blickt umher! auf die ihr eifert
Die in eurer Thorheit ihr
Mit des Spottes Gift begeifert,
Diese schufen Großes hier.
Aber euch, euch fehlt die Thatkraft,
    lernen, schaffen wollt ihr nicht,
Und dann klagt ihr, und dann grollt ihr,
    daß so vieles euch gebricht.

Weltverbessernde Gedanken
Und verschwomm'ne Träumerei'n
Halten euch in ew'gem Schwanken.
Tretet kühn ins Leben ein!
Keine Arbeit bringt hier Schande
    Singt dabei ein deutsches Lied
Und vergeßt nicht, hierzuland ist
    jeder seines Glückes Schmied!

Sprach's; doch ohne Antwort gingen
Voller Zorn die Freunde fort. —
Wird der Rat wohl Segen bringen?
Nun! ein wohlgemeintes Wort
Geht sobald ja nicht verloren,
    und wer weiß, dir preßt die Hand
Dankbar mancher einst von jenen,
    die sich grollend abgewandt. —

In dem heitern Orte wohnte
Hermann still in einem Haus,
Das auf hohem Hügel thronte,
Weit entfernt vom Stadtgebraus.
Ein bescheid'nes Erkerstübchen
    ward als Heim ihm eingeräumt,
Drin er nachts im süßen Schlummer
    oft vom Vaterland geträumt.

Manchmal schon mit ernstem Sinne
Dacht' er grübelnd drüber nach,
Was er Neues wohl beginne.
Mehr als sonst an jenem Tag
War die Pflicht ihm klar geworden,
    daß er andern mit der That
Nun ein Beispiel geben müsse,
    selbst befolge seinen Rat.

Abends spät mit bleichen Wangen
Trat er in sein Kämmerlein.
Durch die Stadt war er gegangen
In dem hellen Sonnenschein,
Hier und dort um Arbeit fragend.
    Irgend etwas wollt' er thun,
Nur nicht länger müßig gehen,
    unter fleiß'gen Menschen ruhn.

Erst die großen Kaufmannsläden
Hatt' er aufgesucht; ihm war
Fremd der Handel, fremd das Reden
Von der Dienstbefliss'nen Schar.
Was er könnte, frug man höflich,
   und die Antwort ward ihm schwer;
Achselzuckend sagte jeder
   daß für ihn kein Platz hier wär'.

Drauf bei tücht'gen Handwerksleuten
Zögernd er um Arbeit bat.
Seines schmucken Aussehns freuten
Manche sich, und guten Rat
Gaben sie ihm gern und willig;
   aber keinen traf er an,
Der sein Werkzeug anvertraute
   einem unerfahr'nen Mann.

Tiefer noch hinabzusteigen,
Und mit sklavischem Gesicht
Dienend seine Stirn zu neigen:
Dies zu thun vermocht' er nicht.
Eher wollt' er Steine brechen,
   mühsam schreiten hinterm Pflug,
Als die Mannesehre opfern,
   die er stolz im Busen trug.

Ach! wie waren zu beneiden
Jene, die im fremden Land
Solche bittren Seelenleiden
Nie erduldet, nie gekannt;
Die ein Handwerk einst erlernten,
   das in dieser weiten Welt
Immerdar die Nahrungssorgen
   von der Thüre ferne hält.

Was in seiner Jugend Tagen
Ihm als Ziel des Strebens galt,
War gering nur anzuschlagen
Hier im Leben, ernst und kalt.
Platos Weisheit nützte keinem
    in der Werkstatt, hinterm Pflug;
Axt und Säge standen höher
    als Homeros' Heldenbuch.

Dennoch wollt' auf rauhen Wegen
Er mit unverzagtem Mut
Deutsche Ideale pflegen
Als des Daseins höchstes Gut;
Wollte nicht gering sie schätzen
    in dem lauten Thatendrang,
Der in diesem neuen Lande
    überall ins Ohr ihm klang.

In dem Kampfe auszuhalten,
War ihm ernste Mannespflicht.
Gott verläßt beim Schindelspalten
Auch den wackern Deutschen nicht! —
Hilf dir selber! sei der Wahlspruch —
    schrick vor keinen Mühn zurück! —
Der Beharrliche erobert
    sich im Lebenskampf das Glück! —

Düster war's im engen Zimmer.
Durch das schmale Fensterlein
Schien der Straßenlampe Schimmer
Nur mit schwachem Flackerschein.
Hermann sehnte sich nach Menschen.
    Durch die Hausflur ging er hin
Nach der schönen Fremdenstube;
    aber niemand fand er drin.

In dem reich geschmückten Raume
War es hell wie lichter Tag;
Wie auf sammetweichem Flaume
Schritt er durch das Prunkgemach.
Freudig sah er ein Piano.
    Durft' er's wagen, hier einmal
Wieder in dem Reich der Töne
    auszuströmen Lust und Qual?

Sachte schloß er's auf. Es klangen
Alte Weisen leis' hervor,
Voller dann und lauter schwangen
Sie wie Jubel sich empor.
Was das Herz ihm ganz erfüllte,
    Schmerz und Heimweh, Jugendlust
Und die Hoffnung schön'rer Tage
    ward zu Tönen unbewußt.

Lange spielt' er so; versunken
War, was ihn so schwer bedrückt.
Gänzlich war er, wonnetrunken,
In des Wohlklangs Reich entrückt.
Plötzlich hört' er Flüsterworte
    hinterm Rücken, und erschreckt
Sprang er hastig auf, als ob man
    ihn auf arger That entdeckt.

Alle Hausgenossen standen
Dort im Zimmer, jung und alt,
Die zum erstenmal empfanden
Solcher Töne Allgewalt.
Blüh'nde Mädchen schauten staunend
    auf ihn hin mit Augen groß,
Blondgelockte Kinder drängten
    still sich an der Mutter Schoß.

Auf ihn zu mit raschem Schritte
Trat sein Wirt, ein schlichter Mann,
Zog ihn in der Seinen Mitte,
Sprach zu ihm die Worte dann:
Fremdling, wahrlich! nie noch hört' ich
    solch ein Spielen, wie von dir;
Bleiben mußt du bei uns, lehren
    meine Kinder alle hier!

Schüler bring' ich dir in Menge,
Junge Mädchen, müß'ge Fraun.
Nun! schlag' ein! Die deutschen Klänge
Sollen uns noch oft erbaun!
Hermann nahm des Hausfreunds Rechte,
    sagte ja mit feuchtem Blick;
Fassen konnt' er's kaum, so plötzlich
    wandte sich sein Mißgeschick.

Was in seiner Jugend Tagen
Ihn das Mütterchen gelehrt,
Brachte Rettung vorm Verzagen
An der Fremde kaltem Herd.
Sie, die kleinste seiner Gaben,
    ward zum Muttersegen nun;
Alle Sorge hatt' ein Ende,
    herzerleichtert konnt' er ruhn. — —

Jetzt begann ein neues Leben.
Als Professor, hochgestellt,
Trat zuerst mit Widerstreben
Hermann in die fremde Welt;
Aber täglich ward er sich'rer
    in dem Dienst der Musika,
Lernte selber, wenn die Schüler
    er beim Üben vor sich sah.

Ladies kamen bald in Scharen,
    Wie's der brave Wirt gesagt,
Und je reizender sie waren,
    Um so mehr ward er geplagt.
Glänzen wollten sie im Parlor
        mit dem Marsch von Mendelssohn,
Mit dem Lied **sweet home** entzücken,
        wenn auch schwach der Kehle Ton.

Böse kleine Plagegeister
Waren Mädchen, die voll Trutz;
Selbstbewußt mit ihrem Meister
Sprachen sie von Tanz und Putz.
Auch die jungen Zukunftsbürger
        wußten nichts von Zucht und Pflicht,
Machten ihm das Leben sauer,
        lachten frech ihm ins Gesicht.

In den Kirchen hin und wieder
Ließ er leuchten sein Genie,
Spielte Weisen deutscher Lieder,
Und zumal Crambambuli:
Denn die frommen Yankees sangen
        gern zu solcher Melodei,
Die ja für den Teufel, hieß es,
        nicht allein geschrieben sei.

Gab mitunter es ein Tänzchen
In dem Mäßigkeitsverein,
Oder sonst ein Damen-Kränzchen,
Lud man stets ihn höflich ein;
Wo erwachs'ne Töchter waren,
        sah man ihn besonders gern,
Und bei Tanten und bei Basen
        galt er als ein goldner Stern.

Herrlich lebt' er so beneidet
Unsein Glück; doch mehr und mehr,
Ward das Dasein ihm verleidet
Durch dies Treiben, geistesleer.
Seine hohen Ideale
    hielt man nur für eitel Dunst,
Nirgends fand er ein Verständnis
    für das hehre Ziel der Kunst.

Und die Deutschen gar verlachten
Seiner Mahnung ernsten Sinn;
All ihr Streben, all ihr Trachten
War Geschäft nur und Gewinn.
Seine Sprache war zu edel,
    zu verfeinert für ihr Ohr,
Und er galt in ihren Kreisen
    als ein Träumer und ein Thor.

Alle wollten englisch sprechen,
Ob's auch jämmerlich gelang —
Ein barbarisch Radebrechen,
Aufgemischt mit deutschem Klang.
Nicht einmal die deutsche Mutter
    sah es an als eine Schmach,
Daß der Kinder Antwort englisch,
    wenn sie deutsch zu ihnen sprach.

Ach! es fehlte ihnen allen
Edler Stolz und Selbstgefühl.
Von der Höhe tief gefallen
War das deutsche Volk, ein Spiel
Seiner Fürsten, jedes Ländchen
    voll von Selbstsucht, ohne Halt
Gegen Feinde drauß- und drinnen,
    und im ew'gen Widerspalt.

Dieses Volk mit dreißig Thronen,
Dieser faule deutsche Bund
War ein Spott den Nationen
Auf dem weiten Erdenrund.
Wann — so rief er — wirst du wieder
    aufwärts steigen, Kaiseraar,
Und mit deiner Flügel Rauschen
    scheuchen jene Spötterschar?

Wann doch wird's in Deutschland heißen:
Deutsche sind wir allzumal,
Und es trennt nicht Bayern, Preußen,
Süd und Nord ein bunter Pfahl?
Dann wird auch auf fremdem Boden
    wieder deutsch der Deutsche sein,
Und der Mutter Wort vererben
    seinen Kindern echt und rein.

Andre Völker in der Fremde
Wahren ihrer Sprache Schatz,
Nur der Deutsche wie sein Hemde
Wechselt sie an jedem Platz.
Selbst der Spanier, der Russe
    schämt sich nicht des Vaterlands.
Pfui der Schande, Bastarddeutsche!
    pfui des blöden Unverstands! —

Während Hermann so die Tage
Rasch entflohn bei emsigem Fleiß,
Bald voll Ärgernis und Plage,
Bald vergnügt im Freundeskreis:
Hatt' er lange schon erwartet
    Nachricht von der Seinen Hand,
Da er öfters schon geschrieben,
    wie's ihm ging im fremden Land.

Eines Tags zur Dämmerstunde
Kam des Hauswirts jüngstes Kind,
Alma mit dem Schelmenmunde,
Angesprungen wie der Wind,
Einen Brief in ihren Händchen,
      lief im Zimmer auf und ab,
Bis als Postgebühr er lachend
      einen derben Kuß ihr gab.

War der Umschlag nicht beschrieben
Von des Vaters fester Hand?
Freudig hatte er die lieben
Züge schon von fern erkannt.
Mit den großen Kinderaugen
      sah die Kleine still ihn an,
Denn es war ihr nicht entgangen,
      daß gerührt der gute Mann.

Leise ging sie aus dem Zimmer.
Aber Hermann, wie im Traum,
Stand im goldnen Abendschimmer,
Faßte seine Freude kaum,
Brach das Siegel schnell; da lagen
      vor ihm nun der Blätter viel,
Dicht beschrieben, die gefunden
      ihrer Wandrung fernes Ziel.

Warme Herzensgrüße sandten
Von dem andern Erdenrund
Die Verwandten und Bekannten;
Wohlauf sei'n sie und gesund!
Doch der gute Vater schickte
      liebevoll, mit ernstem Ton,
Wie beim Abschied er gesprochen,
      manche Mahnung seinem Sohn.

Übe Redlichkeit und Tugend,
Schrieb er, in Amerika;
Mehr als hier tritt dort der Jugend
Leichtsinn und Verführung nah.
Halte treu an deutscher Sitte,
    wie im elterlichen Haus
Du gelernt sie, eh du fortzogst
    in die weite Welt hinaus.

Immer, teurer Hermann, immer
Sei ein ganzer deutscher Mann,
Den kein zauberhafter Schimmer
Fremder Art bethören kann.
Freiheit ist des Himmels Tochter,
    aber mancher, der sie preist,
Bleibt der Leidenschaften Sklave,
    die beherrschen Herz und Geist.

Vieles Große wirst du finden,
Werke, die erstaunlich sind;
Nicht allein in deutschen Linden
Weht der Neuzeit frischer Wind.
Prüfe, sichte! stete Arbeit
    klärt den Geist und zähmt das Blut, —
Und dabei bewahre immer
    dir den frohen Lebensmut! —

Dichtest du noch schöne Lieder?
Frug sein Bruder Fritz im Scherz.
Bitte, schreib' für mich sie nieder,
Zu erfreuen baß mein Herz:
So ein Lied voll Sturmgeheule
    an dem Mississippistrand,
Daß wir alle gruselnd lauschen
    hier im alten Vaterland.

Dichte auch, wie Büffelherden
Donnern über die Prärien,
Wie mit schrecklichen Gebärden
In den Kampf die Wilden ziehn.
Auch vergesse nicht, zu singen
    von den Mädchen, blaß und hold,
Die gelehrt sind, Brillen tragen,
    und Millionen wert in Gold.

Dann von seinen kleinen Schwestern
Las er muntre Plauderei'n:
Von den alten Schwalbennestern
Mit den flüggen Vögelein,
Von den Hühnern, Gänsen, Spatzen,
    von des Kirschbaums roter Frucht,
Von den Rosen in dem Garten
    und des Vaters Nelkenzucht.

Nimm dich, stand auf dem Papiere,
Vor den Wilden ja in acht,
Daß dich keiner dort skalpiere,
Der schon manchen umgebracht!
Hüte dich, daß Klapperschlangen
    dich nicht beißen in das Bein!
Giebt's Kamele auf der Prärie
    und im Urwald Papagei'n? -

Heiter las er diese Sachen,
Summte dann vergnügt ein Lied,
Als ein helles Silberlachen
Almas Gegenwart verriet.
Längst war sie zurückgeschlichen
    in das Zimmer auf den Zeh'n,
War voll Jubel und voll Freude,
    wieder fröhlich ihn zu sehn.

Seinen kleinen Wildfang herzend,
Der zum Kuß das Mündchen bot,
Sprach er, innig mit ihm scherzend:
Nun vorbei ist meine Not!
Froh und munter sind die Meinen.
    Horch! mein Liebling! höre zu!
Meine kleinen Schwestern schrieben
    dies, die grade so wie du.

Was ich bei euch thu' und treibe
Möchten wissen sie von mir.
Wenn ich ihnen Antwort schreibe,
Soll ich grüßen sie von dir? —
Alma nickte, und mit Lachen
    hüpfte aus der Stube sie.
So beglückt wie heut' war Hermann
    in der neuen Welt noch nie. —

Monde kamen, Monde gingen,
Doch den Schatz Zufriedenheit
Konnte Hermann nicht erringen.
Er empfand zu seinem Leid,
Daß im Zauberreich der Töne
    er ein Schüler, daß sein Spiel
Nimmermehr erreichen würde
    eines Meisters höh'res Ziel.

Wieder wie in Jugendtagen
Trieb's ihn in die fremde Welt,
Und aufs neu' sein Glück zu wagen,
Hatt' er sich zum Ziel gestellt.
Neue Zonen wollt' er schauen,
    und die alte Wanderlust,
Die dem Deutschen angeboren,
    regte sich in seiner Brust.

Mehrmals war er schon gefahren
In die Prärie weit hinaus.
Ungezählte Rinderscharen
Grasten rings, manch friedlich Haus
War erbaut von fleiß'gen Farmern,
   wo im Flachland, menschenleer,
Noch vor kurzer Zeit der Boden
   bebte unterm Bisonheer.

Gelbe Ährenfelder schmückten
Hier und dort die weite Flur;
Auf den neuen Boden drückten
Sie das Siegel der Kultur.
Sank die Sonne fern im Westen,
   dacht' er, ob auf ihrer Bahn
Er sie einst wohl tauchen sähe
   in den Stillen Ocean.

Manchmal nach des Tages Schwüle
Fuhr im Kahn er auf dem Strom,
Daß die heiße Stirn sich kühle
Unterm freien Himmelsdom.
An dem andern Ufer lagen
   licht Rock Islands Häuserreihn;
Goldig strahlten alle Fenster
   in dem Abendsonnenschein.

Träumend saß er da und lauschte
Auf des Mississippi Sang,
Der am Boot vorüberrauschte.
Aus krystallnen Fluten sprang
Ab und zu ein muntres Fischlein,
   weitab schlug am Turm die Uhr,
Einsam zog ein Aar die Kreise
   durch den leuchtenden Azur.

Hoch am Hügel saß er gerne,
Tief zu Füßen lag die Stadt.
Auf dem Flusse in der Ferne
Stäubte eines Dampfers Rad.
Drüben auf der grünen Insel
    ragte Armstrongs altes Fort,
Das am Riesenstrom im Westen
    lange stand als starker Hort.

Seine Quadern, glanzbeschienen,
Schirmten nicht mehr dies Geschlecht,
Und um friedliche Ruinen
Schlang der Epheu sein Geflecht.
Als ein Bollwerk gegen Wilde
    ward's erbaut in alter Zeit;
Doch die Indianer flohen
    nach Dakotas Einsamkeit.

Auf den jugendkräft'gen Feldern
Pranget jetzt der Saaten Flor;
Aus dem Mark von Riesenwäldern
Wuchsen hundert Städt' empor.
Seht! wie sich die rauhe Wildnis
    schmückte, wie mit goldnem Vließ!
Holder Friede, segne immer
    dieses ird'sche Paradies! — —

Nun lebe wohl, mein heitres Städtchen,
Du Kind des Westens, schmuck und schön,
Das lächelnd wie ein ros'ges Mädchen
Sich lagert an den sonn'gen Höhn!
Dich werd' ich nimmermehr vergessen!
Schon qualmt der Rauch aus Feueressen,
Zum Abschied ruft des Dampfs Getön.

Bei dir hab' ich im freien Lande
Zuerst gewohnt im eig'nen Zelt,
Und, sprengend altgewohnte Bande,
Auf festen Boden mich gestellt.
Du hast gelehrt mich, mit Vertrauen
Auf meine schwache Kraft zu bauen
Als Bürger dieser neuen Welt.

Lebt wohl, ihr alten Kameraden,
Die trauernd dort am Ufer stehn,
Und hofft, daß wir auf sonn'gen Pfaden
Dereinst uns fröhlich wiedersehn.
Seid frohen Muts! Hier ward beschieden
Noch allen Glück und Seelenfrieden,
Die rüstig an die Arbeit gehn.

Euch, die mit reichen Blumenspenden
Geschmückt mein schwimmend Kämmerlein,
Die mich beschenkt mit vollen Händen,
Euch kann ich meinen Dank nur weihn.
Und du, mein kleines blondes Mädchen,
Mein Liebling in dem heitern Städtchen,
Du sollst mir unvergessen sein!

Du braver Mann dort, der du gerne
Dem Fremdling halfst mit Rat und That,
Der ihm, von seiner Heimat ferne,
Den rauhen Weg geebnet hat:
Leb' wohl! beim Scheiden erst erkenne
Ich ganz, wie ich so schwer mich trenne
Von dir auf meinem Lebenspfad. —

Zur großen Stadt St. Louis eilte
Stromab der brausende Gigant.
Am ragenden Geländer weilte
Der Wandrer lang. In seiner Hand
Ließ er das Tuch zum Abschied winken,
Bis mit der Türme letztem Blinken
Das Städtchen seinem Blick entschwand. — —

Wo in den wüsten Regionen,
Weitab vom Pfade der Kultur,
In des Nordwestens Urnatur
Die Rothaut und der Trapper wohnen,
Wo Grat auf Grat hoch im Azur
Die schnee'gen Felsgebirge thronen:
Dort strömen aus den ew'gen Quellen,
Missouri, deine mächt'gen Wellen.

Dir sendet zu auf Hochlandpfaden
Der Yellowstone die klare Flut,
Heiß durch der Geyser kochend Blut,
Die prasselnd ihren Gischt entladen.
Froh stürmst im Jugendübermut
Du fort in schäumenden Kaskaden,
Und bringst der Welt mit Donnermunde
Vom fernen Wunderland die Kunde.

Durch Felsenwüsten ziehst du weiter,
Die man das „Schlechte Land" benannt,
Ein Reich so wild, daß kaum bekannt
Es heute selbst dem kühnsten Reiter
Der Krieger im Dakotaland.
Voll Schrecken flieht der rote Streiter
Dies Chaos, das von Feuersgluten
Zerspalten ward und Urzeits=Fluten.

Und breiter wälzest du die Wogen,
Missouri, nun durchs flache Land,
Zerwühlst bald hier bald dort den Strand.
In deinen Schlund hinabgezogen
Versinken Wälder; dein Gewand
Wird düster wie der Himmelsbogen,
Wenn fahle Wolken beim Orkane
Tief ausgehängt des Unheils Fahne.

Da endlich finden deine Wellen,
Vom Schlamm zerriss'ner Ufer schwer,
Den Bruder, der von Norden her,
Mit seiner mächt'gen Flut, der hellen,
Hinuntereilt zum Tropenmeer.
Und wie vereint die Wasser schwellen,
Hast du den Namen hingegeben,
Als Mississippi fortzuleben.

In düstrer Pracht, wohl tausend Meilen,
Zogst du in nie gemess'ner Zeit
Dahin in stiller Einsamkeit.
Du sahst kein freundlich Bild verweilen
An deinem Strand, im Kriegerkleid
Die Rothaut nur vorübereilen,
Den ungeheuren grauen Bären
Und Büffel in gewalt'gen Heeren.

Jetzt kommt auf ihrem Siegeszuge
Zu dir die blühende Kultur.
Vom Osten nahn auf grüner Flur
Die Eisenrappen schon im Fluge,
Und Dampfer ziehn die Schaumesspur
Durch deine Flut mit raschem Buge.
An deinen Ufern, voller Leben,
Wird sich der Städte Pracht erheben! —

Wie stand nun Hermann voll Erstaunen
Auf hohem Bord des Dampfers da,
Als er zuerst den gelblich-braunen
Geschwollenen Missouri sah.
Der Mississippi strömte weiter,
Getrennt von seiner schlamm'gen Flut:
Ein froher jugendlicher Reiter,
Der hinsprengt in der Sonne Glut,
Indessen seitwärts dunkle Schatten
Am Boden rasch vorüberfliehn,
Und über lichtbestrahlte Matten
Den finstern Wolkenschleier ziehn.
Doch seht! am rechten Ufer zeigen
Gebäude sich in weitem Kranz;
St. Louis' hohe Dächer steigen
Aus breiter Flut im Sonnenglanz.
Bereite glückliches Empfangen
Dem Wandrer, Westens stolze Stadt,
Und lasse bleichen nicht die Wangen,
Die froher Mut gerötet hat!

*
*   *

Durch St. Louis' breite Gassen
Braust ein dichter Menschenschwarm,
Den die Straßen kaum noch fassen,
Kopf an Kopf und Arm an Arm.
Wie der Mississippi donnert
    wenn das Eis zerbrechend dröhnt,
Schrei'n hurra! zehntausend Kehlen,
    und der Hörner Klang ertönt.

Eine prächtige Karosse
Fährt im Schritt durchs Volksgewirr.
Ausgespannt sind schon die Rosse,
Selber greift man ins Geschirr.
Hüte fliegen in die Lüfte,
    vivat rufen alt und jung,
Böller krachen, Fahnen wehen —
    alles ist Begeisterung.

Ist es ein Triumph von Kriegern,
Die vom Schlachtfeld heimgekehrt?
Gilt der Jubel Geistessiegern,
Die die Mitwelt preist und ehrt?
Nein! Verbannte sind's! — Sie wichen
    Schritt für Schritt vor der Gewalt,
Todgehetzt, obschon ihr Ringen
    nur dem Glück der Völker galt.

Kossuth, schallt in dieser Stunde
Auch kein Eljen dir ins Ohr,
Braust aus tausendfachem Munde
Doch des Willkomms Donnerchor!
Horch! dich grüßt des Volkes Jubel,
    wie dereinst der Honveds Ruf,
Als durch Budas Straßen dröhnte
    Heeresschritt und Rosseshuf.

Und du Meister goldner Lieder,
Der fürs große Deutschland stritt,
Kerkermauern hallten wieder
Deinen karg gemess'nen Schritt,
Bis, o Kinkel, deine Ketten
    der getreue Freund zerbrach.
Aus lebend'gem Grabe führt' er
    frei dich an den sonn'gen Tag.

Aufrecht steht im Samtgewande
Stolz der Ungar, die Gestalt
Schlank, geschmeidig. Von dem Rande
Seines breiten Hutes wallt
Eine schwarze Straußenfeder,
    um den Nacken braunes Haar;
Aus dem offnen Antlitz leuchtet
    hell ein blaues Augenpaar.

Lauter schallt das Vivatrufen.
Dichte Menschenmassen stehn
Um die hochgebauten Stufen.
Große Sternenfahnen wehn
In den Lüften von den Masten;
    Deutschlands, Ungarns Banner sind
Ausgehängt und flattern fröhlich
    in dem frischen Morgenwind.

Auf die Rednerbühne steiget
Langsam jetzt der Magyar.
Stille wird's, und alles schweiget.
Seine Rede, silberklar,
Tönt bald weich, bald voll von Trauer,
    bald im Zorn wie Donnerhall,
Dringt in aller Hörer Herzen
    mächtig, wie Posaunenschall:

* Ich träumte einen wachen Traum
    in todesstiller Nacht.
Nach meiner blutenden Heimat zog's
    mich hin mit magnetischer Macht.

---

* Die folgende Rede, welche hier in gebundener Form erscheint, ohne daß ihrem Inhalte dadurch irgendwie Abbruch geschähe, ist historisch und wurde von Kossuth im Oktober 1851 in St. Louis in deutscher Sprache gehalten.

Die stille Nacht war sternenleer,
    das Herz von Sorgen wund,
Denn ach! es weint das Vaterland
    noch jetzt zu jeder Stund'.

Auf Ungarns Leichenfeldern sah
    ich schwarz verhüllte Gestalten,
Die Klagenden sah ich in ihrer Hand
    Cypressenzweige halten.
Die Blässe des ewigen Schmerzes lag
    auf ihren trauernden Stirnen,
Doch thränenlos, wie Gletschereis
    auf starrenden Bergesfirnen.

Ich sah sie knien auf kahlem Grund
    und tief zur Erde sich bücken,
Mit zitternder Hand die Gräber all
    mit dunklen Cypressen schmücken,
Die Augen, starr und thränenlos,
    zum Himmel um Rache flehn,
Geballt die Faust, nach kurzem Gebet
    von hinnen langsam gehn.

Sie stahlen sich fort wie Dieb' in der Nacht,
    weil tückisch in Wäldern und Fluren
Die Mörder des schönen Ungarlands
    umschlichen der Trauernden Spuren,
Um jeden, der die Gräber geschmückt,
    in finstre Kerker zu reißen;
Weil bei Tyrannen Seufzer der Brust
    Verbrechen und Aufruhr heißen.

Doch seht! was regt sich schaurig dort? —
    Auf thut sich der Erde Grund,
Und langsam steigen die Toten herauf
    aus schwarzer Gräber Schlund.

7

Die blutigen Leiber heben sich halb
    aus ihren Grüften hervor,
Und strecken die nackten Arme hoch
    zum Himmel flehend empor.

Ich höre sie klagen: Noch immer, ach!
    die Trauercypressenzweige!
Hast noch nicht geleert, o Heimat du,
    den Becher des Grams zur Neige?
Nicht eine einzige Blume hier!
    rings eisige Winternacht!
O goldener Freiheitsmorgen, wann
    erwacht deine strahlende Pracht? —

Und der östliche Himmel rötete sich
    und brannte mit blutigen Flammen,
Vom fernen Westen zuckte ein Blitz,
    als schlügen Schwerter zusammen.
Ein sternenbesäter Streifen schien
    durch leuchtende Wolken zu schießen,
Im rauschenden Flug erhob sich ein Aar,
    die Flammen des Ostens zu grüßen.

Und wie er näher gen Morgen kam,
    wo's flammte in blutigen Garben,
Verwandelte sich die düstere Glut
    zu glänzenden Frührotsfarben.
Vom Äther erklang eine Stimme, als ob
    dort silberne Bäche rauschten,
Und sprach zu den Toten, die atemlos
    aus offenen Gräbern lauschten:

Ihr Klagenden, schlaft noch kurze Zeit,
    schlaft sanft, die Rache ist mein!
Die Sterne des Westens sollen bald
    die Sonne des Ostens sein.

Wenn dann die Posaune euch aufgeweckt,
    so werdet ihr Blumen schauen
Auf euren Gräbern, und über euch
    den Himmel, den azurblauen. —

Die Toten lächelten schmerzlich froh
    und nahmen vom Grabesrand
Die Chpressenzweige, des Auferstehns
    Symbol, mit knochiger Hand.
Und langsam schlossen die Grüfte sich.
    Die Nacht sank schwarz herab,
Als deckte der Himmel ein Trauertuch
    auf schlummernder Freiheit Grab. —

Hermann floh aus dem Gedränge,
    Halb betäubt vom wüsten Schrei'n
Und dem tollen Lärm der Menge,
    Heimwärts, um allein zu sein.
Tief war ihm ins Herz gedrungen
    jenes Redners klangvoll Wort,
Der wie mit Prophetenzungen
    zu dem Volk gesprochen dort.

Alles, was er einst empfunden,
    Als er für die Freiheit stritt,
Was in schweren Abschiedsstunden
    Er in seiner Heimat litt,
Wachte auf in seinem Geiste,
    und es stürmten auf ihn ein
Alte halbverschmerzte Qualen
    mit erneuter Seelenpein.

Fernem Echo gleichend, schollen
Jene Kämpfe wieder nach,
Wie die Donner schwächer grollen
Spät noch am Gewittertag;
Doch die goldne Sonne scheuchte
   schon die Wolken vom Azur,
Und das Donnerrollen hörte
   jener immer leiser nur.

Als er seiner Sorgen Bürde
An dem Wegestein zerschellt,
Hofft' er, daß er heimisch würde
In der neuen freien Welt.
Ruhe wollt' er endlich finden,
   fern vom Völkerstreit und Haß,
Die mit Blut Europa tünchten
   tausend Jahr' ohn' Unterlaß.

Soll ich, rief er, nie vergessen
Hier in frischer Lebensluft
Jene trauernden Cypressen
An der Hoffnung kalter Gruft?
Sollen hier die Schatten wieder
   steigen aus dem Grab' empor,
Laut zu jammern, zu beklagen,
   was ich weinend einst verlor?

Nein! es soll in meinem Leben
Fürderhin kein Zwiespalt sein!
Alle Kraft, die mir gegeben,
Will der neuen Welt ich weihn.
Meine heißen Wünsche sollen
   oft noch eilen übers Meer;
Doch das Banner, dem ich schwöre,
   trägt Columbia hoch und hehr! — —

Tapfer hatte überwunden
Hermann in der Stadt die Scheu,
Die er vormals oft empfunden
In den Kreisen, die ihm neu.
Lernen wollt' er gern von jedem,
    fragte oft um guten Rat,
Daß sich ihm erschließen möchte
    bald ein neuer Lebenspfad.

Einen Onkel, eine Tante
Sucht' er auf mit frohem Mut,
Reich gewordene Verwandte,
Stolz auf ihr erworb'nes Gut.
Als sie vornehm ihn empfingen
    und mit mürrischem Gesicht,
Schied er schnell aus ihrem Hause,
    bat um Rat und Beistand nicht.

Heimwärts wandernd, sah er prangen
Eines Photographen Schild,
Und im Rahmen aufgehangen
An der Thür manch schönes Bild.
Plötzlich kam ihm der Gedanke,
    auch sich dieser Kunst zu weihn;
Offen stünde dann die Welt ihm,
    unabhängig würd' er sein.

Und er dachte gleich ans Wandern,
Dachte, wenn der Lenz erschien,
Froh von einem Ort zum andern
Kunstbeflissen fortzuziehn.
Südens Schönheit wollt' er schauen,
    ohne ein bestimmtes Ziel
Mit der Lichtpalette weilen,
    wo's am besten ihm gefiel.

Schnell erlernte er zu malen
Mit des Himmels goldnem Licht,
Bannte mit der Sonne Strahlen
Holder Frauen Angesicht.
Aus der dunklen Zauberkammer
    manches Bild zu Tage trat,
Wie's der Pinsel eines Meisters
    treuer nie geschaffen hat.

Viele Lichtgemälde hingen
Rings in Rahmen an der Wand,
Die von trefflichem Gelingen
Kunde gaben. Seine Hand
Und sein Auge wurden sichrer,
    als er täglich Neues schuf;
Freude hatt' er an der Arbeit,
    und es stieg sein Künstlerruf.

Eifrig sucht' er zu erfahren
Jeden Fortschritt seiner Kunst,
Die, obschon noch jung an Jahren,
Sich erfreute höchster Gunst.
Unermüdlich war er thätig,
    zu entdecken Neues auch,
Und sich unterthan zu machen
    flücht'ger Elemente Hauch.

Von der Zukunft träumt' er gerne.
Ob einmal des Mondes Bild
Und die unerforschten Sterne
Wie ein irdisches Gefild
Ihr Geheimnis uns enthüllen,
    wenn ihr eig'ner Glanz sie malt?
Ob dereinst, vielfach vergrößert,
    klar es uns entgegen strahlt?

Ob nicht einst der Iris Farben
Wunderbar das Lichtbild bannt?
Ob des Nordlichts Purpurgarben
Und Auroras Prachtgewand
Nicht darin erscheinen werden?
   Wahrlich, Wunder, kaum geahnt,
Wird der Sonnenstrahl erschließen,
   der dem Fortschritt Wege bahnt! —

Während so er vorwärts strebte,
Um ein Meister bald zu sein
Unter den Genossen, lebte
Im Beruf er still allein.
Wenn der Sonne Glanz verschwunden,
   und auf Strom und Stadt die Nacht
Ihren dunklen Schleier legte,
   war sein Tagewerk vollbracht.

Heimwärts wandt' er dann die Schritte,
Denn im bürgerlichen Haus
Weilte er nach deutscher Sitte
Lieber, als im Stadtgebraus.
An der Thüre schon begrüßte
   man ihn herzlich dort und warm,
Und von Kindern sprang entgegen
   jubelnd ihm ein ganzer Schwarm.

Am Piano spielt' er gerne
Ihnen alte Lieder vor,
Und vom Mond und Abendsterne
Sangen sie im hellen Chor.
Seinen neuen Hausgenossen
   war er längst schon lieb und wert,
Wurde im Familienkreise
   wie ein Sohn geschätzt, geehrt.

Erst nach Monden sucht' er wieder
Einen regeren Verkehr.
Deutsche fand er, schlicht und bieder,
Die schon lange übers Meer
In dies neue Land gekommen,
	deutsche Sprache hier gepflegt,
Deutsche Sitte, deutsches Wesen
	hochgehalten unentwegt.

In vertrauter Freunde Kreise
Lauscht' er gern dem Männersang,
Der nach heimatlicher Weise
Aus den vollen Kehlen drang.
Bei dem Klang der Gläser schwanden
	glücklich ihm die Stunden hin;
Sang, Musik, gesell'ge Freuden
	läuterten ihm Herz und Sinn.

Als er einst vom Männerchore
Heimgekehrt in sein Gemach,
Tönten noch in seinem Ohre
Die vernomm'nen Weisen nach.
Schmeichelnd nahte sich die Muse
	aus der Dichtkunst Zauberland,
Und in einem kleinen Liede
	sang er, was er warm empfand.

		Horch! wie zum Äther schwellen
		So reich die Toneswellen
		Von deutschem Männersang:
		Bald brausend, mächtig schallend,
		Bald leise, sanft verhallend
		Wie süßer Minne Klang!

Ihr alten trauten Lieder,
Wie füllt ihr immer wieder
Mit Freude unsre Brust!
Wie warm zum Herzen bringet,
Wenn euer Gruß erklinget,
Ein Strom von Himmelslust!

Ihr habt mit Weihetönen
Vom Reich des ewig Schönen
Die neue Welt entzückt.
Da herrscht kein stolz Gepränge;
Beseligt horcht die Menge,
Von deutschem Sang beglückt.

Uns wird, als spräche wieder
Im Klang der Heimatlieder
Die Mutter, lieb und gut;
Sie halten in der Ferne
Auf diesem Erdensterne
Uns stets in treuer Hut.

Durch alle Länder walle
Mit deiner Lieder Schalle,
Du deutscher Männersang!
Du webst um diese Erde,
Auf daß sie schöner werde,
Der Töne Zauberklang. — —

Neujahr ist es. — Aus dem Norden
Braust ein Schneesturm durch die Stadt,
Heult in schaurigen Accorden
Durch die Straßen; spiegelglatt
Ist gefegt des Stromes Panzer;
    berghoch an den Häuserreihn
Liegt der Schnee, und grimm'ge Kälte
    schneidet bis ins Mark hinein.

Fern auf Manitobas Steppe
Sprang vom Eise der Orkan;
Hinter ihm fliegt seine Schleppe,
Schneeverbrämt, auf grauf'ger Bahn.
Finstre Wolken folgen dräuend
    seinen Spuren, und sein Mund
Jauchzt Verderben und Entsetzen,
    und es dröhnt und bebt der Grund.

Hin zum Mississippithale
Nimmt der Schreckliche den Pfad.
Leichen, Trümmer sind die Male
Seiner bleichen Todessaat.
Wehe, wen er draußen findet,
    weit vom wärmenden Gemach!
Nie mehr wird den Ärmsten grüßen
    seiner Heimat schützend Dach.

Bäume bersten in den Wäldern
Von dem grimmen Frost; im Thal
Auf der Prärie weißen Feldern
Sterben Rinder ohne Zahl.
Aus den eis'gen Lüften stürzen
    Vögel starr und tot herab,
Und die weite Erde ist ein
    sturmumbraustes Wintergrab.

Wütend tobt das grauf'ge Wetter
An der Mauern trotz'ge Stirn,
Kalk und Ziegel, Steine, Bretter
Fallen, und die Fenster klirr'n.
Durch die Straße rast ein Windstoß
    mit titanenhafter Macht,
Und die festen Häuser ächzen,
    und der Dachstuhl bebt und kracht.

Hermann weilt im warmen Zimmer
An dem lodernden Kamin.
Bei der Flammen Flackerschimmer
Sieht gespensterhaft er ziehn
Durch den Raum die flücht'gen Schatten;
   in dem Rauchfang heult der Sturm,
Und es kreischt die Wetterfahne
   an dem nahen Kirchenturm.

In der wohlgeschützten Kammer
Denkt er beim Orkan=Getos'
An den vielen Erdenjammer,
An der Armen traurig Los.
Ach! in winterlichen Tagen
   ist ihr Schicksal doppelt hart,
Wenn die Not mit hohlen Blicken
   in ihr bleiches Antlitz starrt!

   Brausende Windsbraut, tobende Macht,
   Ruft er hinaus in die stürmende Nacht,
   Fege hinweg das scheidende Jahr,
   Alles, was traurig und düster war:
   Seufzer und Elend, Haß und Neid,
   Sorgen und Trübsinn und Herzeleid;
   Was am Glücke der Menschen zehrt,
   Was die Seele drückt und beschwert! —
   Dann, du freundliche Geisterschar,
   Führe herein das kommende Jahr!
   Wirf der Menschheit in ihren Schoß
   Frieden und Eintracht als köstlichstes Los,
   Gieb ihr Glück und zufriedenen Sinn,
   Leite sie bildend zum Höchsten hin! —
     Seht! schon rücket der Zeiger sacht
     Auf die Stunde der Mitternacht.
   Schwächer wird des Sturmes Gebraus.

Hermann schaut in die Nacht hinaus,
Sieht, wie des Mondes silbernes Licht
Hell durch die fliegenden Wolken bricht.
Plötzlich vernimmt er hell und klar:
Glückauf, glückauf zum Neuen Jahr! —
Eine Bowle, in Flammen gehüllt,
Steht auf dem Tische; die Gläser füllt
Rasch des Hausherrn kundige Hand.
Hoch soll es leben, das Vaterland!
Ruft er begeistert — und Frieden und Heil
Werd' ihm im neuen Jahre zu teil! —
Nun auf der neuen Heimat Glück
Leeret die Gläser! ruft Hermann zurück.
Möge gedeihen sie fort und fort!
Immer sei sie der Freiheit Hort! —

So schwand dahin im frohen Bunde
Des neuen Jahres erste Stunde. —
Doch wo der Sturm die Todessaat
Hinstreute auf dem grau'gen Pfad,
Wo namenloses Leid und Weh
Begraben liegt im Winterschnee:
Dort wurde kummervoll durchwacht
Die traurige Sylvesternacht.

Vierter Gesang.

Wanderlust und Herzeleid im Süden.

Von des blauen Golfs Gestade
    Zieht ein jugendlicher Held
Nordwärts auf dem Blumenpfade
Siegreich durch die neue Welt.
Sonnenstrahlen sind die Pfeile,
    die er hoch zu Häupten schwingt,
Laue Lüfte die Geschosse,
    deren Hauch das Eis durchdringt.

Vor des Helden Augenleuchten
Flieht der Winter, schreckensbleich
Und mit Blicken, thränenfeuchten,
In sein frosterstarrtes Reich.
Freudig rauschen alle Bäche,
    von dem bösen Feind befreit,
Fink' und Drossel preisen jubelnd
    die erwachte Herrlichkeit.

Frühling heißt der wackre Streiter,
Der mit frohem Gruß sich naht,
Und mit Augen, sonnenheiter,
Nun den Sieg errungen hat.
Reiche Gaben streut er lächelnd
   aus mit liebevoller Hand,
Ladet ein zum Freudenfeste
   rings umher das weite Land.

Hermann sah, von Glück durchdrungen,
Daß vorbei der Winter war,
Von des Lenzes Macht bezwungen,
Und der Himmel blau und klar.
Länger wollt' er nun nicht säumen
   in der Mauern engem Raum,
Wollte nach dem Süden eilen,
   seiner Sehnsucht Ziel und Traum.

Heitern Sinns und ohne Sorgen
Schritt er einen sonn'gen Tag
Nach dem Flusse früh am Morgen.
An dem breiten Ufer lag
Qualmend da ein präch't'ger Dampfer,
   war zur Abfahrt schon bereit.
Eine kleine Schar von Freunden
   gab zum Abschied das Geleit.

Hohoi scholl und Negersänge
Klangen, als auf schmaler Spur
Durch der Schiffe dicht Gedränge
Ab vom Strand der Dampfer fuhr.
Bald auf freiem Strome war er;
   südwärts wandte sich sein Bug,
Und die mächt'gen Schaufelräder
   trieben ihn dahin im Flug.

Hermann stand am Schiffesrande,
Als vorbei die Ufer flohn.
Glanzbeschienen lag am Strande
Hinter ihm St. Louis schon.
Mög'st du, rief er, Westens Perle,
    ferner wachsen und gedeihn,
Tochter du des Riesenstromes,
    immer groß und glücklich sein!

Mög' der Friede bei dir weilen,
Der die Jugend dir beschirmt,
Und die Wolken schnell zerteilen,
Wenn ein dräuend Wetter stürmt;
Mögen jene Sternenfahnen
    fröhlich flattern immerdar;
Niemals nahe deinen Mauern
    Pestilenz und Kriegsgefahr!

Sei die deutsche Stadt im Westen!
Und ertöne, deutsches Wort,
Bei den Wackersten und Besten
Noch in fernen Jahren dort!
Seht! die Sonne hat vergoldet
    deinen hohen Friedensdom.
Lebe wohl, du Zukunftsstolze!
    brause lauter, mächt'ger Strom! —

Neue Scenen, neue Bilder
Eilen wechselnd jetzt vorbei,
Und die Lüfte werden milder,
Wie im deutschen Wonnemai.
Seine breiten Fluten sendet
    der Ohio ferneher,
Die der Ströme Vater brausend
    mit sich trägt zum Tropenmeer.

Auf des klaren Flusses Wellen,
Einst der „Schöne Strom“²) genannt,
Der aus Pennsylvaniens Quellen
Westwärts fließt durch's grüne Land;
Welcher viele hundert Meilen
    zwischen Hügeln, Wald und Flur
Und vorbei an Städten wandert,
    zieht das Schiff die Silberspur.

Hermann blickt mit frohem Beben
Auf die Welt voll goldnem Schein,
Und ein reges fremdes Leben
Dringet mächtig auf ihn ein.
Qualmumwogte Riesendampfer
    ziehn dahin im Sonnenbrand;
Wo das Schiff verweilet, drängen
    Pflanzer, Schwarze sich am Strand.

Dann zu Alabamas Fluren
Trägt ihn sanft der Tennessee.
Schön're Paradiesesspuren
Sah er auf der Welt noch nie:
Silber ist des Mondes Scheibe,
    Gold die Sonn' im Ätherraum,
Glanzerfüllt der Tagesbogen,
    und die Nacht ein Feentraum.

    O wunderschöne Nebelnacht
    Am waldgeschmückten Strande!
    Gehüllt in weiße Schleierpracht
    Ruhn träumend rings die Lande.

    Kein Lüftchen weht. Im Nebel wallt's
    Mit silbergrauen Wellen;
    Wie dumpfer Geisterruf erschallt's
    Aus schwarzen Stromesschnellen.

Herauf vom dunklen Urwald schwebt
Des Mondes roter Bogen,
Sein glühend Bildnis tanzt und bebt
Auf den erregten Wogen.

Der Tennessee rauscht wild empor,
Im Walde schrein die Unken.
Das Schiff bricht durch den Wolkenflor,
Umwogt von Feuerfunken.

Schimmert's drüben auf den Feldern
Nicht wie Schnee im Sonnenschein,
Wo am Rand von dunklen Wäldern
Stehn die weißen Häuserreihn?
Neger in gedrängten Scharen,
    Männer, Frau'n und Kinder, ziehn
Zu der Tagesarbeit, singen
    monotone Melodien.

Auf dem staub'gen Wege reitet
Stolz ein Weißer, läßt sein Roß
Wild sich bäumen und geleitet
Nach dem Feld den Sklabentroß.
Auf dem hoch erhob'nen Haupte
    trägt er einen breiten Hut;
Aus den blauen Augen leuchtet
    Willenskraft und trotz'ger Mut.

Fern auf waldigem Gelände
Ragt des Pflanzers Haus empor,
Grüne Läden, weiße Wände
Blicken aus dem Laub hervor.
Ab und zu auf der Veranda
    schillert farbig ein Gewand;
Frauen ruhn in Hängematten,
    Palmblattfächer in der Hand.

Angeschirret vor der Thüre
Steht ein prächtiges Gespann;
Kräftig hält die mut'gen Tiere
Am Gebiß ein schwarzer Mann.
In den leichtgebauten Wagen
   springt der Pflanzer, grüßt hinauf,
Wo die Damen ruhn, und jagt dann
   nach der Stadt im Sturmeslauf.

Hin und her mit Jubel springen
Negerkinder auf dem Kies;
Da und dort mit Iris-Schwingen
Huschen pfeilschnell Kolibris;
In der hellen Sykomore
   am umrankten Gartenwall
Singt und spottet, lockt und jubelt
   laut des Südens Nachtigall*.

Um der Pfirsichbäume Rosen
Spielen laue Winde sacht,
Unter strahlenden Mimosen
Glänzt der Feuerlilien Pracht;
Blüten schimmern an den Bäumen,
   auf dem Feld, an jedem Strauch,
Atmen ringsum in die Lüfte
   ihren süßen Lenzeshauch.

Auf der Fahrt durch Südlands Auen
Nach der Stadt Tuscumbia
Traten Hermann unterm blauen
Himmel solche Bilder nah.
Dort, von fremdem Glanz umgeben,
   wollt' er weilen längre Zeit;
Das Erlernte zu erproben,
   war er frohen Muts bereit.

* Die Spottdrossel — mocking bird.

In dem hübschen kleinen Orte
Ward er schnell ein wicht'ger Mann,
Und mit warmem Willkommworte
Bot man Rat und Freundschaft an:
Denn die Camera obscura
    war allhier ein selt'ner Gast,
Und bei vielen Leuten galt er
    als ein Zauberkünstler fast.

Bald schon aus dem reichen Städtchen
Kamen in sein Künstlerheim
Alabamas schöne Mädchen,
Die der erste Blütenkeim
Holder Anmut reizend schmückte.
    Fröhlich klang an jedem Tag
Helles Lachen, Scherz und Jubel
    in dem freundlichen Gemach.

Eifrig auf des Silbers Flimmer
Bannt' er mit der Sonne Licht
Seidener Gewänder Schimmer,
Manches schelmische Gesicht.
Schneller schlugen seine Pulse,
    wenn, dem Herzen zur Gefahr,
In dem Zauberglas ihm winkte
    ein berückend Augenpaar.

Täglich in Karossen kamen
Reiche Pflanzer angejagt,
Brachten mit sich ihre Damen,
Die von Eitelkeit geplagt.
Alle wollten sie im Bilde
    schöner sein, als die Natur
Sie erschaffen, Engeln gleichen
    auf der niedern Erdenflur.

Sonntag war ein Tag der Wonne
Für den Künstler. Schwarz wie Nacht
Zeichnete die goldne Sonne
Dann der Mohren düstre Pracht.
Neger mit Cylinderhüten,
   Kragen, die dem Ohr zur Pein,
Alten Fräcken, blum'gen Westen
   stellten sich in Menge ein.

Herrlicher noch anzuschauen
War der schwarze Damenflor
Zu den rot= und himmelblauen
Kleidern, an der Brust, im Ohr
Colorado=Diamanten,
   Talmischmuck aus Jerseys Staat,
Auf dem Wollhaupt ries'ge Kämme,
   Pforzheims feinstes Fabrikat.

Saßen mit den schiefen Hüten
Und mit Kragen, hoch und spitz,
Dann der Kavaliere Blüten
Vor dem Schirm auf samt'nem Sitz,
Neben ihnen ihre Damen,
   nach der Mode angethan:
War's ein Bild, wie's nie geträumet
   Raphael und Tizian! —

Heute fuhr, zu Gast geladen,
Hermann von der Stadt ins Land,
Als die Sonn' auf Purpurpfaden
Tief am Horizont schon stand.
Neben ihm im leichten Wagen
   saß der Pflanzer, und geschwind
Flog dahin sein mut'ger Renner,
   wie im Wettlauf mit dem Wind.

Singend, lachend, mit Gelärme
Nach der Tagesarbeit Last
Kehrten heim die Negerschwärme.
Einen häuf'nen Zaum gefaßt,
Ritt auf sattellosem Maultier
    mancher wie ein Pascha stolz.
Lose Eisenketten klirrten
    an dem schweren Kummetholz.

Als sie eilig weiter fuhren,
Schreckte oft ein Eichhorn auf,
Rannte längs den Räderspuren,
Dann ins Feld mit schnellem Lauf,
Schlüpfte hurtig in ein Erdloch;
    Vögelein im schwarzen Kleid
Saßen auf dem zack'gen Zaune
    wie Soldaten hingereiht.

Ihre großen Kreise zogen
Geier durch des Himmels Höhn,
Käfer und Libellen flogen
Hin und wieder, farbenschön.
Auf jahrhundertalter Fichte,
    längst entlaubt und kahl gebrannt,
Hing ein Adlerhorst und schaute
    weit hinaus ins flache Land.

In der Ferne auf den Feldern
Lag ein bläulich-feiner Duft,
Über dunklen Eichenwäldern
Zitterte die warme Luft.
Flüsternd kos'ten Lenzeswinde
    mit den bunten Blümelein;
Westwärts war des Himmels Wölbung
    lauter Gold- und Purpurschein.

Rings von Blüten hell umschlungen
Grüßte sie das Pflanzerschloß.
Schwarze kamen hergesprungen,
Spannten aus das edle Roß,
Während Hermann mit dem Freunde
    von dem kiesbedeckten Pfad
Auf die schattige Veranda,
    Die von Blumen prangte, trat.

Herzlich wurde von den Damen
Dort begrüßt der fremde Mann,
Und die muntern Kinder kamen
Ohne Scheu zu ihm heran.
Platz zu nehmen bat man freundlich.
    Eine Sklavin, jung, gewandt,
Bot ihm einen Palmblattfächer
    aus Bermudas Inselland.

Leichthin floß der Strom der Worte
In gesell'gen Plauderei'n.
Hermann schien am fremden Orte
Fast ein Hausfreund schon zu sein.
Manches mußte er verkünden,
    was erlebt er und gesehn,
Von Europas Fürsten melden,
    ihren Schlössern und Armeen.

Dann zu Tische ging's. Es saßen
Mit dem Gast im trauten Kreis
Alle froh beisammen, aßen
Heißes Brot, Kapaun und Mais.
Mit den Pfauenwedeln standen
    Negerkinder da und dort
Hinter der Erwachs'nen Stühlen,
    scheuchten freche Fliegen fort.

Platz auf der Veranda nahmen
Alle nach dem leckern Mahl.
Aus den niedern Hütten kamen
Schwarze nun in großer Zahl,
Zündeten ein mächt'ges Feuer
    auf dem Hof an, wo am Quell
Dunkle Walnußbäume standen
    neben Pappeln, silberhell.

Schwärme goldner Funken stoben
Aufwärts in das dichte Grün,
Um im Blätterdache oben
Zu erlöschen, zu verglühn.
Prasselnd, strahlend stieg die Lohe
    aus dem Holzstoß; wie am Tag
Ward es hell auf der Veranda
    und in jeglichem Gemach.

Immer neue Klötze trugen
Neger mit Gelärm herbei;
Mit geschwung'nen Äxten schlugen
Alte Kasten sie entzwei,
Die sie in das Feuer warfen.
    Lachend hob der Buben Schar
Hoch auf eine leere Tonne
    einen Greis mit grauem Haar.

Wie ein Fürst im Sklavenschwarme
Stand der Alte aufrecht da,
Hielt in dem entblößten Arme,
Als er stolz herniedersah,
Seinen Schatz, das braune Banjo.[3]
    Durch die Saiten fuhr er sacht,
Daß es rauschte wie ein Windhauch
    eh der wilde Sturm erwacht.

Plötzlich durch die Nachtluft schallten
Schrille Laute draus hervor.
Wie ein Schmerzensschrei des Alten
Schlug's an Hermanns horchend Ohr;
Doch die Schwarzen jauchzten alle,
    schienen wie von Sinnen ganz,
Denn es war ja dies das Zeichen
    für den tollen Negertanz.

Fröhlich aus dem Banjo klangen
Dann die Saiten. Mit Gewalt
Stampften mit den Füßen, sprangen
Alle Neger jung und alt.
Zu des Reigens wüstem Lärmen
    sangen sie ein Lied mit Macht,
Das die lauen Lüfte weithin
    trugen durch die stille Nacht.

Bei dem alten Walnußstamme
Tönte lauter das Geschrei;
Prasselnd schlug empor die Flamme,
Wilder klang die Melodei.
Bravo! Bravo! scholl mit Lachen
    aus der weißen Männer Mund;
Selbst die feinen Damen gaben
    klatschend ihren Beifall kund.

Und der Pflanzer, warm geworden,
Rief: ein glücklich Volk ist dies!
Sklaverei, verdammt im Norden,
Ist der Neger Paradies:
Denn sie kennen keine Sorgen,
    schlafen sanft und essen gut,
Und die Arbeit dient als Würze
    ihrem frohen Lebensmut.

Denke, Freund, an die Heloten
Drüben in Europas Gau'n!
Würde ihnen dies geboten,
Schätzten sie sich glücklich, traun!
Niemand, der in schwerer Krankheit
    ihnen rechte Pflege bringt,
Keiner, der sie wärmt und kleidet,
    wenn ins Mark die Kälte bringt.

Für die Sklaven muß ich sorgen,
Denn sie sind mein Kapital;
Daß vor Unheil sie geborgen,
Ist kein eiteles Geprahl.
Für die Trägen ist die Peitsche
    stets die beste Arzenei.
Siehe! das ist Lebensweisheit,
    keine Freiheitsduselei! —

Schweigend horchte jenen Worten
Hermann dort in lauer Nacht.
Schwer war ihm zu Mut geworden,
Wie aus wüstem Traum erwacht;
Und des Pflanzers Worte tönten
    später ihm noch manchen Tag,
Wo er ging und stand im Städtchen,
    wie ein Mißklang schmerzlich nach.

Bitter mußt' er es empfinden,
Hier auf diesem Boden jetzt
Solche Rede zu verwinden,
Die so tief sein Herz verletzt.
Frauenanmut, Blumendüfte
    und des Südens prangend Bild
Konnten nicht den Schatten scheuchen
    von der Freiheit blankem Schild.

Aber sollte gleich er fliehen
Dieses Land voll Sonnenschein,
Seiner Kunst den Lohn entziehen,
Treulos seinen Plänen sein?
Ändern konnt’ er nicht die Meinung
    dieser Menschen, sonst so brav
Und so ritterlich und gastfrei,
    wie er hierzuland sie traf.

Nach gepflog’nem guten Rate
Zog er ohne Säumen nun
Nach dem Mississippistaate.
Lange braucht’ er nicht zu ruhn,
Seine Kunst dort auszuüben:
    holde Mädchen, stolze Frau’n
Sehnten sich, wohin er reiste,
    ihrer Schönheit Bild zu schaun.

Segen floß auf ihn hernieder,
Blumen schmückten seinen Pfad,
Froher Sinn, Musik und Lieder
Streuten aus die Freudensaat.
Neue Freunde fand er täglich,
    Jede Stadt empfing ihn gern;
Unbewölkt am Himmel glänzte
    seines Glückes goldner Stern.

Doch des Südens Wonneleben
Ließ Gemüt und Herz so leer.
Seiner Heimat Geistesstreben
Drang zu ihm nicht übers Meer.
Deutsche Worte — ach! wie mächtig
    sehnt’ er sich nach ihrem Klang!
Daß er sie entbehren mußte,
    stimmte oft ihn trüb und bang.

Konnt' ihm nicht in stillen Stunden
Heitern Mut die Dichtkunst leihn,
Heilen nicht die Herzenswunden,
Trösterin und Freundin sein?
Ja! im dunklen Urwald schwebten
  hier auch goldne Phantasien.
An des klaren Waldstroms Borden
  sang er dies im schatt'gen Grün:

Wo die blinkenden Wellen wallen,
Die Wellen des Tangipahos,
Vergeß ich in Urwaldshallen
Des Ausgewanderten Los.
  Goldene Strahlen scheinen
    Zitternd durchs grünende Dach;
  Plätschernd an Wurzeln und Steinen
    Sprudelt und schäumt der Bach.

Im Schatten der Sykomoren,
Am moosbehangenen Baum,
Da steh' ich in Träumen verloren,
Und blick' in den Wellenschaum.
  Wallet, ihr Fluten, sachte,
    Wallet leiser dahin,
  Still an die Heimat dachte
    Eben mein irrender Sinn.

Aus dunkelem Laubgezelte
Der stolzen Magnolie tönt
Ein Sang wie Spott und Geschelte,
Durch neckende Liebe verschönt.
  Vögelein, deine Gesänge
    Mahnen mit Zaubergewalt
  An der Nachtigall Klänge
    Jauchzend im deutschen Wald.

Drum lustig in Urwalds Hallen,
Du Sängerin, keck und froh!
Laß hell deine Freude schallen
Am murmelnden Tangipaho!
   Sind deiner Schwester Lieder
   Wonne dem trunkenen Ohr,
   Schmettern die deinen wieder
   Freiheitsjubel empor. — —

Hermann zog, sein Glück zu wagen,
Wieder neuen Zielen zu,
Bis nach manchen Wandertagen
Ihn begrüßte der Yazoo.*
Düster floß des Stromes Woge
   durch das sommerschwüle Land,
Wo die Stadt des gleichen Namens
   sich erhebt am niedern Strand.

Furcht und Schrecken stand geschrieben
Dort auf jeglichem Gesicht.
Von der bleichen Angst getrieben
Drängten sich die Menschen dicht
Auf den Gassen, leise redend,
   denn die graus'ge Botschaft kam,
Daß die gelbe Pest sich nahe,
   die den Weg stromaufwärts nahm.

Unter Cubas Sonnengluten
Ist des Volksvertilgers Heim.
Durch des blauen Golfes Fluten
Trug ein Schiff des Giftes Keim
Heimlich nach dem Mississippi;
   tückisch flog es weiter fort,
Milliardenfach sich mehrend,
   ungesehn von Ort zu Ort.

----

* auszusprechen = Dja-sū.

New Orleans, in Schmerz und Thränen,
Legte an ihr Trauerkleid,
Und bis Memphis' Uferlehnen
Sah der Strom nur Angst und Leid.
An des Roten Flusses Borden
    wie am hellen Arkansaw,
Tausend Meilen in der Runde
    war der Würger plötzlich da.

Vor dem Auge Hermanns ziehen
Schreckensbilder nun vorbei:
Niemand kann dem Feind entfliehen,
Ob er reich, ob arm er sei.
Auf dem fahlen Rosse reitet
    durch die Stadt der Gelbe Tod;
In Palästen wie in Hütten
    sieht sich jedermann bedroht.

Auf den Straßen lodern Brände.
Leere Kisten, Pech und Teer
Schleudern kräft'ge Negerhände
In die Glut, und dicht und schwer
Hebt der Qualm sich in die Lüfte.
    Weithin über Stadt und Strom
Hängt er wie ein schwarzes Bahrtuch
    tief herab vom Himmelsdom.

Alle Läden sind geschlossen,
Und der Fleiß, die Arbeit ruhn.
Statt des Lärms von Wagen, Rossen
Schallen Trauerglocken nun.
Särge trägt man in die Häuser;
    Leichen in dem rohen Schrein
Fährt man nachts hinaus zum Friedhof,
    scharrt in größter Hast sie ein.

Immer neue Särge kommen,
Und die Glocken tönen bang;
In die Kirchen ziehn die Frommen
Mit Gebet und Trauerklang.
Aber opferwillig wirken
    andere von Haus zu Haus,
Eilen, gleich den Samaritern,
    leisen Schrittes ein und aus. —

Hermann hält an eines Kranken
Sterbebett die stille Wacht.
Rastlos stürmen die Gedanken
Durch sein Hirn die ganze Nacht.
Wird er selbst wohl hilflos liegen
Bald wie dieser fremde Mann,
Welchem schnell die Pulse fliegen,
Den das Eis nicht kühlen kann?

Sollte einsam er verderben,
Fern vom teuren Vaterland?
Nicht der Vater ihm beim Sterben
Pressen die verwelkte Hand?
Nicht der Bruder dann beim Scheiden
Tröstend ihm zur Seite stehn?
Sollt' er niemals mehr die beiden
Guten, lieben Schwestern sehn?

Ach! wie fühlt' er sich verlassen,
Seit auf schreckensvollem Pfad
Er aus grammumflorten Gassen
Dieses offne Haus betrat!
Damals war in Schauerstunden
Fast zu Eis erstarrt sein Blut,
Als den Ärmsten er gefunden,
Den er nahm in treue Hut.

Aus dem Mund, dem todesbleichen,
Floß ein Schwall von schwarzem Brei,
Grausig anzuschaun, ein Zeichen,
Daß kaum Hilfe möglich sei.
Wird zum zweiten Mal erscheinen
Des Vomitos finstre Flut,
Giebt Errettung es für keinen,
Den versengt des Fiebers Glut.

Sechsmal schwanden heut' die Tage,
Voll von Todesangst und Pein,
Und beim zwölften Stundenschlage
Wird des Fiebers Krisis sein.
Weiter tickt die Uhr; der Schläger
Kündigt an die Mitternacht.
Sieh! du wackrer Krankenpfleger,
Sieh! dein Schützling ist erwacht!

Doch das schreckliche Erbrechen
Kommt aufs neu'. Er hebt empor
Schwer das Haupt, versucht zu sprechen,
Ringend an des Grabes Thor.
Hermanns Hand ergreift der Kranke,
Schaut umflorten Blicks ihn an,
Und mit einem leisen Danke
Sinkt im Tod der fremde Mann.

Hermann stand am Sterbekissen
Manches Menschen schon voll Schmerz,
Doch wie jetzt von Gram zerrissen
War noch nie sein junges Herz.
Sanft er ihm die Augen schließet,
Legt ein Tuch auf sein Gesicht,
Betet still; die Thräne fließet,
Als er leis ein Amen spricht.

Als er heim nach seiner Klause
Langsam schreitet, fröstelt's ihn;
Dann, nach einer kurzen Pause,
Glühn die Adern; Schauer ziehn
Durch den Körper. Auf sein Lager
Wirft er sich, vergißt die Welt.
Auf dem Rosse, fahl und hager,
Stumm am Thor der Schrecken hält. —

Die Sonne blickt am frühen Tag
Mit ihrem goldnen Schein
In Hermanns enges Schlafgemach
Durchs Fenster hell herein.

Sie sieht auf seinem Lager ihn
Und küßt die bleiche Stirn;
Ihm toben wilde Phantasien
Im fieberheißen Hirn.

Des Lebens Quell, den Sonnenstrahl,
Gewahrt der Kranke nicht;
Ihn schreckt empor in Angst und Qual
Manch wirres Traumgesicht.

Die schaun den siechen deutschen Mann,
Versengt von Fieberglut,
Mit roten Feueraugen an,
Aus Häuptern, leer von Blut. —

Was springt denn dort am Bett vorbei,
Am Haupt den Federbusch?
Ein Indianer, meiner Treu!
Nun ist er fort — husch husch!

Ein Kopf fliegt kreisend durch die Luft.
Halt an! wohin so schnell?
Du Kobold an der finstern Kluft,
Was grinst du dort, Gesell?

Sieh sieh! das schlotternde Geripp,
Den Schädel unterm Arm,
In seiner Knochenhand die Hipp, —
Es tanzt, daß Gott erbarm'!

Klang nicht Gesang am Fenster da?
Wo hört' ich ihn? Nun rat'!
Ha ha! vor Fridericia!
Der tappre Landsoldat!

Du kleiner Mann im goldnen Helm,
Was willst denn du hier? sprich!
Bei Gott! es grüßte mich der Schelm,
Als aus der Thür er schlich.

Da kommt der Wilde wieder schon,
Befleckst mit Farbenschmier!
Wie wütig seine Augen drohn!
Will er den Skalp von mir?

Dort steht der große Neger, schau'!
Der hoch die Sense schwingt;
Und drüben hockt die schwarze Frau,
Die stumm die Hände ringt.

Hu hu! jetzt naht der Feuermann,
Trägt Kohlen in der Hand.
Hilf! hilf! er packt mich grimmig an,
Hat mir die Stirn verbrannt! —

Zwischen Tod und Leben schwankte
Hermann lange her und hin,
Seit er plötzlich schwer erkrankte.
Eine Samariterin,
Die die Pflege übernommen,
    sorgte für ihn Tag und Nacht,
Schwebte leise durch das Zimmer,
    hielt an seinem Lager Wacht.

Herzensgüte war zu lesen
Im Gesicht der schlanken Maid,
Und aus ihrem sanften Wesen
Sprach die keusche Sittsamkeit.
Zwanzig Sommer war ihr Alter,
    dunkelbraun ihr schlichtes Haar,
Schwarz und groß die Augensterne,
    und die Stirne hoch und klar.

Nicht verstand sie seine Worte,
Wenn er traurigeängstet schlief
Und, so nah der Grabespforte,
Nach der lieben Mutter rief;
Ob auch manchmal sonst mit Mühe
    und Geduld es ihr gelang,
Zu erraten die Gedanken
    in der fremden Sprache Klang.

Ihre weichen Hände legte
Sie auf seine heiße Stirn,
Bis die Angst, die ihn bewegte,
Die zermarterte sein Hirn,
Von ihm wich und still er wurde.
    Seiner Mutter sanfte Hand
Wähnt' er auf der Stirn zu fühlen,
    lindernd seinen Feuerbrand.

Oftmals in die stille Stube
Trat mit Eis und Arzenei'n
Ihr gedung'ner Negerbube
Barfuß leisen Schrittes ein.
Auf dem Wollkopf trug er sicher
    das bestellte Mittagsmahl,
Fragte nach des Fräuleins Wünschen,
    that, was diese ihm befahl.

Als der Arzt, der freundlich immer,
Ob auch um ihn Tod und Graus,
Spät noch trat ins Krankenzimmer
Auf dem Gang von Haus zu Haus,
Strahlten freudig ihm die Augen.

    Daß vorbei die Hauptgefahr
Hatte gleich er wahrgenommen,
    weil besiegt das Fieber war.

Hermann, der vom Schlaf erwachte,
Sah den Fremden staunend an,
Dann das Mädchen, welches sachte
Näher trat. Der blonde Mann
Sprach zu ihm mit deutschem Worte:

    Junger Freund, mußt ruhig sein!
Nicht geredet! schlafen sollst du
    in den hellen Tag hinein.

Krank bist du, sehr krank gewesen.
Aber wenn du ruhig bist,
Wirst du sicher bald genesen,
Kräftig sein in kurzer Frist.
Diese Fremde will dich pflegen;
    aber sprich du nicht zu ihr.
Was sie sagen wird, das thue.

    Schlafe jetzt! sie bleibt bei dir.

Über Hermanns bleiche Wangen
Flog ein ros'ger Hauch von Glück,
Denn ein sehnendes Verlangen
Zog ins Leben ihn zurück.
Dankend sah er auf die beiden,
    schloß die müden Augen dann;
Ruh'ger gingen Puls und Atem,
    als der Schlaf den Sieg gewann.

Eh der Arzt in großer Eile
Sich empfahl mit heiterm Sinn,
Sprach er flüsternd eine Weile
Zu der treuen Pflegerin:
Wie sie sich verhalten sollte,
      ihn bewachend wie ein Kind;
Denn ein Rückfall würd' ihn töten,
      wie ein Licht erlischt im Wind.

Bei dem schnellen Abschied drückte
Ihr die Hand der wackre Mann.
An das Bett des Kranken rückte
Sie den Sessel sacht heran.
Auf die abgehärmten Züge
      blickte sie mit bangem Weh,
Bat den güt'gen Vater droben,
      daß er ihm zur Seite steh'. —

Täglich wuchsen Hermanns Kräfte.
Seine Augen wurden hell;
Neue warme Lebenssäfte
Spendete des Herzens Quell.
Freudig sah die Pflegeschwester,
      daß er gern die Speisen aß,
Die sie sorglich oft ihm reichte
      nach dem vorgeschrieb'nen Maß.

Seinen Mut emporzurichten,
Las sie mit gedämpftem Ton
Manchmal schnurrige Geschichten.
Herzlich lachte jener schon,
Wenn er staunend hörte von dem
      Reisenden aus Arkansaw[1],
Und im Bild er auf dem Klepper
      ihn am Wirtshaus halten sah.

Dann von ihrer treuen Amme
Sprach sie, von Kleopatra,
Die, obwohl vom Negerstamme,
Ihr gegolten als Mama;
Auch von Cäsar, deren Manne,
 der aufs Pony sie gesetzt,
Und mit Sprüngen und Grimassen
 oft ihr kindlich Herz ergötzt.

Plötzlich fiel ihm ein, er kenne
Ihren Namen nicht einmal,
Fragte sie, wie sie sich nenne,
Wo ihr heimatliches Thal.
An dem Strand des Rappahannock,
 sprach sie, in Virginia,
Stand das Blockhaus meiner Eltern,
 und man nennt mich Sylvia.

Bin als Waise auferzogen.
Meine Mutter sah ich nie.
Einer Sturmflut wilde Wogen
Raubten mir den Vater früh.
Lange lebt' ich unter Fremden,
 aß der Nachbarn Gnadenbrot,
Zog hierher dann zu Verwandten
 auf ihr freundliches Gebot.

Ach! die guten alten Leute,
Die mir unvergeßlich sind,
Raubte mir die Pest, und heute
Bin ich wieder Waisenkind.
Bei den Howards[5] trat ich kürzlich
 ein, als Krankenpflegerin;
Doch ich schweige, denn ich fürchte
 aufzuregen deinen Sinn.

Hermann fiel in Schlaf und träumte,
Doch nicht fieberwirr: Er stand,
Wo der Rappahannock schäumte,
Auf dem hohen Uferrand,
Neben ihm ein schlankes Mädchen,
   ganz das Abbild Sylvias,
Das ihn oft mit ihren großen
   schwarzen Augen staunend maß.

Steinchen warfen auf die Wogen
Beide lachend, Schuß auf Schuß;
Hochaufschnellend sprangen, flogen
Jene weithin auf dem Fluß.
Plötzlich glitt der Fuß des Mädchens
   auf dem Abhang aus, sie fiel
In den Strom und rief um Hilfe —
   und vorbei war, ach! das Spiel.

Als er zeitig wach geworden,
Fiel ein Strahl von Morgenlicht
Von des Himmels goldnen Borden
Auf der Schlummernden Gesicht.
Dicht von aufgelöstem Haare
   war's umrahmt; ein ros'ger Schein
Auf den Wangen schien der Abglanz
   reinsten Seelenglücks zu sein.

Wie erschreckt aus süßem Traume
Sprang sie auf, hinauszugehn.
Der Gedanke, daß geraume
Zeit er so sie angesehn,
Flog ihr blitzschnell durch die Seele.
   Als mit aufgestecktem Haar
Sie zurückkam, traf ihn schüchtern
   ihr verschämtes Augenpaar. —

Heut' zuerst ins Freie schreitet
Hermann an der Schwester Arm,
Die ihn fest und achtsam leitet.
Heiter ist der Tag und warm.
Mit dem Laub der Sykomoren
    spielt der Wind; im Sonnenschein
Blinkt der Fluß; sein Morgenliedchen
    schmettert froh ein Vögelein.

Neues Leben — welche Wonne!
Bist du schöner worden, Welt?
Glänzest goldener du, Sonne,
An dem blauen Himmelszelt? —
Sieben lange Wochen schwanden,
    seit zuerst die Blumenflur
Und die Wälder Hermann schaute
    in der herrlichen Natur.

Was in jenen schweren Tagen
Er erlitten und erlebt,
Seine Hoffnung, sein Verzagen
Ihm im Geist vorüberschwebt.
Sie, die seinen Arm nun stützet,
    treulich ihn beschützet hat,
Mög' des Himmels Segen lohnen
    ihrer Sanftmut edle That!

Wenig reden dort die beiden,
Denn ihr Herz ist heut' zu voll.
Ob nach all den schweren Leiden
Nun das Glück wohl kommen soll? —
Blumen leuchten dicht am Wege.
    Mit verklärtem Angesicht
Pflückt sie ab ein blaues Blümlein,
    reicht ihm ein Vergißmeinnicht.

Täglich gehn sie Seit' an Seite
Nun durch Flur und Waldgeheg;
Sylvia giebt das Geleite,
Der bekannt ist Weg und Steg.
Seit er keinen Beistand brauchte,
    kam sie nicht in sein Gemach,
Sondern traf ihn bei dem Flusse
    früh am Morgen jeden Tag.

Vieles hatten sie zu sagen
Von der letzten schweren Zeit,
Auch von längst vergang'nen Tagen,
Voll von Hoffnungsfreudigkeit.
Von der lieben deutschen Heimat
    redet Hermann, und sie spricht
Von Virginias wilder Schönheit
    oft mit leuchtendem Gesicht.

Kaum von ihnen ward's empfunden,
Wie so rasch die Zeit entschwand,
Wie um beider Herz gewunden
Sich der Minne zartes Band;
Doch sie konnten nicht vergessen
    all den Jammer, all die Qual,
Die so vieler Glück zerstörten
    plötzlich wie ein Wetterstrahl.

Immer durch die Stadt noch schreitet
Nacht und Tag der gelbe Tod,
Und ums süße Dasein streitet,
Wem er seinen Gifttrank bot;
Immer tönen noch die Glocken,
    und die Särge ziehn zur Gruft,
Und des Rauches Wolken schweben
    finster in der schwülen Luft.

Hat das Laub sich schon gerötet?
Käme doch der erste Reif,
Der die gelbe Schlange tötet,
Wie den Lindwurm Vogel Greif!
Ach! so manches Menschenleben,
    welches heute blüht in Pracht,
Wird der Würger noch vernichten,
    bis ihn schlägt des Winters Macht. —

Eines Morgens stand am Strome
Hermann in Gedanken da,
Wo vom grünen Hügeldome
Stets ihn grüßte Sylvia.
In den losen Sand gezeichnet
    hatt' er ihren Namen stumm;
Schwer war ihm ums Herz geworden,
    und er wußte nicht, warum.

Statt des Mädchens sah er kommen
Seinen Freund. Der trat heran,
Bot ein herzliches Willkommen,
Sagte sanft und innig dann:
Sylvia weilt bei einer Kranken.
    Ihrer Stellung strenge Pflicht
Hält sie in der Stadt gefesselt,
    wo an Hilfe es gebricht.

Sprach's, und ohne lang zu säumen
Ging er raschen Schritts zurück.
Hermann weilte noch, zu träumen
Von der Minne sel'gem Glück.
Tief empfand er, daß das Mädchen
    teurer ihm als alles sei,
Daß, getrennt von ihr, die Welt ihm
    nur ein freudlos Einerlei.

Jeden Morgen sah man stehen
Ihn am Strome stundenlang,
Traurig in die Ferne spähen,
Ob nicht bald am Hügelhang
Ihm ihr hell Gewand erscheine.
    An dem sechsten Morgen stand
Wieder er an jener Stelle,
    von der Sehnsucht festgebannt.

Wie aus bösem Traum erwachte
Plötzlich er. Was fiel ihm ein?
Ob der Arzt wohl Nachricht brachte?
Drüben kam er ganz allein,
Trat voll Wehmut ihm zur Seite,
    sagte nicht ein einzig Wort,
Zog am Arm ihn ernst und traurig
    von dem düstern Strome fort.

Doch sie wandten nicht die Schritte
Nach der Stadt. Der schmale Weg
Führte durch der Felder Mitte,
Hin an Zäunen und Geheg.
Um ein Viereck nah am Walde
    dehnte weit sich ein Staket;
Weiße Steine, Kreuze zahllos
    standen drin, und Brett an Brett.

Leise öffnete die Pforte
Jetzt der Arzt und zog ihn mit.
An dem schauerlichen Orte,
Zwischen Gräbern Schritt vor Schritt
Folgt' ihm Hermann, angstgeschüttelt,
    an ein neues frisches Grab.
Schweigend blieb sein Freund dort stehen,
    nahm den Hut vom Haupte ab.

Hermanns Hoffnungen erstarben.
Auf dem schlichten Brette las,
Hingemalt in schwarzen Farben,
Er den Namen Sylvias.
Schluchzend kniet' er an dem Hügel,
    und vernichtet war er schier.
Seine Retterin und Liebste
    barg die kalte Erde hier.

Ach des Elends! — Seit als Knabe
Er das Mütterchen verlor,
Seit er stand an ihrem Grabe
Vor der Ewigkeiten Thor,
Hatte solch ein Leid die Seele
    nie mit Angst und Graun erfaßt.
Jammernd rief er: Ist es möglich,
    daß du mich verlassen hast?

Soll ich denn in deine lieben
Treuen Augen nie mehr sehn?
Großer Gott! wo steht's geschrieben,
Daß solch Elend darf geschehn?
Sterben mußte sie, verderben
    weil sie Hilfe mir gebracht!
Ach! das Gift hat sie beschlichen,
    als sie mich gepflegt, bewacht!

Hast du, Herr im Sternensaale,
Den Verderber ausgesandt
Mit dem grausigen Pokale
In erbarmungsloser Hand,
Mir mein Teuerstes zu rauben?
    Sterben wollt' ich tausendmal,
Wenn sie wieder atmen könnte
    in der Sonne goldnem Stral!

Laß uns gehn! sprach sein Begleiter.
Hermann, Hermann, sei ein Mann!
Zeige dich als wackrer Streiter,
Der den Schmerz bezwingen kann!
Nicht mit Trost will ich versuchen
   dir zu lindern deinen Gram;
Bleibe standhaft, ob das Schicksal
   grausam dir dein Liebstes nahm!

Heimwärts gingen schweigend beide.
Hermann schluzte oft und bang
Bei dem ungeheuren Leide,
Das ihn fast zu Boden zwang.
Ach! wie ist so arm, so öde,
   diese Welt, so freudenleer!
Tot sein möcht' er und vergessen
   alles, alles um sich her! —

Nun ist der schöne Traum vorbei,
Verweht wie Lenzesdüfte,
Wenn all der Blumenflor im Mai
Dahin, als ob versengt er sei
Durch späte Winterlüfte.

Ein kalter Reif hat sich gelegt
Auf Hermanns Seelenleben.
Sie, die den Kranken treu gepflegt,
Die ihm das junge Herz bewegt,
Kann ihm kein Willkomm geben.

Er durfte ihr nicht nahe sein
In schwerer Sterbestunde,
Als sie nur ihn, nur ihn allein
In Todesangst, voll Schmerz und Pein
Laut rief mit bleichem Munde.

Vergessen könnt' er's nimmer, nie,
Und lebt' er tausend Jahre!
Nicht einmal trösten konnt' er sie,
Nicht weinend sinken auf das Knie
An seiner Liebsten Bahre.

Er legte schluchzend einen Strauß
Von dunklen Herbstesrosen,
Benetzt vom Quell des Thränentau's,
Mit Zittern auf ihr stilles Haus,
Das Stürme bald umtosen.

Auf einem nahen Strauche sang
Ein Böglein frohe Lieder.
Wie der Gesang ins Herz ihm drang!
Er mahnt' an ihrer Lieder Klang,
An ihre Stimme wieder.

Da hat geweint er wie ein Kind,
Als wollt' sein Herz zerspringen.
O rausche, rausche, Abendwind,
Um ihren Hügel sanft und lind,
Ihr Hermanns Gruß zu bringen! — —

Monde schwanden. Aus dem Norden
Zog der Winter in das Land.
Nicht mit wilden Sturmaccorden
Und im eisigen Gewand,
Sondern mit dem Frost nur spielend,
    der die Macht der Seuche bricht;
Nachts mit Reif die Fluren schmückend,
    tags mit goldnem Sonnenlicht.

In der Stadt geht alles wieder
Seinen altgewohnten Gang.
Neger singen lust'ge Lieder;
Übers Pflaster rollt entlang
Fuhr auf Fuhr, mit Baumwollballen
    hoch beladen; klingelnd schallt
Das Geschirr von Maultierzügen,
    und die schwere Peitsche knallt.

Auf den Gassen, in den Läden
Ist ein Drängen hin und her,
Rennen, Feilschen, lautes Reden,
Gleich als ob bemüht man wär'
Das Versäumte nachzuholen.
    Selten wandert still das Leid
Durch das lärmende Getümmel
    schattengleich im schwarzen Kleid.

Hermann kann in seiner Trauer
Dieses Treiben nicht verstehn,
Da wie bange Todesschauer
Noch die Winde klagend wehn;
Da die Gräber kaum geschlossen,
    da noch feucht das Thränentuch,
Und so manches Herz noch blutet,
    dem der Würger Wunden schlug.

Tag um Tag geht er alleine
Nach dem Friedhof, weint und klagt
Bei dem kalten Marmorsteine,
Der den Hügel überragt,
Drin sein liebes Mädchen schlummert.
    Blumen prangen auf dem Grab,
Eine junge Trauerweide
    senkt die Zweiglein drauf herab.

Seine eingefallne Wange
Und sein menschenscheues Thun
Sah besorgt der Arzt schon lange.
Mußt hinaus ins Leben nun,
Junger Freund! so sprach er herzlich
    eines Tags im Januar,
Als die Sonne niederschaute
    aus dem Äther warm und klar.

Herrlich ist es jetzt im Süden
In Louisianas Reich!
Balsam für die Lebensmüden
Sind die Lüfte, lau und weich,
Die der Golf herübersendet.
    Heiter sind die Menschen dort;
Wirst den Schmerz wohl überwinden
    an dem lebensfrohen Ort!

Morgen fährt den Strom hinunter
Die Eclipse, ein Dampfkoloß!
Ist ein märchenhaftes Wunder,
Wie ein schwimmend Königsschloß.
Bis nach Vicksburg, wo sie anhält,
    fahr' ich mit dir früh hinab
Auf dem kleinen Boot; ich komme
    zeitig schon und hol' dich ab.

Hermann faßte seine Rechte
Zögernd nur. Er sei bereit
Mitzufahren; doch er dächte,
Gar zu kurz wohl sei die Zeit.
Bin ein Freund von raschem Handeln! —
    rief der Arzt. — Es bleibt dabei!
Morgen reisen wir! und heute
    packe ein und mach' dich frei!

Heiter schritt er rasch von hinnen,
Sprach von Sylvia kein Wort.
Jener ging mit trübem Sinnen
Müde heimwärts, machte dort
Langsam sich zur Reise fertig.
  Einsam blieb er im Gemach
Bis zum Abend, dachte grübelnd
  über sein Verhängnis nach. —

Die Sonne warf vom Himmelsrande
Auf Gräber ihren goldnen Schein
Und schied dahin im Flammenbrande:
Als Hermann, traurig und allein,
Die Rosen, die er mit sich brachte,
Mit thränenfeuchtem Auge sachte
Hinlegte auf den weißen Stein.

Der Friedhof lag in Abendstille
Mit allen seinen Kreuzen da;
Erschreckt verstummte eine Grille,
Als sie den späten Wandrer sah.
Geräuschlos flog mit Goldgefunkel
Ein Falter in dem Zwielichtdunkel
Vorbei am Grab von Sylvia.

Nun lebe wohl! sprach Hermann leise,
Und schlumm're sanft im kühlen Grund!
Ich muß auf meiner Wanderreise
Noch streifen durch das Erdenrund:
Doch wo ich wandle, wo ich weile
Wirst du, mit der mein Herz ich teile,
Mir nahe sein zu jeder Stund.

Die goldnen Träume sind verschwunden.
Mir ist so elend jetzt zu Mut,
Als ob aus tiefen Herzenswunden
Sich leis ergösse all mein Blut.
Was mir das teuerste hienieden,
Mein Erdenglück, mein Seelenfrieden,
In diesem Grab auf ewig ruht.

Ein Zweiglein von der Trauerweide
Noch brach er, ging dann heimwärts sacht.
Der Vollmond, der im Silberkleide
Am Himmel stand auf stiller Wacht,
Sah nirgend vor der Städte Thoren
Ein Menschenkind, so granverloren
Wie Hermann dort in jener Nacht. — —

Der Morgen ist klar, die Fluten sprühn.
Die Räder brausen und kreisen,
Das Feuer prasselt, die Kohlen glühn,
Schwer stampfen die Kolben von Eisen,
Und über dem Schiff in schwingender Flucht
Bewegt sich der Hebel gewaltige Wucht.

Rings liegen auf doppelt getürmtem Bau
Des Dampfers die Baumwollballen,
Geschichtet in Reihen, bräunlich=grau,
Verdeckend die Fenster und Hallen.
Es findet die lärmende Menge kaum
Auf schmalen Gängen noch Platz und Raum.

Hinunter braust den dunklen Yazoo
Zur Freude wackerer Männer
Dem mächtigen Vater der Ströme zu
Der Dampf ausschnaubende Renner:
Gen Süden zu bringen in jagender Hast
Zur Halbmondstadt*) die schneeige Last.

Es stand mit Hermann der treue Genoß
Hoch über den schäumenden Wogen.
Hei! wie das Schiff durch die Wellen schoß,
Die Ufer vorüberflogen!
Die Häuser der Stadt verschwanden bald,
Verdeckt vom finsteren hohen Wald.

Der Arzt gewahrte das bleiche Gesicht
Des einst so frohen Genossen,
Der in der Sonne strahlendem Licht
Dastand so stumm und verschlossen.
Laut rief er und schien in die Ferne zu spähn,
Als wollt' er den Kummer des Freundes nicht sehn:

Das giebt für dich eine prächtige Fahrt!
Ich habe soeben vernommen,
Es wird die Eclipse mit dem Shotwell gepaart
Von Memphis herunterkommen.
Eine Wettfahrt machen heute die zwei,
Zu sehn, wer der schnellste von ihnen sei.

So sprach ablenkend der brave Mann;
Kaum hörte Hermann die Worte.
Von seinem Auge die Thräne rann.
Ach! wär' er am einsamen Orte,
Zu sinnen, zu träumen in Urwaldsnacht
Von ihr, die nie mehr auf Erden erwacht! —

Fernhin dehnen die bräunlichen Wogen
Von dem Vater der Flüsse sich aus.
Rascher, mit mächtigem Rädergebraus,
Schießt der Dampfer im großen Bogen
Weit in den Strom vom schmalen Yazoo,
Wendet dem Süden den Bug dann zu.
Höher erhebt sich das Ufer nun dort,

Wo die Häuser in weitem Kranz
Schimmern im strahlenden Sonnenglanz;
Vicksburg ist es, der freundliche Ort.
Seht! wie die Banner auf Dächern flattern!
Menschenhaufen stehen am Strand,
Jauchzen schallt und Gewehre knattern,
Böller dröhnen am Hügelrand,
Hell ertönen Musik und Sang,
Trommelwirbel und Hörnerklang. —
Pfeilschnell kommen vom fernen Nord
Über des breiten Stromes Wogen
Schon die Dampfer dahergeflogen:
Hier die Eclipse, der Shotwell dort,
Beide bedeckt mit Wimpeln und Fahnen,
Wimmelnd von Menschen, auf schäumenden Bahnen
Nebeneinander durchstürmend die Flut.
Hoch aus den Schloten sprüht die Glut.
Qualmender Rauch zieht hinterdrein
Finster im leuchtenden Sonnenschein.

Rasch jetzt, Hermann! mir nach ans Land!
Ruft sein Genosse und springt an den Strand,
Als der Dampfer ihn kaum berührt,
Der sie vor Vicksburgs Thore geführt.
Eilig hinüber! folge mir schnell!
Denn die Eclipse ist bald zur Stell',
Wird hier halten nur wen'ge Minuten:
Hurtig! hurtig! du mußt dich sputen!
Und der Shotwell ist auch schon da.
Horch! ihn grüßt das Volk mit Hurra! —
Durch den jauchzenden Menschenschwarm
Drängen sich beide Arm an Arm.
Hermann erreicht mit Mühe das Schiff,
Als zur Abfahrt gellt der Pfiff.

Hinter ihm zieht man die Planke fort.
Kaum noch hört er des Freundes Wort:
Glückliche Fahrt und Wohlergehn!
Festes Vertrauen auf Wiedersehn!
Während die Antwort leise verhallt
Bei des betäubenden Lärmens Gewalt. —
Wildes Geschrei der Dampfkolosse,
Vivatrufe an Bord und Strand,
Wehende Tücher in jeder Hand, —
Und es stürmen die Wellenrosse
Bei Getümmel und Böllerschuß
Wieder hinaus in den schäumenden Fluß. —

Im glänzenden, säulengeschmückten Saal,
Da ist ein Lärm und Gedränge,
Ein Schreien von Hunderten auf einmal
Der mächtig erregten Menge,
Wie auf der Eclipse von fern und nah
Noch keiner der wackeren Männer es sah.

Es klappert und klingt auf den Tischen das Gold,
So groß wie Doppeldublonen,
Zusammengescharrt als gleißender Sold
Von edlen Sklavenbaronen.
Ein Haufen von tausend Dollar bar
Ist eine lumpige Wette fürwahr!

Holla! zehntausend wag' ich daran:
Der Shotwell wird glänzend siegen!
Ruft laut ein Pflanzer. Wer ist mein Mann?
Am Bayou La Fourche[7], da liegen
Zweitausend Acker, von Schulden rein —
Vierhundert Sklaven, die nenn' ich mein!

Ein hagerer Yankee näselnd spricht:
Das Geld, Freund, kommt mir gelegen!
Hier ist mein guter Wechsel auf Sicht;
Kein Rothschild hat was dagegen!
Ich bin ein schlichter, bescheid'ner Bankier
Und wohne in Plattsburg am Champlain See.[9]

Was ist für ein Aufruhr am Tische dort?
Hoch steht allein auf der Platte
Und weint und klaget in einem fort
Ein stattlicher junger Mulatte.
Laut jammert sein Weib und schmiegt sich ihm an:
Nicht laß ich mir rauben den teuren Mann!

Zweitausend kostet der braune Gesell!
So schreit ein Franzos. Ich wette
Ihn auf die Eclipse! — Halt's Maul auf der Stell'!
Sonst leg' ich dich, Weib, an die Kette! —
Es gilt! ruft laut ein Spieler und lacht;
Hin wirft er das Gold, daß der Tisch erkracht

Ich wette, ruft ein lustiger Herr,
Daß all' in die Luft wir fliegen!
Champagner her! Was soll das Geplärr
Von Siegen und Unterliegen!
Was liegt am Sterben! Zehn Körbe herbei!
Hier, Nigger, ist Gold! juchhei! juchhei!

Hell klingen die Gläser. Es schäumt und knallt,
Es rollt das Gold auf den Tischen;
Aus hunderten durstiger Kehlen schallt
Manch donnerndes Hoch dazwischen.
Das ist eine herrliche Dampferfahrt,
Wildfreudig, nach echter Südlandsart! —

Doch während sie alle mit tollem Mut
Im glänzenden Saal jubilieren,
Rast unter ihnen die Höllenglut;
Es zittern die Wände und Thüren,
Der Renner erbebt vom Eisengestampf,
Und nach Freiheit ringt der gefesselte Dampf.

Durch lange bedeckte Gallerien
Eilt Hermann und sucht sich zu fassen;
Es schieben und stoßen und drängen ihn
Treppauf die lebendigen Massen.
Ein jeder sucht auf dem höchsten Bord
Zur freien Aussicht den besten Ort.

Vorbei am mächtigen Doppelschlot
Und seinem versengenden Glühen,
Aus dessen Munde die Flamme loht
Und Funken wirbeln und sprühen:
Erreicht er mit Mühe das Steuerhaus
Und schaut auf die wilde Scene hinaus.

Dort peitscht der Shotwell die brausende Flut,
Mit silbernem Schaum an den Weichen;
So nah ist der Renner, es könnte gut
Ein geschleuderter Stein ihn erreichen.
Eclipse, Eclipse, o nimm dich in acht,
Daß nicht dein Ruhm versinket in Nacht!

In dicht sich drängenden Haufen stehn
Die Menschen am weißen Geländer.
Laut schallt das Hurra, die Tücher wehn,
Bunt flattern Fahnen und Bänder;
Und über dem hellen glänzenden Bau
Steigt schwarz der Qualm ins sonnige Blau.

Im Röhricht wirbelt der Flutenschwall.
Es stehn am niederen Strande
Die Wälder da wie ein Mauernwall;
Nur selten auf höherem Lande
Erscheint ein Blockhaus einsam, allein,
Umgeben von Zäunen in zackigen Reihn.

Jetzt kommen Plantagen, die weit und breit
Den brausenden Strom umsäumen.
Seht! drüben die Mädchen im schillernden Kleid,
Dort bei den Magnolienbäumen,
Die winken uns zu! Von den Schiffen erschallt
Ein Hoch, das vom Strande wiederhallt.

Zur Linken das Ufer empor sich streckt
Mit langen felsigen Hängen;
Das „blutige Natchez"9) liegt versteckt
Dahinter in Thalesengen.
Der steile Pfad ist von Menschen voll,
Die rennen den Berg hinunter wie toll.

Sie grüßen die Schiffe mit Freudengeschrei,
Des Hinterwalds wilde Gesellen;
Revolver knallen, es pfeift das Blei
Und schlägt in die schäumenden Wellen:
Und glücklich jeder sich preisen muß,
Daß ihn nicht verletzte ein Willkommnschuß.

Und weiter geht die rasende Fahrt,
Dicht neben einander die Renner.
Auf Deichen stehn die Menschen geschart
Und jauchzen, Frauen und Männer.
Ein mächtiger Dampfer fliegt vorbei, —
Gern flög' er gen Süd mit den anderen zwei!

Dem Roten Strom ein donnernd Hurra!
Er sah texanische Reiter,
Die Hinterwäldler in Arkansaw
Und farbige Choctaw-Streiter.
Dem Größeren wirft er sich an die Brust,
Der trägt ihn zum blauen Golfe mit Lust.

Und milder wird die tropische Luft.
Es zieht auf sonnigem Pfade
Herüber wonniger Blütenduft
Von Louisianas Gestade.
Froh spielt der Strom mit silbernem Schaum
An ihrer reichen Gewänder Saum.

Die alten Häuser und Kirchen stehn
So traulich auf blüh'ndem Gelände,
Von hohen Schloten die Flammen wehn,
Die Villen, sie nehmen kein Ende,
Orangen schimmern aus Hainen hervor,
Und Neger pflügen im schlanken Rohr.

Dort sendet herüber freundlichen Gruß
Den Rennern auf mächtigem Strome
Die heitere Hauptstadt Baton Rouge
Mit leuchtendem Staatshaus-Dome,
Mit ihren weißen Häusern im Grün
Und den Fenstern im Abendsonnenglühn.

Es mehrt sich der riesigen Dampfer Zahl.
Wie schwimmende Bastionen,
Mit Ballen beladen, brausen das Thal
Sie hinauf nach nördlichen Zonen;
Und andere tragen gen Süd in Hast
Der Warengüter gewaltige Last.

Schon geht zur Rüste der herrliche Tag,
Und schneller die Schiffe jagen.
Wer wird wohl Sieger? — O, das vermag
Noch keiner vorher zu sagen.
Seht! seht in der Ferne den Häuserkranz,
Das Ziel, im scheidenden Sonnenglanz!

Da plötzlich schallt ein wildes Geschrei:
Der Shotwell läßt uns im Rücken!!
Und wahrlich! als ob ihm beschieden sei
Die Siegespalme zu pflücken,
Gewinnt er in jeder Minute Raum
Und eilt voran auf dem Wogenschaum.

Laut schreit durchs Sprachrohr der Kapitän:
Werft Teer und Speck in die Flammen!!
Es soll die Eclipse zur Hölle gehn,
Zur Hölle mit allen zusammen,
Eh jene zuerst erreichen das Ziel!
God damn! ich setze mich auf das Ventil!!

Da schießt aus stöhnendem Doppelschlot,
Als wär' es ein Kraterrachen,
Eine Feuersäule, blutig-rot.
Die Wände und Balken krachen;
Wie Espenlaub erzittert das Schiff
In des tief empörten Titanen Griff.

Wild greifen die Räder hinein in die Flut
Mit ihren gewaltigen Fängen;
Es müht sich der Dampf mit wachsender Wut
Die ehernen Bande zu sprengen.
Durchs Wasser schießt der mächtige Bug
Dem Gegner voran im rasenden Flug.

Ein donnerndes Hoch vom Dampfer hallt:
Der Shotwell er ist geschlagen!
Hurra! Der Name Eclipse erschallt
So stolz wie in früheren Tagen!
Der schnellste Renner, der nie besiegt
Auf dem Vater der Ströme hinunterfliegt. —

Und Hermann ruft: Du Halbmondstadt
Mit menschenwimmelndem Strande,
Wo mancher sein Glück gefunden hat;
Du Königin südlicher Lande,
Mit hundert Dampfern in langen Reih'n
Und ragenden Bauten im Dämmerschein:

Gegrüßet sei mir vieltausendmal! —
Ich bin wie in Flammen geflogen
Hinunter das Mississippithal
Zu dir auf schäumenden Wogen. —
Ach! könnt' ich vergessen bei dir das Leid
Der jüngst entschwundenen schweren Zeit!

Fünfter Gesang.

In der südlichen Hauptstadt.

Fröhliche Menschen, heiteres Sein,
Schmeichelnde Lüfte und Sonnenschein
Sind dein Zauber, berücken den Sinn,
Südens üppige Königin! —
Keine der Städte, die Hermann sah,
Gleicht dir im großen Amerika.
An des gewaltigen Stromes Strand
Hingelagert im reichen Gewand,
Lächelnd, mit Blumen im dunklen Haar,
Grüßtest du freundlich sein Augenpaar.
Zwei Jahrhunderte hast du bewahrt
Deiner Mutter Sitte und Art:
Frankreichs warm pulsierendes Blut,
Frischen und jubelnden Lebensmut,
Der auf rosigen Wangen dir glüht,
Dir aus den dunkelen Augen sprüht.
Schöner noch bist du emporgeblüht,

Seit des Westens junger Koloß
Dich in die kräftigen Arme schloß,
Dir das sternenbesäete Tuch
Um die glänzenden Schultern schlug.
Zeigte dein Schild, der sonst so licht,
Manche dunkele Flecken nicht,
Müßte im ewigen Sonnenschein
Hier zu beneiden das Leben sein! — —

Hermann schwand ein Jahr von dannen
Schnell in dieser frohen Stadt.
Seine Augen Glanz gewannen,
Schauten nicht mehr müd' und matt;
Die Gesundheit schmückte wieder
   seine Wangen frisch und rot,
Gleich als hätt' er nie empfunden
   Krankheit, Leid und Seelennot.

Fleißig war er, malte wieder
Täglich mit der Sonne Licht,
Dichtete aufs neue Lieder,
Zart und innig, einfach, schlicht.
Neue Freunde lernt' er kennen,
   manches schöne Südlandskind;
Leicht entflohen ihm die Tage,
   wie im Bach die Welle rinnt.

Aber wenig nur verkehrte
Er mit Deutschen in dem Ort;
Was das Glück ihm neu bescherte,
Fand er unter Fremden dort.
Ob auch diese anders dachten
   über Freiheit, Menschenrecht,
Fühlt' er doch sich hingezogen
   zu dem fröhlichen Geschlecht.

Schwächlich auf des Südens Auen
Wuchs des Deutschtums Eiche nur,
War nicht herrlich anzuschauen
Wie auf Nordens freier Flur.
Statt die Krone zu entfalten,
    zu gedeihen frisch und stark,
Schien sie hier auf diesem Boden
    zu verlieren Kraft und Mark.

War im Süd er anders worden,
Dessen Glanz so wundersam,
Wo man mehr als wie im Norden
Herzlich ihm entgegenkam?
Nein! er wollt' auch hier bewahren,
    was ihm galt als höchstes Gut:
Deutsche Sprache, deutsches Denken
    und den deutschen Strebemut. —

Durch die eng gebauten Straßen
Des Kreolenviertels ging
Oft er staunend. Frauen saßen
Auf den Stufen, lose hing
Von den Schultern die Gewandung,
    bunt wie Iris, und der Strom
Ihrer Worte, nie versiegend,
    scholl im welschen Idiom.

Auf dem holperigen Pflaster
Lag der Unrat, wuchs das Gras;
Blusenmänner, die Kanaster
Schmauchten, wanderten fürbaß;
Ananas= und Eisverkäufer,
    Karren, von Melonen schwer,
Schrei'nde Händler, Maultiertreiber
    kamen, gingen hin und her.

Vollblutneger und Mulatten
Eilten durch den Menschenschwarm;
Sammetschwarze Dirnen hatten
Weiße Kindchen auf dem Arm;
Selbst die weiße Jugend spielte
    mit der schwarzen frank und frei,
Gleich als ob in diesem Lande
    nicht besteh' die Sklaverei.

Dann nach wen'gen kurzen Schritten
Kam er aus dem Wiederschein
Alter Zeiten, alter Sitten
In die junge Welt hinein,
Wo das Leben frisch sich tummelt,
    wagend, schaffend ohne Rast,
Altes rauh zerstört und Neues
    baut mit ungestümer Hast.

Mutige Gespanne jagten
Auf und ab wie Windesflucht;
Im Gewühl der Märkte ragten
Berge würz'ger Tropenfrucht;
In den glänzenden Gewölben
    drängten Mädchen sich und Frau'n,
In des Südens Glanz und Anmut
    sinnberückend anzuschaun.

Ein betäubendes Gelärme
Schlug aus Ohr ihm auf dem Quai,
Wo die dichten Negerschwärme
Wogten — eine dunkle See.
Kisten, Fässer, Ballen wälzten,
    rollten sie von Ort zu Ort,
Schreiend, singend, jodelnd, lachend,
    gleich als wär's für sie ein Sport.

Schwere Fuhren, Roß und Wagen
Drängten sich am breiten Strand.
Stolze Riesendampfer lagen
Feiernd in dem Sonnenbrand,
Rasteten nach langer Reise
   beieinander, dicht geschart,
Oder qualmten aus den Schloten
   für die Tausend-Meilen-Fahrt.

War das Taggestirn verschwunden
Von dem blauen Ätherdom,
Ward es in den Dämmerstunden
Stille an dem Riesenstrom.
Nur die braunen Wasser schlugen
   an die Schiffe ruhelos;
Ferneher scholl Wagenrollen
   und der Großstadt dumpf Getos'.

An dem Ufer weilt' er gerne,
Wenn die Feuerkäfer sacht,
Goldne erdennahe Sterne,
Zogen durch die laue Nacht:
Doch der blühenden Kreolin
   dunkler Augen Strahlenschein
Däuchten ihm die schönsten Sterne
   in der fremden Welt zu sein! —

Während so in neuen Kreisen
Hermann schnell die Zeit entschwand,
Könnt' er wohl sich glücklich preisen
In des Südens heiterm Land,
Wenn die traurige Erinn'rung
   an vergang'ne Seelenqual
Nicht mitunter wie ein Schatten
   sich in seine Seele stahl.

Briefe hatt' er oft gerichtet
An den Arzt nach Freundes Art,
Ihm getreulich auch berichtet
Von der tollen Dampferfahrt;
Wie sein Schicksal sich gestaltet
    seit dem Tode Sylvias,
Seiner ersten treuen Liebe,
    die er nimmermehr vergaß.

Heute ist ein Jahr verflossen,
Schrieb er, seit ich Abschied nahm
Und mit wilden Wogenrossen
Nach des Südens Hauptstadt kam.
Freunde hab' ich hier gefunden,
    frohe Menschen, Sonnenschein;
Arbeit ließ mich oft vergessen
    Kümmernis und Seelenpein.

Leugnen will ich's nicht, die Wunde,
Die zerriß mein armes Herz,
Ist vernarbt; doch manche Stunde
Brennt sie noch mit heft'gem Schmerz.
Solch ein Tag ist heute wieder,
    und da drück' ich Dir die Hand
Der du weißt, was ich verloren,
    der mit mir am Grabe stand.

Nach des Mittags schwüler Hitze
Ist ein Wetter jäh erwacht.
Draußen flammen grell die Blitze,
Und der Donner rollt und kracht;
Regen peitscht herab vom Himmel,
    durch die Gassen strömt die Flut,
Gleich als bräch' der Mississippi
    in die Stadt mit wilder Wut.

Heule, Sturmwind, deine Lieder!
Krache, Donner, lärme laut!
Hallt in meinem Herzen wieder,
Das vor keinem Schrecken graut! —
Grüße, Freund, die teure Scholle,
    wo mein Lieb begraben liegt!
Lebe wohl! ich möchte weinen,
    doch die Zähren sind versiegt. — —

Pfingsten war's. Sich zu vergnügen,
Schweifte Hermann durch die Stadt:
Sah die Dampfkolosse liegen
Auf dem Strome Rad an Rad,
Wandelte auf weißem Sande
    an dem blauen Ponchartrain,[10]
Schweifte ziellos durch die Straßen,
    ihr bewegtes Bild zu sehn.

In des Sklavenmarktes Hallen
Trat er unvermutet ein;
Wüste Reden hört' er schallen,
Lachen, Schluchzen scholl darein.
In dem weiten, offnen Raume,
    mit den Mauern nackt und kahl,
Drängten Weiße aller Stände
    lärmend sich in großer Zahl.

Zehn gesunde Neger standen
Beieinander an der Wand,
Welche nicht die Schmach empfanden,
Als die Pflanzer mit der Hand
Ihre starken Muskeln prüften;
    und sie freuten sich sogar,
Als die Menschenhändler alle
    laut belobten ihre Schar.

Mit dem Hammer schlägt der rote
Ire dort auf ein Gestell,
Und der Käufer Angebote
Folgen aufeinander schnell.
Sieben=, neun=, zwölf=, dreizehntausend!
    schallt es durch die Halle laut
Aus dem Mund der Zuckerpflanzer,
    die begierig zugeschaut.

Holla! wer sagt vierzehntausend
Für die Zehn? Ein Lumpenpreis! —
Schreit, den roten Bart zerzausend,
Der Versteigrer — Jeder weiß,
Daß die Nigger halb verschenkt sind! —
    Alles schweigt. Der Hammer fällt,
Und ein Herr aus Bayou Sara
    zählt bedächtig hin das Geld.

Eine Schar von Weißen staut
Dort sich um ein Negerweib,
Das geängstigt um sich schaut,
Als man mustert ihren Leib.
Ihre kleine Wollkopf=Tochter
    Drängt sich dicht an sie heran.
Ach! sie ahnt wohl, daß die Mutter
    bald sie nicht mehr herzen kann.

Frisch heran! Wer kauft die feine
Mutter hier für guten Preis? —
Schreit ein Händler — doch die Kleine
Geb' ich billig, daß man's weiß!
Siebzehn Sommer zählt das Frauchen,
    kerngesund ist Fleisch und Blut,
Kochen kann sie, bügeln, nähen,
    und der Kaufbrief, der ist gut!

Fünfzehnhundert für die Alte! —
Ruft ein Herr aus Liberty,
Aber ihre Brut behalte,
Habe nicht Gebrauch für sie! —
Top! es gilt! — Laut schreit das Mädchen,
    das der Händler roh ergreift,
Und die Mutter ringt die Hände,
    als man sie von hinnen schleift.

Hermann stürzt, wie halb von Sinnen,
Aus dem Sklavenmarkt hinaus,
Eilt, um Fassung zu gewinnen,
Heim nach seinem stillen Haus.
Ist es möglich, ruft er klagend,
    daß in diesem großen Land
Sklaverei mit ihren Greueln
    jemals eine Stätte fand?

Freiheit, Gleichheit, Menschenrechte —
Ach! wenn dies doch Wahrheit wär'!
Bei dem südlichen Geschlechte
Sind's nur Worte, hohl und leer.
Deine lichten Sonnenaugen,
    Freiheitsgöttin, stolze Maid,
Müssen sich vor Scham verdunkeln,
    sehn sie solche Schändlichkeit!

Dann nach Deutschland zieht ein Sehnen
Mächtig ihn, als wie im Traum.
Seine Augen füllen Thränen,
Denkt er an den Maienbaum,
Der Palast und Hütte schmücket,
    wenn sich alt und jung vereint,
Und des Pfingstfests helle Freude
    in die Menschenherzen scheint.

Und er wirft sich klagend müde
Auf das Lager; leise schließt
Seine Wimpern holder Friede,
Der aus lichten Räumen fließt.
Seine Elternwohnung schaut er
    in der Träume Zauberreich;
Um ihn flüstern Lenzeswinde
    in der Maien grün Gezweig. — —

Es lodern die Flammen um Mitternacht
Empor von ragenden Dächern,
Taghell ist die Nacht, es knistert und kracht,
Rauch strömt aus den obern Gemächern,
Und über Straßen und Häuser sprühn
Die Funken, die hoch im Äther verglühn.

Da jagen die blanken Spritzen heran,
Die Rettung bringenden Boten,
Mit zischendem Dampf und wildem Gespann
Und Qualm ausstoßenden Schloten.
Es schießt aus den Schläuchen die mächtige Flut,
Um rasch zu bekämpfen die prasselnde Glut.

Wie braust in den Straßen das Menschengewühl!
Man schleppt auf schwankenden Stiegen
Die Schränke herunter, und Bett und Pfühl
Aus offenen Fenstern fliegen.
Das ist ein Aufruhr, Lärm und Geschrei,
Als ob der Feind in den Mauern sei.

Abseits steht Hermann in Seelenqual,
Der spät und eilig gekommen,
Und sieht aufleuchten der Flamme Strahl,
Die ihm sein alles genommen.
Nun stürzet zusammen das hohe Haus,
Wo oft er geschaut in den Himmel hinaus.

Doch nicht um verlorenes Hab und Gut
Will heut' er trauern und klagen:
Das wird ihm ersetzen der frische Mut
Und fröhliches Schaffen und Wagen!
Es ward ein höheres Glück zerstört,
Das ihm ein freundlicher Gott beschert.

Die Lieder, die er im stillen erdacht,
Die Vertrauten einsamer Stunden,
Sie haben, kaum zum Leben erwacht,
Frühzeitig ein Grab gefunden:
Verzehrt von den Flammen zu Asche und Rauch,
Verweht von der Winde flüchtigem Hauch!

Noch lange weilt er vereinsamt dort,
Als müsse das Herz ihm verbluten;
Verlassen nun liegt der öde Ort,
Schwach flackern erlöschend die Gluten.
Dann rafft er sich auf und spricht beim Gehn:
Wann werdet, ihr Lieder, wohl auferstehn? —

„Die trüben Gedanken haben kein Recht,
Wo frisch sich tummelt ein junges Geschlecht!

Nach Westen geh! so heißt das Wort,
Das oft erklungen in Süd und Nord;

Dort ist für jeden in Stadt und Plan
Für glückliche Zukunft offene Bahn.

Willst Hilfe du haben, zähle auf mich!
Reich bin ich und liebe von Herzen dich!

Ich schätze die Deutschen. Nun schlag' ein! —
In Texas sollst du ein Kaufmann sein!" —

So sprach zu Hermann nach dem Brande
Ein wackrer Mann vom Handelsstande,
Aus altem, jüdischem Geschlecht;
Ein Freund, mit Augen blau und helle,
Das warme Herz auf rechter Stelle,
Rasch im Entschlusse, treu und echt.

Er liebte Hermann, den nach Kräften
Er unterstützte in Geschäften,
Und lobte seinen regen Fleiß;
Oft bracht' er zu ihm Herrn und Damen,
Und pries ihn täglich mit Reklamen
In seinem großen Freundeskreis.

Auch jener hatt' ins Herz geschlossen
Vor allen städtischen Genossen
Den braven vielerfahr'nen Mann;
Obgleich ihm manchmal nicht behagte,
Was dieser über Freiheit sagte,
Hört' er ihn doch geduldig an.

Oft hatten über Land und Sitten
Sie hitzig hin- und hergestritten.
Der Kaufherr suchte ernst dabei
Den jungen Trotzkopf zu bekehren,
Daß nach der Bibel weisen Lehren
Die Sklaverei kein Unrecht sei.

Die Yankees — rief er — brachten selber,
Als wären's Ochsen oder Kälber,
Von Afrika die Schwarzen her,
Verkauften sie mit frommen Mienen;
Und als man wehrt' den Handel ihnen,
War's eine Sünde, groß und schwer.

Du wirst noch einst ganz anders denken,
Mein junger Herr, und dich nicht kränken,
Wenn man dir einen Nigger schenkt!
Der Yankee näselt ewig Psalter,
Doch wird er gerne Sklavenhalter,
Wenn er an seinen Nutzen denkt! —

Als ihm der Freund nun, eh er's dachte,
Uneigennützig Hilfe brachte,
War er zu Thränen fast gerührt;
Denn noch am Tage vor dem Brande
Hatt' er mit bitterm Wort als Schande
Die Sklaverei ihm vorgeführt.

Er drückte ihm bewegt die Hände,
Erfreut, beglückt, daß nun zu Ende
Der ungewissen Zukunft Pein.
Im neuen Stande sich in Ehren
Nach besten Kräften zu bewähren,
Gelobt' er still bei sich allein. — —

Hermann ging mit Lust und Eifer
Seinen neuen Pflichten nach,
Ward an Warenkenntnis reifer
Durch die Übung jeden Tag.
In dem Lande, wo der Kaufmann
    nimmt die erste Stellung ein,
Hofft' er mit der Gunst des Schicksals
    einst ein Handelsfürst zu sein.

Hatt' mit Freuden auch erfahren,
Daß im reichen Texasland
Fleiß und Mut nur nötig waren
Zum Erfolg im Handelsstand;

Daß man dort nicht, wie in Deutschland,
    diene von der Picke auf,
Sondern gleich als Herr beginne
    irgend einen Lebenslauf.

Bei den ersten Großgeschäften
Kauft' er ein, was passend schien.
Man bestrebte sich nach Kräften,
Freundlich zu bedienen ihn.
Keiner stellte läst'ge Fragen,
    denn es war ja allbekannt,
Daß er mit dem reichen Rentner
    auf vertrautem Fuße stand.

Mühelos und ohne Sorgen
Lernt' er das Geheimnis bald,
Waren aller Art zu borgen
Für das Volk im Hinterwald;
Alles, was man dort gebrauchte:
    Kleider, Hüte, Stiefel, Schuh,
Kautabak, Pianos, Äxte,
    Whiskey massenhaft dazu.

Seine Schulden zu begleichen
Hatt' er Zeit ein volles Jahr,
Denn man zählte zu den reichen
Kunden ihn, wie sonnenklar!
Niemand redete von Wechseln
    und Accepten, denn im Süd
Kaufte und verkaufte damals
    jedermann nur auf Credit.

Von dem Freunde, vielerfahren,
Hört' er manche gute Lehr'.
Mußt dein freundlich Wesen wahren! —
Sprach er. — Mach' dich populär!

Halt' die Ladies dir gewogen,
    denn der Ehemann muß thun
Hierzuland, was Frau und Töchter
    zu befehlen wohl geruhn.

Der Verdienst sei nie geringe.
Wer den Pflanzer kennt, der weiß,
Daß er gern für gute Dinge
Zahlet einen guten Preis.
Halte sorgsam Buch für alles!
    An dem ersten Jänner stellt
Dir der Schuldner einen Schein aus,
    der so gut wie bares Geld.

Knausre niemals! denn als Schande
Gilt es, wenn nach Yankeeart
Man in jenem stolzen Lande
Feilscht und wie ein Hamster spart.
Wenn du also thust und handelst,
    wirst du reich in kurzer Frist,
Und in Texas glücklich leben,
    wo du wohl geborgen bist.

Als die Güter all verladen,
Brachte ihn sein Freund ans Boot;
An den lärmenden Gestaden
Qualmte mächtig schon der Schlot.
Fröhlich reicht' er ihm die Hände,
    Als die Abschiedsstunde schlug.
Bald darauf stromaufwärts brauste
    gischtumsprüht des Dampfers Bug. —

Auf des Mississippi Fluten
Liegt der Abendsonne Schein,
Deren Gold= und Purpurgluten
Höchste Pracht dem Himmel leihn.

Westwärts wendet sich der Dampfer,
    wo sich zwischen Sumpf und Rohr
Und von Urwald überschattet
    drängt der Rote Fluß hervor.

Nach dem fernen Texaslande,
Unsrer Wildheit wildem Sproß,
Größtem in dem Staatenbande,
Sprengt der Wogen Feuerroß;
Funkensprühend, stöhnend, brausend,
    kämpft es mit der Wirbelflut,
Die an seinen Flanken hinstürmt
    wie getüncht in rotes Blut.

In des hohen Urwalds Schatten
Fährt der Dampfer Tag und Nacht.
Selten wechseln grüne Matten
Mit der Wälder finstrer Pracht;
Doch mitunter schaut das Auge
    Baumwollfelder, Hüttenreihn,
Eines Pflanzers Schloß, ein Städtchen
    in dem grellen Sonnenschein.

Schlangenähnlich, bald in Fällen
Wilder Wasser, wo das Schiff
Mühsam durch die Schaumeswellen
Aufwärts kämpfet übers Riff,
Bald wie müde thalwärts schleichend,
    windet sich entlang der Strom.
Seht! ein schwarzer Baumstamm hebt sich
    aus dem Fluß wie ein Phantom!

Fern im Indianerlande
Stand auf steilem Uferhang
Eine Ceder hart am Strande
Wohl ein ganz Jahrhundert lang.

Mit den Wurzeln fiel die Riesin,
    vom Orkan gepackt, hinab,
Fand im Schoß des Roten Flusses
    schaumumspritzt ein feuchtes Grab.

Rastlos schwamm sie viele Wochen
Auf der Flut! Die Äste all
Waren längst herabgebrochen
In dem trüben Wogenschwall;
Ihre schweren Wurzeln sanken
    in des Strombetts tiefen Schlamm,
Und es hebt sich und es senkt sich
    drohend nun der nackte Stamm.

Wehe, wenn die Pallisade
Nicht gewahrte der Pilot!
Auf dem dunkeln Wellenpfade
Stürmt der Dampfer in den Tod.
Durch die Planken bricht es prasselnd,
    und es saust und zischt der Dampf
Aus zerborst'nen Kesseln; ringsum
    Jammer, Graus und Todeskampf!

In die glanzerfüllten Räume
Dringt der Schrecken jählings ein,
Mit der Wogen wild Geschäume
Mischt sich der Verbrühten Schrei'n.
Bald zerschellt der stolze Riese;
    nichts vom Prachtbau bleibt zurück,
Als am Cedernstamme hängend
    ein verrostet Eisenstück.

Auf der langen Stromfahrt schaute
Hermann oft solch Schauerbild;
Doch voll Jugendmut vertraute
Seinem Glück er festgewillt.

In dem Steuerhäuschen weilte
   gern er auf dem obern Bord,
Bis sich endlich vor ihm zeigte
   der ersehnte Landungsport.

Lebt nun wohl, ihr roten Wellen! —
Mit der Peitsche in der Hand
Lenkt er froh die windesschnellen
Rosse durch das flache Land:
Bald vorbei an Baumwollfeldern,
   schimmernd in der Sonne Glast,
Bald durch Sümpfe, kühl und schaurig,
   ohne Ruhe, ohne Rast.

Über sand'ge Hügel schreiten
Dann die Rosse müd' und schwer.
Plötzlich dehnt in fernste Weiten
Sich der Prärie Blumenmeer.
Es begrüßen seine Braunen
   wiehernd den bekannten Plan,
Und der leicht gebaute Wagen
   fliegt dahin auf eb'ner Bahn.

Weiße Häuserreihen glänzen
Hier und dort im Sonnenschein,
Grüne Baumoasen kränzen
Weit umher den bunten Rain;
Ihm begegnen wilde Reiter,
   die mit Flinten stolz bewehrt,
Fräulein, welche selbst kutschieren
   in dem zierlichen Gefährt.

Jetzt ins langersehnte Städtchen
Sprengt das mutige Gespann.
Schwarze Männer, Frauen, Mädchen
Drängen lärmend sich heran.

Der Texaner Kraftgestalten
    stehen da in dichter Schar;
Prüfend blicken sie auf Hermann
    mit den Augen, kühn und klar.

Dieser springt herab vom Wagen,
Grüßt die Fremden frank und frei,
Und die rauhen Männer sagen,
Daß er baß willkommen sei.
Seine offne Art und Weise,
    seiner blauen Augen Schein,
Seine Jugendfrische nehmen
    wie im Sturm die Herzen ein.

Sechster Gesang.

Die Rose von Texas.

Perle des Westens, herrlicher Staat,
    Der mit entschlossener Mannesthat
Auf Jacintos blutigem Feld
Mexikos Macht in Trümmer zerschellt;
Heimat von Männern, kühn und froh,
Söhnen der Helden des Alamo[1],
Wo wie Rosen die Frauen blühn,
Wo wie Flammen die Augen sprühn:
Sonniges Reich, wie prächtig, wie schön
Bist du in werdender Größe zu sehn,
Du, das im blauen Fahnentuch
Hoch den einzelnen Goldstern trug,
Bis Columbia seinen Glanz
Setzte in ihren Sternenkranz! —
Sei willkommen, du prächtiges Land,
Wo den Hafen der Wanderer fand,
Als das Schicksal durch Süd und Nord
Ihn getrieben von Ort zu Ort!
Möge dein sonniger Blumenrain
Hermanns ersehntes Kanaan sein! —

Texanische Reiter jagen
Geschwind wie der sausende Wind
Dahin mit fröhlichem Wagen,
Wo Südens Savannen sind:
Vom Roten Flusse zum Rio Grand',
Vom Brazos bis zu des Golfes Strand,
Geschwind wie der sausende Wind.

Die Büchse am Sattelknopfe
Und den Gurt von Revolvern schwer,
Und Mut im Herzen und Kopfe,
Sprengt fröhlich zum Kampf er daher.
Wie zittert der Indianer so bang,
Wenn er schaut die Büchse, so schwer, so lang,
Und den Gurt von Revolvern schwer!

Hell tönen am Sporn die Schellen,
Und es bäumt sich das schäumende Roß;
Scharf knallt es: den roten Gesellen
Traf sicher des „Rangers" 12) Geschoß.
Die Wilden heulen, zu Boden er springt,
Den Skalp er hoch in der Rechten schwingt,
Und es bäumt sich das schäumende Roß.

Er zielt nach der Karte Mitte
Mit dem sichern Revolver geschwind,
Durchschießt sie auf fünfzig Schritte,
Hinjagend so schnell wie der Wind.
Vom Boden hebt er ein Geldstück auf,
Wirft hoch es, und trifft es im sausenden Lauf
Mit dem sichern Revolver geschwind.

Schnell nahn sich die prasselnden Flammen,
Auf der Prairie vom Sturme gejagt;
Da rafft er die Kraft zusammen,
Ein Reiter, der nimmer verzagt.

Fort wirft im Galopp er den Sattel schwer,
Und entrinnt so erleichtert dem Feuermeer,
Auf der Prairie vom Sturme gejagt.

Er fängt den Mustang alleine
Mit des ringelnden Lassos Geschoß.
Um die Nüstern schlingt er die Leine,
Und schwingt sich aufs nackte Roß.
Fort geht es im Flug, bis der Renner erliegt,
Vom Ritt gebrochen, gefangen, besiegt
Mit des ringelnden Lassos Geschoß.

Auf der Flucht die Büffel sich drängen
Wie ein schwarz aufwallendes Meer;
Texanische Reiter sprengen
Dazwischen mit blinkender Wehr.
Die Büchsen knallen, es donnert die Jagd,
Dumpf braust es und zittert und tobt und kracht
Wie ein schwarz aufwallendes Meer.

Texanische Reiter jagen
Geschwind wie der sausende Wind
Dahin mit fröhlichem Wagen,
Wo Südens Savannen sind:
Vom Roten Flusse zum Rio Grand',
Vom Brazos bis zu des Golfes Strand,
Geschwind wie der sausende Wind. — —

Hermann lebte bald zufrieden
In dem kleinen hübschen Ort.
Von der großen Welt geschieden,
Zogen ihm die Tage dort
Still vorüber; reiche Pflanzer
    traten täglich in sein Haus,
Schöne Damen, Waren musternd,
    gingen bei ihm ein und aus.

Thätig war er im Geschäfte,
Wie die Pflicht es ihn gelehrt,
Übte gerne seine Kräfte:
War der Lohn ja goldeswert!
Nur den Choctaw-Indianern
    ward er bald von Herzen gram,
Wenn ein Haufen solcher Kunden
    über seine Schwelle kam.

Seßhaft einst im Georgialande,
Zog der Stamm mit Chickasaws
Nach des Roten Flusses Strande.
Öfters mit den schmutz'gen Squaws
Schritten stolz sie in den Laden,
    sahen schlau darin sich um;
Alle stahlen wie die Raben,
    waren ernst dabei und stumm.

Sporenklingelnde Texaner
Sprengten täglich in den Ort
Wild herein wie Mexikaner,
Schossen, liebten Kampf und Sport;
Trinken konnten sie gewaltig,
    luden oftmals Hermann ein,
Denn nach heil'ger Landessitte
    tranken niemals sie allein.

Mit den lärmenden Gesellen
Wußte dieser ohne Scheu
Sich auf guten Fuß zu stellen.
Rauh im Äußern, waren treu
Sie dem Fremdling doch ergeben,
    und sie waren stets bereit,
Wenn ihm Unbill widerfahren,
    auszufechten seinen Streit.

Kaum ein Monat war entschwunden,
Als man ihn zu Gast schon lud,
Seine freien Mußestunden
Nach des Tages Last und Glut
In Familien zu verbringen.
    Gerne stellt' er dort sich ein,
Wenn ein kühler Luftzug wehte,
    in des Abends Zwielichtschein.

Auf den offenen Veranden
Saß er in der Freunde Kreis.
Rosige Melonen standen
Immer dort, die kühl wie Eis;
Zu den duftenden Magnolien
    zirpten Grillen laut und schrill,
Und mitunter aus der Ferne
    scholl der Sang des Whippoorwill. [13]

Achtsam horchte seinen Worten
Jeder in der Dämmernacht,
Wenn er sprach von fernen Orten
Und von deutscher Städte Pracht.
Manche wißbegier'ge Schöne
    sah den weitgereisten Mann,
Der das Englische so trefflich
    schon bemeistert, staunend an.

Alte Negerlieder klangen
Öfters sanft und schwermutvoll,
Nach der Heimat ein Verlangen,
Das aus tiefer Seele quoll.
Der Gesang vom Swanee River
    rührte mächtig Hermanns Herz,
Und die Weise Old Kentucky
    zog ihn selber heimatwärts

Aus der stillen Lauscher Kreise
Ging er sacht ins Wohngemach,
Spielte am Piano leise
Jene fremden Weisen nach.
Traute deutsche Volksgesänge
    tönten herrlich zwischendrein,
Sehnsucht aus den Saiten atmend,
    Wonne, Liebe, Lust und Pein.

Seine neuen Freunde standen
Um ihn lautlos, wie im Bann
Eines Zaubers; sie empfanden,
Daß der fremde deutsche Mann,
Dem die Freude des Beglückens
    man in seinem Antlitz las,
Einen Schatz im Herzen wahrte,
    wie ihn keiner hier besaß. — —

Im lustigen, festlich geschmückten Raum
Die Klänge der Geigen ertönen;
Den glatten Boden berühren kaum
Die Füßchen texanischer Schönen,
Die wirbelnd sich drehn beim lustigen Spiel
Im tobenden, wilden Virginia-Reel. 14)

Die Augen, die Freude und Seligkeit sprühn,
Der Seele glänzende Spiegel,
Die Lippen und Wangen, die rosig erglühn,
Der Busen wogende Hügel,
Die Arme und Schultern in plastischer Pracht,
Wie Marmor Canovas zum Leben erwacht:

So rauschen dahin im hellen Gewand
Die blühenden Mädchengestalten,
Die alle in zierlich geformter Hand
Buntfarbige Fächer halten;

Sie lachen und plaudern — ein reizendes Bild,
Das jeden Beschauer mit Wonne erfüllt.

Die Pflanzersöhne, voll Tanzbegier,
Voll Eifer, die Schönen zu minnen,
Sie sind erschienen in festlicher Zier
Und Kleidern von schneeigem Linnen;
Es lugen Revolver, glänzend und groß,
Hervor durch der flatternden Röcke Schoß.

An den offenen Fenstern drängen sich dicht
Wollköpfe von Männern und Frauen.
Wie leuchtet beim Grinsen der Schwarzen Gesicht,
Die keck in den Ballsaal schauen!
Wie blinken aus wulstigen Lippen die Reihn
Der Zähne, so weiß wie Elfenbein!

Wild fliegen inmitten der Doppelreih'
Dahin die Ritter vom Süden
Und schwingen im rasenden Takt dabei
Die Mädchen, die nimmer ermüden;
Sie halten sie fest mit kräftigem Arm
Und stampfen wuchtig im jubelnden Schwarm.

Das ist der stürmische Lieblingstanz
Mit selten veränderten Touren
Der Männer und Mädchen des Texaslands.
Laut ruft die bunten Figuren
Ein kundiger Herr im schwarzen Frack
Und stößt auf den Boden den Tamarack. — [15]

Ein Winkel, wo still er die Scene beschaut,
War bald von Hermann gefunden.
Er freut sich des Tanzes, so lärmend und laut
Der Stärke mit Anmut verbunden,
Als Paar auf Paar, von Tönen gewiegt,
Die lebendige Gasse hinunterfliegt.

Da kommt aus dem fröhlichen Tanzesreihn
Ein Mädchen auf schwebenden Füßen
Und geht durch den offenen Saal allein,
Die vereinsamte Mutter zu grüßen.
Sie nahet dem Lauscher; es klopfet sein Herz,
Gehoben von Wonne, beklommen von Schmerz.

Die schlanke Gestalt, das braune Haar,
Das weich wie fließende Seide,
Das leuchtende dunkle Augenpaar,
Beseelt von kindlicher Freude,
Der Gang und die Haltung, das holde Gesicht:
Sie ist es, sie ist es! er täuscht sich nicht!

Sie ist es, o Himmel! sie ist es ja,
Die sein Herz gehalten in Banden!
Es ist die verblichene Sylvia,
Zu neuem Leben erstanden!
So schön, so lieblich, wie einst sie war,
Die herrlichste unter der Mädchenschar!

Sie hat ihn bemerkt; sein staunender Blick
Ist nicht ihren Augen entgangen,
Und als er sie grüßt, da grüßt sie zurück,
Doch zögernd nur und befangen.
Es steigt ihr dabei wie rosiger Schein
Das Blut bis hoch in die Schläfen hinein. —

Hermann war seit jener Stunde
Selig, wie im Himmelreich;
Auf dem weiten Erdenrunde
Gab's kein Glück dem seinen gleich.
Ob er unter Menschen weilte,
    ob er einsam im Gefild,
Wo er ging und stand, erschien ihm
    ihrer Züge holdes Bild.

Clara hieß sie. Ihren Namen
Hatten Freunde ihm genannt,
Welche öfters zu ihr kamen:
Denn im großen Texasland
War das Wohnhaus ihrer Eltern
    als ein gastlich trauter Ort
Wohlbekannt, — und Donna Clara
    war die Shiras-Rose dort. — —

Laue Abendlüfte wehten.
Hell erscholl der Drossel Sang,
Der bei den Jasminenbeeten
Aus dem dunklen Strauchwerk klang;
Silbern goß des Vollmonds Scheibe
    auf den Kiesweg ihren Strahl:
Als in Donna Claras Wohnung
    Hermann trat zum erstenmal.

Freundlich ward er dort empfangen
Als er zum Besuch erschien.
Hell in seine Ohren klangen
Mozarts heitre Melodien.
Clara spielte am Klaviere,
    wie ein Künstler nur es kann,
Zu dem Dämmerlicht im Stübchen
    Phantasien aus Don Juan.

Als die Töne ausgeklungen
Rief die Mutter: Komm' geschwind!
Und sie kam herbeigesprungen:
Mütterchen, da ist dein Kind!
Doch als Hermann, sie begrüßend,
    unerwartet vor ihr stand,
Reichte sie ihm, tief errötend,
    zum Willkommen ihre Hand.

Claras Vater, Arzt im Städtchen
Und ein grundgescheiter Mann,
Sah sein selbstbewußtes Mädchen,
Jetzt so schüchtern, staunend an.
Doch er wandte sich an Hermann:
    Ob ihm Stadt und Land gefiel'?
Wünschte, daß er hier als Kaufmann
    fände seines Strebens Ziel.

Dieser sprach: Er sei zufrieden
In dem neuen Wirkungskreis,
Hoffe fest, es werd' beschieden
Reicher Lohn dem deutschen Fleiß.
Dann von seinen Wanderzügen
    redete er leicht und frei,
Seinem Streben, Mühn und Hoffen,
    von Gefahren mancherlei.

Clara lauschte voller Freude,
Als er fließend also sprach,
Zupft' den Vater an dem Kleide,
Wenn er fragend unterbrach;
Doch die Mutter dampfte mächtig
    aus dem kurzen Pfeifenrohr,
Schüttelte den Kopf, als trüge
    jener Jagdgeschichten vor.

Eine stattliche Matrone
War sie, von dem alten Schlag,
Strickte Strümpfe, schmauchte ohne
Unterlaß den ganzen Tag;
Häufig ging sie in die Küche,
    sah auf Ordnung in dem Haus,
Trieb zur Arbeit an die Neger,
    groß und kleine, schwarz und kraus.

Clara war der Eltern Wonne,
Ihr Entzücken spät und früh;
Unter Texas' goldner Sonne
Gab's kein Mädchen so wie sie!
Sprach Bewundrung und Erstaunen
    oftmals aus der Fremde Blick,
Schlug das Herz der guten Mutter
    hoch vor Seligkeit und Glück.

An der Schürze schmaler Schleife
Hatte diese oft gezupft
Und aus ihrer Corn-Cob [16] Pfeife
Scharf die Asche ausgetupft,
Als sie plötzlich ausrief: Clara,
    spiel' dem Fremden etwas vor!
Denn er hat genug geredet —
    spiel' den schönen Amboßchor!

Jene wurde ganz befangen
Bei den Worten, und es stieg
Rote Glut ihr in die Wangen:
Aber bald gewann den Sieg
Über ihre Scham die Liebe
    zu dem guten Mütterlein,
Und sie ging von der Veranda
    sachte in das Haus hinein.

Alle folgten schnell; sie setzte
Sich im Parlor ans Klavier.
Daß die Mutter sie verletzte,
War vergessen schon von ihr.
Ihre schlanken Finger lockten
    aus den Tasten wunderbar
Klänge, die das Herz bewegten,
    leise bald, bald voll und klar.

Eine frische Sonatine
War's, die Meister Haydn schrieb.
Drauf mit geistverklärter Miene
Spielte sie, was ihr so lieb,
Ein Adagio von Beethoven,
   und zuletzt ein wen'ges nur,
Um die Mutter zu erfreuen,
   aus dem süßen Troubadour.

Dann noch, ohne lang zu warten,
Sang ein Lied sie, sanft und weich.
Hermann staunte, daß die harten
Laute jetzt so klangesreich.
Mit Entzücken mußt' er lauschen
   ihrem Sang und schönen Spiel;
Ihre holden Züge waren
   seiner Blicke leuchtend Ziel.

Dunkle Augen, Schelmengrübchen
Hatten ihm den Sinn berückt;
In dem freudenreichen Stübchen
Stand er selig, hochbeglückt.
Als sie sich erhob, ergriff er
   dankend ihre Künstlerhand,
Fand kaum Worte, ihr zu sagen,
   was er dachte und empfand.

Ob er auch Piano spiele?
Fiel die Mutter fragend ein —
Denn man höre ja, daß viele
Deutsche große Künstler sei'n!
Als ihn Clara bittend ansah,
   nahm er am Klaviere Platz,
Und er streute aus die Perlen
   aus dem deutschen Liederschatz

Traute heimatliche Klänge
Schwebten durch den kleinen Raum,
Jene innigen Gesänge,
Die sich um den stolzen Baum
Deutschen Lebens herrlich winden:
    Lieder aus des Volkes Mund,
Die die deutschen Sangesmeister
    tragen um das Erdenrund.

Plötzlich stand er auf. Er blickte
In zwei Augen, hell und klar,
Deren Dank ihn mehr entzückte
Als das Lob vom Elternpaar.
In dem ländlich-schlichten Zimmer
    war's wie goldner Sonnenschein,
Und der Abglanz reinsten Glückes
    schien in Hermanns Herz hinein.

Als die Mitternacht vergangen,
Schied er still aus dem Gemach.
Claras Abschiedsworte klangen
Lang in seinem Herzen nach.
Ob er bald wohl wiederkäme?
    hatte freundlich sie gefragt;
Und mit leisem Händedrucke
    hatt' er froh sein Ja gesagt.

Flur und Wald und Menschen schliefen,
Stille war es, nah und fern;
Aus des Äthers dunklen Tiefen
Fiel herab ein goldner Stern.
Als ein glückverheißend Zeichen
    sah er auf das Meteor,
Das auf funkensprüh'ndem Pfade
    sich im Dämmerlicht verlor. — —

Glückliche Zeit im sonnigen Schein
Herrlicher, goldener Stunden,
Wenn im innigsten Seelenverein
Sich zwei Herzen gefunden:
Wer dich erfahren, wer dich gekannt,
Dem wird zur Heimat jegliches Land.

Über die Schulter in seinem Heim
Wollen wir Hermann schauen:
Wie die Verse mit wechselndem Reim
Rasch zu Liedern sich bauen.
Was er vertraute dem weißen Papier,
Mögen die Zeilen nun künden hier.

Die Rose von Texas.

1.

Ich kenne ein herrliches Mädchen,
Ist schlank wie ein Tannenbaum;
Sie wohnt im texanischen Städtchen
Am blühenden Präriesaum.
Wie strahlend den Äther erfüllet
Der Sonne goldenes Licht,
So leuchtet in meine Seele
Ihr liebliches Angesicht.

Mich zieht es im Zwielichtschimmer
Allabends nach Claras Haus.
Sie harrt schon auf der Veranda
Und späht nach dem Freunde aus;
Und wenn ich zwischen den Bäumen
Mich nahe der Gartenthür,
Da kommt sie fröhlich gesprungen
Und öffnet die Pforte mir.

Wir treten dicht beieinander
Ins Zimmer leise sofort,
Sie hat mir so vieles zu sagen
Und spricht doch kein einziges Wort.
Zu früh mit strahlender Lampe
Kommt's Mütterchen zu uns herein;
Noch ist es nicht finster geworden —
Wie kann man so eilig nur sein!

Die Stunden fliegen vorüber.
Wir spielen zu zwei'n am Klavier,
Dann singt sie ein deutsches Liedchen,
Das jüngst sie gelernt von mir.
Der Vater nach Krankenbesuchen
Erfreut sich gemächlicher Ruh,
Es hört die Mutter bewundernd
Dem Spielen und Singen zu.

So schwindet an jedem Abend
Zu schnell die köstliche Zeit,
Wir werden täglich vertrauter,
Es hat mich verzaubert die Maid.
Noch hab' ich ihr nicht verraten,
Was tief meine Seele bewegt;
Nur kann ich den Zorn nicht bemeistern,
Wenn zwölfe die Wanduhr schlägt,

2.

Die Rose von Texas, so nennen dich gern
Die wilden, kühnen Gesellen,
Die, sporenklingelnd, von nah und fern
In deine Dienste sich stellen.

Wohl sind sie oft auf schnaubendem Roß
Laut redend deine Begleiter,
Doch sitzen sie stumm in deinem Schloß,
Die sonst so verwegenen Reiter.

Da bin ich allein dein Ritter kühn,
Dein liebes Gebot zu empfangen,
Für den die texanischen Rosen blühn
Auf deinen samtenen Wangen.

3.

Sie fragte mich jüngst bedeutsam,
Weshalb ich so schweigsam sei?
Ob wohl meine Seele versunken
In Liebesträumerei?

Gewiß! eine schöne Kreolin,
Die hat es dir angethan!
Ich sehe es, deutscher Schwärmer,
An deinen Augen dir an! —

Mir schossen die Wellen des Blutes
Sofort in die Wangen hinein.
In die Hände klatschte vor Freude
Das schelmische Mägdelein.

Den Namen soll ich ihr nennen,
Den Namen der holden Maid!
Und ob ich ihr Treue gelobet
In alle Ewigkeit?

Ich sagte ihr: Donna Clara,
Das ist der Name der Fee,
Mit Lippen, rot wie Korallen,
Mit Schläfen, weiß wie Schnee.

Die seidenen Schattenwimpern
Verbergen ein süßes Gift,
Mit dessen verzehrendem Feuer
Sie tödlich ihr Opfer trifft.

Ein höchst gefährliches Mädchen,
Mit Wangen wie Milch und Blut!
Du selber siehst ihr so ähnlich,
Wie ein Ei es dem andern thut! —

Da lachte sie glockenhelle
Und kicherte: Gute Nacht!
Ich wollt' einen Kuß ihr rauben,
Doch sie entschlüpfte mir sacht. —

Ich hab' von der Rose von Texas
Bis an den Morgen geträumt.
Ihr Götter, wie war ich so selig!
Mein Himmel war rosenumsäumt!

4.

Sie sprach mit ernstem Gesichte:
Die Neugier läßt mich nicht ruhn!
Man sagt mir, du schreibst Gedichte,
Gern wüßt' ich den Inhalt nun.

Fremd ist mir die deutsche Sprache,
Der deutschen Worte Klang.
O thue mir kund und sage,
Ob mich auch nennt dein Gesang? —

Da übersetzt' ich geschwinde
Ein Lied, von Sehnsucht durchglüht
Nach Clara, dem lieblichsten Kinde,
Das je in Texas erblüht.

Jetzt will sie das Deutsche erlernen,
Zum Lehrer ward ich bestellt;
Ich las mein Geschick in den Sternen,
Den schönsten der ganzen Welt.

5.

Was ich zuerst sie gelehret? —
Ich lieb' dich von Herzensgrund! —
Sie mußte es oft wiederholen
Mit ihrem rosigen Mund.

Ich gab ihr darauf fünf Küsse —
Für jedes Wort einen Kuß;
So ist es, wie Donna Clara
Ihr Deutsch erlernen muß.

Dreihunderttausend Wörter
Hat, glaub' ich, die deutsche Sprach'.
Da werd' ich das Mädchen küssen
Bis an den jüngsten Tag!

6.

Sonst saßen wir still am Piano
Und spielten mit ernstem Bemühn
Die schwierigsten Ouvertüren,
Sonaten und Sinfonien.

Jetzt wollen mir nicht mehr gelingen
Die Läufe geläufig und glatt,
Ich kann auf die Noten nicht achten,
Nicht spielen wie früher vom Blatt.

Ich muß auf die Nachbarin blicken,
Bewundern ihr griechisch Profil;
Cupidos schelmisches Treiben
Verdirbt mir beständig das Spiel.

Sie stampft mit zornigem Füßchen
Bei jedem falschen Accord,
Und zeigt meinen dummen Fingern
Auf den Tasten den richtigen Ort.

Das macht mir die größte Freude,
Im Zorn sie erglühen zu sehn;
Im Zorn, ihr ewigen Götter,
Erscheint sie noch einmal so schön!

7.

Wir gingen noch spät im Mondlicht
Auf Blumenpfaden allein;
Es lag die schlummernde Prärie
   Träumend im silbernen Schein.

Der lauen Südnacht Atem
Umkoste uns, frühlingswarm.
Wir gingen auf träumender Prärie
   Träumerisch Arm in Arm.

8.

Schnaubende Rosse, geschwind, geschwind!
Kreisende Räder — wie Wirbelwind!
   Unendlich dehnt sich der sonnige Plan,
   Der schwellende Prärie-Ocean.

Fasse die Zügel, du fröhliche Maid!
Jage! Du bist vor Gefahr ja gefeit! —
   Ich reich' ihr die Bänder, die straff sie hält,
   Die Renner leitend durchs blumige Feld.

Neben ihr sitz' ich auf samtenem Sitz.
Mädchen, dein Auge flammt wie der Blitz! —
   Als Antwort lustig die Peitsche knallt,
   Es jagen die Rosse wie Sturmesgewalt.

Selige Stunden, wie flieht ihr geschwind,
Eilend dahin wie der flüchtige Wind!
   O könnt' ich euch fesseln, o bliebet ihr mir,
   Gern gäbe ich Jahre des Lebens dafür! — —

Rose von Texas! du glühst ja heut'
Wie im berauschenden Reigen,
Als dein Ritter die Hand dir beut,
Leicht sein Gefährt zu besteigen! —
Weit in die Prärie geht die Fahrt,
Rosse und Fuhrwerk stehen geschart,
   Und die Männer grüßend sich neigen.

Alte und Junge eilen herbei,
Kräftige, hohe Gestalten,
Mädchen und Frau'n, die bezaubernd und frei
Wie die Fürstinnen walten. —
Los die Trensen, ihr Schwarzen dort! —
Vorwärts! rasch aus dem Städtchen fort,
   Denn ein Picknick gilt es zu halten! —

Prärie — endlos blum'ge Weite,
Schnelle Wagen im Gefild;
An der Rosselenker Seite
Holder Mädchen zaubrisch Bild.
Wilde Renner, mähnenflatternd,
   galoppieren nebenher;
Kühne Reiter, sporenklingelnd,
   tragen sie durchs Blumenmeer.

In dem Prärie=Oceane,
Ferneab im Sonnenschein,
Liegt auf meilenweitem Plane,
Einer Insel gleich, ein Hain.
Höher steigt die Junisonne.
   Schneller drum zum kühlen Raum!
Schwarze Diener stehn in Haufen
   an des grünen Wäldchens Saum.

Eine Quelle rauscht im Grunde.
Mächt'ge Eichen, dicht gedrängt,
Spenden Schatten in der Runde,
Immer grünend, moosbehängt.
Durch die hundertjähr'gen Wipfel
    blitzt der Sonne Strahlengold —
Wie durch dunkle Wimpern leuchten
    Mädchenaugen, wunderhold.

In dem offnen Waldreviere
Stehn die Fuhren rings im Kreis,
Losgeschirrt sind schon die Tiere,
Laben sich an goldnem Mais.
Durch das grüne Laubwerk schimmert
    farbiger Gewänder Glanz,
Wie nach Wettersturm und Regen
    prangt der Iris Friedenskranz.

Muntre Negerknaben tragen
Leckre Speisen, mancherlei,
Aus den wohlgefüllten Wagen
Nach dem Picknick-Platz herbei.
Freundlich laden ein zum Schmause
    Pfirsiche und Ananas;
Riesige Melonen liegen
    ausgestreut im grünen Gras.

Unter hochgewölbten Bäumen
Lagern Männer, Mädchen, Frau'n,
Die nicht zögern, die nicht säumen
Sich am Festmahl zu erbaun:
Texas' Töchter, voll von Liebreiz,
    in der bunten Kleider Pracht,
Schlank gewachs'ne Kavaliere
    in der hellen Pflanzertracht.

Sang und Rede, Scherz und Witze
Sprudeln heiter wie der Quell;
Jugendlichen Blutes Hitze
Malt die Wangen rosig=hell.
Manchem leuchtet's aus den dunklen
    Sternen auf wie Himmelslicht,
Welches zu den Auserwählten
    deutlicher als Worte spricht.

Wie der Purpurrose Schimmer
Einen Nelkenstrauß noch schmückt,
Den als Zierde für ihr Zimmer
Froh ein schönes Kind gepflückt:
Strahlt das Bild von Donna Clara,
    manchem Jüngling zur Gefahr,
Als das herrlichste im Kreise
    jener holden Mädchenschar.

Aber ihre Augensterne
Leuchten Hermann ganz allein,
Und es folgt ihm, wenn er ferne,
Ihrer Blicke Strahlenschein.
Bringt er ihr die schönsten Früchte,
    Blumen, die zum Strauß er band,
Drückt sie, für die Gaben dankend,
    sanft und leise ihm die Hand.

Vor der Weißen Lagerstätte
Lärmt der Sklaven dunkle Schar,
Deren Stolz die Talmikette
Und das Öl im woll'gen Haar.
Abgelegte alte Fräcke
    tragen wichtig sie zur Schau,
Ihre Weiber falsche Steine,
    Turbantücher, rot und blau.

Einen tollen Bedlam=Reigen
Tanzen sie in dichten Reihn,
Um sich ihren Herrn zu zeigen
In des Glückes Sonnenschein;
Stampfen auf dem grünen Rasen
    wie besessen Mann für Mann,
Jauchzen, trommeln mit den Fäusten
    auf den Knien ein Rataplan. —

Durch die niedern Büsche spähet
Goldner Abendsonnenschein,
Und ein kühler Lufthauch wehet
Säuselnd durch den Eichenhain.
Zarte Waldesblumen küssen
    farbiger Gewänder Glanz,
Und um manche weiße Stirne
    windet sich ein Epheukranz.

Aus dem kühlen Quell kredenzen
Oft die Männer holden Frau'n,
Deren Augen heller glänzen,
Wenn sie dankend aufwärts schaun.
Solch ein sonn'ger Strahl des Glückes
    in die Seele Hermanns dringt,
Als er für sein liebes Mädchen
    einen Trunk der Labe bringt.

Plötzlich schrecken wirre Klänge
Ihn empor aus sel'gem Traum;
Reiter, Fuhrwerk im Gedränge
Stürmen nach dem Waldessaum.
Ungeduldig scharrt sein Renner.
    Rasch ist Clara auf dem Sitz,
Faßt die Zügel, faßt die Peitsche;
    vorwärts geht es wie der Blitz!

In des Westens ros'ger Ferne
Sank der Sonne Feuerball,
Und vereinzelt treten Sterne
Aus dem blassen Weltenall.
Durch des Äthers Tiefe wandelt
    Hoch der Vollmond still und sacht,
Schmückt die schlummernden Savannen
    mit des Silbermantels Pracht.

Auf der Prärie wildes Jagen,
Sang und Jubel! schallend tönt
Das Gerassel von den Wagen,
Und der scharfe Hufschlag dröhnt.
Peitschen knallen; heller Zuruf
    hallet weithin durch die Nacht.
Wie Musik dazwischen klingt es,
    wenn ein Mädchen fröhlich lacht.

Seht! erstrahlt mit blut'gen Farben
Fernab nicht ein ries'ger Brand?
Wie die Glut von Nordlichtgarben
Flackert's auf vom Himmelsrand;
Jetzt ersterbend, wie ein Feuer,
    das den letzten Raub verzehrt,
Jetzt sich hebend, wie beim Sturme
    hoch empor die Flamme fährt.

Sang, Gejubel und Gelächter
Schweigen. Durch den Nebelflor
Scheint der Mond, der Himmelswächter,
Wie ein rotes Meteor.
Kalte Furcht erfaßt die Herzen,
    denn mit Flammenschritten naht
Der Gebieter der Savannen
    auf dem rauchumwogten Pfad.

Schaut! wie dort die Lohen steigen,
Von der Windsbraut angefacht!
Schwarz, wie Wetterwolken-Reigen,
Rollt der Qualm in düstrer Pracht.
Rauch und Gluten hochaufwirbelnd,
    stürmt heran das Feuermeer,
Prasselt, saust und zischt, als käme
    jach des wilden Jägers Heer.

Nicht bedarf es lauter Rufe,
Peitsch' und Sporns; vorm Höllenbild
Flüchten angstgejagte Hufe
Durch das dröhnende Gefild.
Rasend drehen sich die Räder,
    daß die Achsen dampfend glühn,
Schneller fliehen Roß' und Reiter
    aus des Funkenregens Sprühn.

Nacht! zerrissen ist dein Schleier,
Offen liegt dein weites Reich.
Steigt die Glut gen Himmel freier,
Seh ich Wangen, geisterbleich.
Zitternd kauern sich die Mädchen,
    wie die Tauben vor dem Aar;
Selbst die kühnen Männer beben
    vor der grausigen Gefahr.

Plötzlich tauchen Negerschwärme
Aus dem dichten Rauche auf;
Grüne Büsche mit Gelärme
Schwingen sie im raschen Lauf.
Prasselnd rücken schon die Flammen
    immer näher auf die Reihn,
Mit den saftgefüllten Büschen
    haun die Schwarzen mutig drein.

Kräftig wird der Feind bezwungen
Und erstickt mit grünem Laub,
Ob er auch mit glüh'nden Zungen
Gierig leckt nach neuem Raub;
Möcht' sich auf die Scheuern werfen,
    haßerfüllt, im Blutgewand,
In die reichen Baumwolläcker
    schleudern seinen Feuerbrand!

Weiter stürmen Roß' und Wagen.
In gezackte Reihn gestellt,
Stehn die Zäune der Plantagen
Starr am Wege, Feld an Feld.
Schwarze Frau'n und Männer rennen,
    hoch die Büsche, schnell vorbei;
Pflanzer, wild hinreitend, treiben
    sie zur Eile mit Geschrei.

An der Straße immer dichter
Scheint der Stauden Silberglanz;
Nahe blitzen schon die Lichter
Von der Stadt im hellen Kranz.
Schmucke Häuser, grüne Gärten
    zeigen sich dem frohen Blick,
Und entkommen und geborgen
    preisen alle laut ihr Glück. — —

Wieder fährt im leichten Wagen
Hermann mit der Maid ins Feld.
Wild läßt sie die Rosse jagen,
Die sie fest im Zügel hält.
Seht! da sind sie schon am Ziele!
    Einen Blocksberg-Karneval
Feiern dort die Indianer,
    spielend mit dem Schleuderball.

In der offnen Prärie stehen
Hundert Kutschen, dicht gedrängt;
Um das Ballspiel anzusehen,
Kommt die Jugend hergesprengt.
Feine Herrn und Damen sitzen
    im Gefährt und hoch zu Roß,
Und in Haufen rings im Grase
    tummelt sich der Negertroß.

Auf die bunte frohe Menge
Brennt der Mittagssonne Glut,
Und im lärmenden Gedränge
Kocht der Wilden heißes Blut.
Zeigen wird den Bleichgesichtern
    jetzt die Rothaut, wie mit Macht
Man den flücht'gen Ball entsendet
    einem Pfeil gleich in der Schlacht.

Aus dem Waldgeheg im Norden
An des Roten Flusses Strand
Kamen nachbarlich die Horden
Heute ins Texanerland:
Hier der Choctaws schlanke Recken,
    mit Papuhsen[17] und mit Squaws,
Dort, auf scheck'gen Ponies reitend,
    die geschmeid'gen Chickasaws.

Prächtig haben sie die Glieder
Rot und grün voll Kunst bemalt.
Wie so bunt des Hahns Gefieder
In dem schwarzen Haupthaar strahlt!
Um die Lenden nur geschlungen
    ist ein schmaler Lederstreif;
Hinten hängt der Stolz des Helden —
    eines Mustangs zott'ger Schweif.

Auf zum Wettstreit nun, Gesellen!
Laßt im friedlichen Gefecht
Das Geschoß mit Sausen schnellen
Hoch empor vom Korbgeflecht;
Stürmt in Haufen, wie die Büffel,
    über den zerstampften Plan,
Bis erschallt des Siegers Jauchzen
    auf der staubumwogten Bahn!

Keiner darf den Ball erhaschen —
Also gilt es — mit der Hand;
Fassen mit zwei Schleudertaschen
An zwei Stäben flink, gewandt
Muß ein Spieler ihn und treffen
    eine Stange als das Ziel,
Eh als Sieger man ihn preiset
    in dem wild bestrittnen Spiel.

Hierhin, dorthin, hoch im Bogen
Saust der Ball. Ein Männerknäul,
Wie die Tümmler [18] auf den Wogen,
Stürmt ihm nach mit Wutgeheul.
Chickasaws und Choctaws jagen
    sich die Beute ab; der Schweiß
Überströmt die nackten Leiber,
    ringend um den Ehrenpreis.

Wird's dem Choctaw dort gelingen
Zu ergreifen jetzt den Ball?
Nein! die andern alle dringen
Auf ihn ein wie Wogenprall.
Heulend, kämpfend wälzt der Haufen
    durch das Feld sich, dicht vermischt.
Seht! da hat ein Chickasawer
    blitzschnell nun den Ball erwischt.

Weithin mit dem Korbgeflechte
Schleudert er mit Macht ihn fort
Nah ans Ziel mit nerv'ger Rechte;
Aber weiter rollt er dort
Seitwärts unter die Karossen,
    wo auf Polstern, sammetweich,
Sich die schönen Damen fächeln,
    in Gewändern, farbenreich.

Wie leibhaft'ge Teufel jagen
Mit Geheul die Roten jetzt
Zwischen Pferden hin und Wagen,
Daß sich jedermann entsetzt.
Rosse bäumen sich und schnauben,
    reißen das Geschirr entzwei;
Laut ertönt der Männer Wettern
    und der Frauen Angstgeschrei.

Clara, die beim Lärm und Krachen
Traulich zu dem Pferde spricht,
Faßt den Freund am Arm mit Lachen:
Sag', du fürchtest dich doch nicht?
Da auf einmal quer durchs Fuhrwerk
    springt ein Wilder, nackt und bunt;
Hermann flucht, sich selbst vergessend,
    wünscht ihn in den Höllenschlund.

Endlich ist der Ball gefunden.
Weiter rast die Jagd durchs Feld,
Bis die Choctaws überwunden
Und der Gegner Siegruf gellt.
Rasselnd wirbeln fort die Wagen;
    Reiter sprengen zwischendrein. —
Einsam wieder liegt die Prärie
    in dem Abendsonnenschein. — —

Der Sommer ist hin, der Herbst entschwand,
Die Tage sind kürzer geworden,
Der Winter kam ins texanische Land,
Doch nicht wie der Winter im Norden:
Denn warm sind die Tage, und selten erwacht
Ein Sturm, der das Mark gefrieren macht.

Der Sturm ist der grimmige Norther. Er bricht
Jäh ein in Texas' Sabannen,
Verschont die Küsten von Mexiko nicht,
Die den sonnigen Golf umspannen,
Und bringt vom Nordpol eisigen Gruß
Den Palmen am Busen von Vera Cruz. —

Die fröhliche Weihnachtszeit ist da.
Der Eggnog* dampft in den Bowlen;
Die Knaben jubeln: es schenkte Papa
Ihnen Pulver heut' und Pistolen!
Die Neger liegen auf fauler Haut
Und freun sich des Lebens und singen laut.

Revolver knallen den ganzen Tag,
Es tuten die Blechtrompeten,
Dumpf dröhnt dazwischen ein Böllerschlag,
Die Glocken rufen zum Beten —
Und in den Kneipen ein Lärm und Geschrei,
Als ob im Städtchen kein Nüchterner sei.

Zur Weihnachtsfeier frühmorgens schon
War Hermann von Clara entboten.
Ihm brachte der Neger Napoleon
Ein Brieflein mit neuesten Noten:
Er möge reiten mit ihr hinaus
Am Abend nach Hopkins gastlichem Haus!

---

* Eine Art Eierpunsch.

Da würde die ganze festliche Nacht
In hoher, geräumiger Halle
Mit fröhlichem Schmausen und Tanzen verbracht!
Es kämen die Freunde alle! —
Bei sinkender Sonne war er bereit
Und hob in den Sattel die blühende Maid. —

Aus des reichen Pflanzers Schlosse
Strahlet hell der Lichter Schein.
Schlanke Mädchen, hoch zu Rosse,
Sprengen in den Hof hinein;
Wilde Reiter, schnelle Wagen,
    Rufen, Jauchzen, Peitschenknall —
All die jungen Männer kamen
    aus der Stadt zum Weihnachtsball.

Lau und linde wehn die Lüfte,
Gleich als sei der Lenz erwacht,
Balsamodem, Blumendüfte
Füllen die Dezembernacht.
Tausende von muntern Grillen
    zirpen im Magnolienhain,
Feuerkäfer ziehn vorüber,
    leuchtend in des Phosphors Schein.

Vor dem Gitterthor in Menge
Pferde und Karossen stehn.
Neger lärmen im Gedränge;
Jeder will die Gäste sehn.
Durch die festgeschmückten Räume
    rauscht der Kleider lichte Flut,
Und der Fächer emsig Wehen
    kühlt der Wangen ros'ge Glut.

Auf dem Tische sitzt verwogen
Hoch der schwarze Musikant,
Streicht den alten Fidelbogen
Lustig, mit gewandter Hand;
Stampft den Takt mit breiten Füßen,
    kommandiert mit kecker Stirn,
Daß die bunten Tanzfiguren
    sich verschlingen, sich entwirrn.

In der rein gekehrten Halle
Schwebt der jugendfrohe Schwarm
Zu der Geige munterm Schalle
Auf und nieder, Arm in Arm.
Busen wallen, Wangen glühen,
    Füßchen trippeln, leicht beschuht,
Und man plaudert, scherzt und fächelt,
    wenn die Lust des Tanzes ruht.

Wieder mit der Geige Tönen
Weckt der Schwarze Herz und Sinn.
Hermann fliegt mit seiner Schönen
Selig durch die Reihen hin:
Aber plötzlich fährt er horchend
    aus dem süßen Traum empor,
Denn es dringt des Northers Toben
    schrill an sein erschrecktes Ohr.

Jählings rüttelt's an den Scheiben,
Manche brechen mit Geklirr,
Für die Freude ist kein Bleiben,
Es zerstiebt das Tanzgewirr.
Schwerer Regen prasselt nieder,
    Hagel, Schlossen, Eis und Schnee
Rasseln auf das Dach, als stürme
    drüberhin die wilde See.

Heulend braust das grauf'ge Wetter,
Polternd fliegt die Thüre auf;
Durch die leicht gefügten Bretter
Pfeift des eif'gen Winds Geschnauf.
Neger schleppen Fichtenblöcke
    in den riesigen Kamin;
Seht! schon züngelt rote Lohe
    in den Schlot vom harz'gen Kien!

Zitternd drängt man sich zusammen,
Sich zu wärmen an der Glut;
Fast erloschen sind die Flammen,
Die zuvor erhitzt das Blut.
Auf dem bunten Teppich stampfen
    ballgeschmückte Mägdelein,
Hüllen sich, vor Kälte bebend,
    in gestickte Tücher ein.

Herrn in Sommerkleidern traben
Zähneklappernd hin und her;
Für den braven Hopkins haben
Sie kein Wort des Ruhmes mehr.
Dieser schnarcht berauscht im Bette,
    wo er sanft der Ruhe pflegt,
Träumt, daß laut die Pfropfen knallen,
    wenn der Sturm ans Fenster schlägt.

Endlich tagt es. Matt ins Zimmer
Dringt das Licht durchs trübe Glas.
Um die Schindeln rast noch immer
Grimm der alte Boreas.
Auf den frierenden Savannen
    liegt ein endlos Leichentuch,
Das der nord'sche Dämon heulend
    über ihre Blüten schlug.

Auf, ihr Sklaven, nicht gesäumet!
Rasch herbei mit dem Geschirr!
Eingespannt und aufgezäumet,
Aufgepaßt in dem Gewirr! —
Kaum zu halten sind die Tiere
    in dem eis'gen Sturmgebraus,
Knirschend in die frost'gen Trensen,
    schnauben sie und schlagen aus.

Hermann hebt sein zitternd Mädchen
In ein Fuhrwerk, ganz beschneit,
Wo zwei Fräulein aus dem Städtchen
Kauern schon im Spitzenkleid.
Aus dem Hofthor rollt der Wagen
    kreischend über körn'ges Eis,
Andre folgen, und dann geht es
    pfeilschnell fort auf glattem Gleis.

Mit und ohne Sättel sprengen,
Wie des wilden Jägers Heer,
Bei des Northers Weihnachtsklängen
Die Begleiter nebenher.
Durch den Wirbeltanz der Flocken
    jagt auch Hermann nach der Stadt,
Wo er auftaut am Kamine,
    bebend wie ein Espenblatt. — —

Während so ein neues Leben,
Von der Minne Glanz umgeben,
Unsern Hermann hoch beglückt,
Sind in ferne Nebelweiten
Die Gestalten andrer Zeiten
Seinem Geiste fast entrückt.

Statt der Muttersprache trauten,
Geist= und seelenvollen Lauten
Tönt ein fremdes Idiom.
Ach, wie lang ist sie verklungen!
Selbst die Heimat, meerumschlungen,
Wird ein träumerisch Phantom.

Doch mitunter rührt ein Ahnen
Bang das Herz ihm, wie ein Mahnen
An verlornes höh'res Gut;
Und aus liebem Munde wieder
Möcht' er hören deutsche Lieder,
Deren Klang noch in ihm ruht.

Ach! wer dir, du freudenvolle,
Nie vergess'ne Heimatscholle,
Seinen Rücken zugewandt:
O wie hascht er oft vergebens
Nach dem höchsten Glück des Lebens
In dem auserkor'nen Land!

Liebe nur, die echte, wahre,
Löscht im Wandellauf der Jahre
Sacht das Heimatsehnen aus;
Sie ersetzt in andern Zonen,
Die das Streben reicher lohnen,
Vaterland und Elternhaus.

Wird sie freundlich bei ihm weilen,
Nimmermehr von hinnen eilen,
Stets sein Freudenbringer sein? —
Nur die Zukunft kann es sagen,
Denn die dunklen Wolken jagen
Drohend schon im Wetterschein. —

Die Jahre des Friedens wandeln vorüber;
Ernster gestaltet sich Hermanns Los.
Täglich werden die Stunden trüber,
Es naht sich ein Sturm mit dumpfem Getos.

Berauscht von der Minne wonnigen Träumen,
Kann er die dräuenden Wolken nicht schaun,
Welche schon finster den Himmel umsäumen,
Nüchterne Männer erfüllend mit Graun.

Des Bürgerkrieges Herolde kommen
Schon mit ehernen Schritten daher.
Ach! zu spät nur hatt' er vernommen
Den Klang der Waffen, verderbenschwer!

Siebenter Gesang.

Bürgerkrieg.

Wehe! welch grausiger Ruf erschallt
   Im blühenden Süden mit Hassesgewalt:
Wie das Rollen gewaltiger Donner dröhnt,
Wie der eherne Klang von Drommeten tönt! —
Doch horch! das zürnende Schicksal spricht
Und mahnt an vergeltendes Strafgericht:
„Ich gab dir Gewalt, du eitles Geschlecht!
Mit frevelnden Füßen zertrittst du das Recht;
Die Einheit, welche dich groß gemacht,
Du willst sie zertrümmern in blutiger Schlacht,
Das Land, das die Wiege der Freiheit ist,
Zerstören durch teuflischen Bruderzwist.
O schmähliche That! Wind sätest du aus,
Wirst ernten der Stürme verheerend Gebraus!
Die spätesten Enkel werden mit Graun
Zurück auf das Wüten der Väter schaun.

Verachtet hast du als stolzer Tyrann
Den fleißigen Bürger, den Bauersmann,
Der mit blinkendem Pflug den Acker zerreißt,
Die schwielige Faust, die das Eisen schweißt,
Die den Hammer schwingt mit nerbiger Kraft,
Die Hand, die emsig am Webstuhl schafft.
Das Volk der Sklaven, das fest du gebannt
An deine Scholle mit eiserner Hand,
Das Macht dir und Gold im Schweiße schuf,
Vernimmt der Erlösung Posaunenruf.
Du südliches Land, bald färbst du dich rot
Vom Blut deiner Söhne im Schlachtentod;
Bald wird dein Stolz, dein Hochmut vergehn,
Bald wirst du gebrochen, vereinsamt stehn:
Die Saaten zerstampft, die Fluren verheert,
Die Städte von gierigen Flammen verzehrt!"—

Auf Columbias hohe Warte
Hat ein Dämon sich gestellt,
Der des Bürgerkriegs Standarte
Jubelnd hoch zu Häupten hält.
Alle guten Geister flüchten;
    saust und pfeift nicht schon das Blei?
Hallt es nicht wie Waffenklirren,
    Heeresschritt und Wutgeschrei?

Nachts am hochgespannten Himmel,
Wie ein Schwert von Feuer, steht
Unterm goldnen Sterngewimmel
Blutig, drohend ein Komet;
Und die Menschen blicken schaudernd
    auf zum blauen Ätherzelt,
Einen graus'gen Spruch des Schicksals
    fürchtend für die Erdenwelt.

Durch die Lüfte fliegen kreischend
Geier aus dem Süd gen Nord,
Sich im wilden Kampf zerfleischend,
Dürstend heiß nach Blut und Mord;
Über die Gefilde sprengen
   Reiterscharen, kampfbewehrt,
Aufruhrsfahnen wehn im Winde,
   aus der Scheide fliegt das Schwert.

Macht im Lande gab dem Süden
Lange Zeit der Urne Spruch;
Da sie anders nun entschieden,
Scheut er nicht den Treuebruch.
Fordern will er jetzt vom Norden,
   daß er sich der Trennung fügt,
Oder ihn zu Boden schmettern,
   daß er hilflos vor ihm liegt.

Gründen will er und gestalten
Ein gewalt'ges Sklavenreich!
Mächtig soll es sich entfalten,
Daß kein andres Land ihm gleich.
Nur Kaukasiern sei's beschieden,
   Herr und Meister dort zu sein,
Rohe Händearbeit laste
   auf dem Neger ganz allein!

Schlachtendonner soll's verkünden!
Bei der Staaten heil'gem Recht,
Sich zu trennen, sich zu binden,
Schwört ein ritterlich Geschlecht:
Ewig sei der Bund zerrissen,
   der zu lange schon bestand
Mit dem feigen Volk der Krämer
   im verhaßten Yankeeland! —

Weh! die Würfel sind gefallen
Ruchlos aus des Aufruhrs Hand;
Sumter[19] wird bestürmt, es hallen
Die Geschütze dumpf ins Land! —
Auf dem Schlachtfeld wirst du rächen
    Diese Schmach, Columbia,
Wie es größer, wie es blut'ger
    nie die Weltgeschichte sah! —

In dem sonst so stillen Städtchen
Lärmt in Waffen alt und jung.
Schöne Frauen, blüh'nde Mädchen
Schüren die Begeisterung.
Siegestrunkne Krieger kommen
    prahlend von Bull Run[20] nach Haus
Und berichten Heldenthaten
    von dem ersten blut'gen Strauß:

Wie der Feind vor Furcht erblaßte,
Als er sah des Südens Macht,
Ihn die jähe Angst erfaßte
Bei dem Donnerhall der Schlacht!
Yankeeflinten und Kanonen
    lägen dicht gesät im Feld;
An der Hauptstadt Thore poche
    laut schon Beauregard, der Held!

Jeder will nun gleich marschieren,
Glaubt besorgt, er kommt zu spät,
Weil der Feind das Retirieren
Gar so meisterhaft versteht.
Mit den Fahnen hoch geschwungen
    ziehn die Männer in den Krieg
Und versprechen Südlands Schönen
    frohe Rückkehr, leichten Sieg. —

Donner des Krieges, wie schreckt ihr jach
Hermann aus seligen Träumen wach!
Denn ihm wurden aus Claras Mund
Klagende Worte der Trübsal kund. —
Als er gebracht einen Blumenstrauß
Ihr eines Abends ins Elternhaus,
Wo er gehalten wonnige Rast,
Sprach sie beim Abschied die Worte in Hast:
Sag' mir, wann wirst in das Feld du gehn,
Wo die Heere des Südens stehn?
Sieh! schon alle sind fortgeeilt,
Brüder und Freunde, und immer noch weilt
Hier unter Frauen und Kindern dein Fuß.
Soll ich mich schämen vor deinem Gruß?
Bin, wie du weißt, von Herzen dir gut,
Aber mir kocht in den Adern das Blut
Bei dem Gedanken, mein Hermann, du sei'st
Nicht bei den Unsern mit Herz und Geist! —

Traurig schaut der gequälte Mann
Die ihn bestürmende Liebste an,
Redet zu ihr, im Herzen bang,
Von der Geschäfte bedenklichem Gang,
Die er betreibe mit dringlicher Pflicht,
Daß seine südlichen Freunde nicht,
Die ihm geholfen und Waren geliehn,
Schwere Verluste erlitten durch ihn;
Darf nicht sagen der ängstlichen Maid,
Was er denkt von dem gräßlichen Streit,
Nicht, wo sein Hoffen, sein Wünschen ist.
Ach! er schämt sich der argen List;
Aber von vielen wird er bewacht
Wie ein Verbrecher bei Tag und bei Nacht.

Hätte nur Einer die Wahrheit gewußt,
Die er verborgen in seiner Brust,
Wär' er verloren; es schützte ihn nicht
Selbst die Geliebte vorm Lynchgericht! —

Stürmenden Schrittes eilt er hinweg
Fort in die Nacht auf einsamem Steg,
Klagt den Sternen sein trauriges Los.
Welt! — so ruft er — wie bist du so groß,
Und nicht darin ein Plätzchen für zwei
Liebende Menschen von Elend frei!
Glück und Wonne im südlichen Land
Gab das Geschick mir mit gütiger Hand,
Aber die glückliche Zeit ist dahin,
Sorge und Kummer, wo immer ich bin!
Werde vom Glauben nicht länger bethört,
Kurz sei der Krieg, wie oft ich gehört.
Hin zu den Brüdern im freien Nord
Treibt es mich selbst von der Liebsten fort,
Mitzustreiten voll Freiheitsglut
Dort für der Menschheit heiligstes Gut,
Wo vor allen mit Kampfbegier
Deutsche schützen das Sternenpanier.
Kämpfen gegen das Bundesheer
Werde ich nie und nimmermehr!
Eher entsag' ich mit männlichem Mut
Meiner Liebe, so weh es mir thut! —

Und wieder kommt die Weihnachtszeit,
Doch ohne Freude zu spenden.
Es sitzen die Frauen im Trauerkleid
Stumm zwischen den heimischen Wänden;
Zu lindern der vielen Verwundeten Pein
Zerzupfen sie Linnen tagaus, tagein
Mit zarten fleißigen Händen.

Allein weilt Hermann in heiliger Nacht
Im stillen einsamen Zimmer
Und denkt an des deutschen Christbaums Pracht,
An seinen bezaubernden Schimmer;
Und seufzend spricht er die Worte aus:
O wär' ich heute im Elternhaus
Und säh' seinen goldenen Flimmer!

Jetzt sind die Lichter dort ausgebrannt.
Schon längst ist die Mitternachtstunde
Vorüber im deutschen Vaterland
Am östlichen Erdenrunde.
Sanft schlummern die Seinigen alle nun.
Es bringe ihnen von Hermanns Thun
Der Traumgott freudige Kunde: —

Ein zierliches Fichtenbäumchen stand
Erhöht auf blumiger Matte,
Auf dessen Zweigen mit emsiger Hand
Er Kerzen befestigt hatte.
Das Bäumchen schaute, als sei es beschneit,
Die Nadelästchen im weißen Kleid
Von loser schimmernder Watte.

Es hingen Feigen in dem Gezweig
Und glänzende Apfelsinen
Aus Louisianas sonnigem Reich,
Granaten und Nektarinen
Und Nüsse, bedeckt mit goldenem Schaum,
Die auf dem winterlich schneeigen Baum
Wie Früchte des Zauberlands schienen.

Bald brannten die Kerzen im Lichterschein.
Wie freut ihn des Christbaums Prangen! —
Darunter stellte er Bilder in Reihn,
Mit plötzlich erwachtem Verlangen;

Sie schützte das alte Album gut,
Das, als seine Habe zerstörte die Glut,
Den gierigen Flammen entgangen.

Der Vater im silbernen Lockenhaar,
Mit treuen, freundlichen Blicken,
Die Mutter, mit lächelndem Augenpaar,
Beschäftigt mit Strümpfestricken,
Der Bruder Fritz mit mächtiger Stirn,
Sein fleißiges Frauchen mit Nadel und Zwirn, —
Sie schienen ihm zuzunicken.

Die Schwestern saßen blühend und frisch,
Beschattet von Palmenblättern,
Vor einem Schloß am getäfelten Tisch,
Voll Büchern, mit goldenen Lettern;
In großer Menge zeigten sich da
Die Jugendgenossen von fern und nah
Nebst Muhmen, Basen und Vettern.

Da standen sie nun beisammen im Strahl
Der funkelnden Weihnachtslichter,
Und freundlich schauten ihn an zumal
Die herzigen, trauten Gesichter.
Doch plötzlich wurde betrübt sein Sinn;
Was brachte die Fremde ihm für Gewinn?
So sprach sein innerer Richter.

Es war verflossen ein volles Jahr,
Seit ihm der Vater geschrieben,
Und jeglicher Kunde blieb er bar
Vom Schicksal aller der Lieben.
Er sandte Briefe durch Mexiko,
Doch ob sie ihr Ziel erreichten so,
War ihm verborgen geblieben.

Wie sehne ich mich, euch wiederzusehn,
Ihr Guten, so sprach er mit Klagen,
Und wieder auf heimischem Boden zu stehn,
Wie einst in der Jugend Tagen!
O kommt doch, ihr Stunden voll Sonnenglanz,
Wenn nach den Gestaden des Vaterlands
Die brausenden Fluten mich tragen! —

Die Kerzen erloschen am kleinen Baum.
Es schlummert nun Hermann, und leise
Entführt seinen Geist ein lichter Traum
Auf glücklicher Wanderreise.
Im Elternhause schaut er die Pracht
Des schimmernden Christbaums und jubelt und
                        lacht
Mit den Seinen in kindlicher Weise. — —

Düster kommt herbeigeschlichen
Über Nacht das neue Jahr,
Siegeskränze sind verblichen,
Näher drängt sich die Gefahr.
Blutgetränkte Festungswerke
    fallen krachend in den Staub,
Reiche Städte, Stromgebiete
    werden schnell des Feindes Raub.

Lauter wird das Kriegsgedröhne.
Hermann blickt besorgt umher.
Zarte Lippen, Frauenschöne
Werben fürs Rebellenheer.
Für den Süden soll er kämpfen,
    der ihm Glück und Gunst gewährt,
Der ihn gastlich aufgenommen,
    ihn, den Fremdling, hoch geehrt!

In sein Herz, von Gram zerrissen,
Dringen solche Gründe nicht,
Denn es mahnt ihn das Gewissen
An beschwor'ne Bürgerpflicht.
Liebesglück und Erdengüter
    raube das Verhängnis jetzt!
Manneßehre, deutsche Treue
    werden nie von ihm verletzt!

Auf die rechten Pfade leitet
Die besonn'ne Vorsicht ihn;
Alles hat er vorbereitet,
Nach der Halbmondstadt zu ziehn.
Leichter kann er sich verbergen
    unter Gleichgesinnten dort,
Bis Gelegenheit sich bietet
    zu entweichen nach dem Nord.

Finstre Sturmeswolken hängen
Tief herab, das Unheil dräut,
Und es heißt zum Abschied drängen,
Eh der Aufschub ihn gereut.
Mordgesellen, die der blinde
    Fanatismus ausgesandt,
Schleichen, neue Opfer suchend,
    blutbespritzt durch Stadt und Land.

Argwohn schaut mit scharfen Blicken
Jeden Fremdgebor'nen an,
Sucht mit List ihn zu umstricken,
Die der grimme Haß ersann.
Wehe! wenn in heißer Rede
    ihm entschlüpft ein unklug Wort:
Wo er gehe, wo er stehe
    ist ihm nah der feige Mord.

Wenn, in sanften Schlaf versunken,
Ihm der Gott der Träume naht,
Und er wieder freudetrunken
Wandelt auf des Glückes Pfad:
Reißen plötzlich blut'ge Würger
    ihn aus seiner süßen Rast —
Raben krächzen um die Eiche,
    wo er hängt am dürren Ast! —

Des Scheidens Stunde war gekommen,
Der Abend regnerisch und kalt;
Kein goldner Stern am finstern Himmel,
Nur Wolken, düster, schwarz geballt.

Zur Reise fertig stand der Jüngling
Vor der Geliebten traurig da,
Kaum wagend ihr ins Aug' zu blicken,
Das in das seine forschend sah.

Sie ahnte wohl, daß Sieg dem Norden
Sein Hoffen sei, sein still Gebet,
Wie ja die innersten Gedanken
Die Frauenseele leicht errät.

Ob wir uns bald wohl wiedersehen?
So sprach sie — und: Gott schütze dich!
Als sie die Thräne stolz zerdrückte,
Die übers dunkle Auge schlich.

Ist das der Abschied, den ich träumte?
So dacht' er stumm, in wildem Schmerz.
Auch ich will stark sein, ob vor Jammer
Mir breche das gequälte Herz! —

Es steht an seinem niedern Fenster
Der Jüngling spät noch in der Nacht
Und schaut, in tiefen Gram versunken,
Der Wetterwolken wilde Jagd.

Leb' wohl, du Rose der Savannen,
Von der der Krieg mich grausam reißt!
O möge dir beschieden werden,
Was Menschenherz am höchsten preist!

Dein holdes Bild wird nie verblassen,
Wohin mich treibe das Geschick;
Wie schwer ist's mir, den Ort zu lassen,
Wo oft auf dir geruht mein Blick!

Mir ist zu Mut, als ob auf immer
Der Liebe Glück verschwunden sei;
Mir ist, als hört' ich eine Stimme,
Die klagend ruft: vorbei! vorbei! —

Da flammt ein Blitzstrahl durch die Wolken,
Es dröhnt der Donner mit Gekrach.
Mit Thränen wirft er sich aufs Lager,
Der Regen prasselt auf das Dach. —

In der Prärie weitem Garten
Ist's nach Winterstürmen still.
Sonne mit den Goldstandarten
Grüßet warm schon den April.
Mürrisch nicht, wie in dem Norden,
    naht er sich im heitern Süd;
Wonnemonat soll er heißen,
    Dem die Lust im Auge glüht.

Wie ein bunter Teppich glänzen
Zahllos wilde Blümelein
Auf den Feldern, bei den Fenzen
In dem lichten Sonnenschein.
Ihre hellen Äuglein leuchten
    rötlich wie Rubine hier,
Schimmern dort wie Goldtopase
    und wie bläulicher Saphir.

Aus den Pfirsichknospen springen
Blüten, rot wie Karmesin,
Frohe Vöglein zwitschern, singen
In des Laubwerks hellem Grün;
Falter wiegen sich im Winde,
 Käfer schillern goldig-blank,
Bienen saugen in den Kelchen,
 schwelgen in dem süßen Trank.

Durch die taubenetzten Auen
Reitet Hermann langsam fort.
Wird er je dich wiederschauen,
Heißgeliebter, sonn'ger Ort?
Traurig grübelt seine Seele.
 Bei dem frühen Morgenritt
Fällt's wie Thränen von den Halmen,
 wenn der Hufschlag sie zertritt.

Sorge giebt ihm das Geleite
Auf dem Weg zum Roten Strom,
Und der Fluch vom Bruderstreite
Schreckt ihn auf wie ein Phantom —
Wüste Felder, öde Städte,
 Häuser, freudlos und verwaist;
Bei den Menschen, haßzerrissen,
 schreitet um ein finstrer Geist.

Auf des Roten Flusses Wellen
Braust das hohe Schiff entlang,
Voll verwilderter Gesellen.
Wüster Lärm und Kriegsgesang
Schallt vom Dampfer, Waffen blitzen,
 Südlands Fahnen wehn im Wind;
Dumpf am Ufer hallt es wieder
 aus des Urwalds Labyrinth.

Plötzlich dehnen sich die Fluten.
Mississippi, sei gegrüßt!
Der im Glanz der Sonnengluten
Majestätisch meerwärts fließt.
Deine mächt'gen Wasser brausen
    heute noch durchs breite Thal
Wie vor Jahren, als sie Hermann
    staunend sah das erste Mal.

Ach! es kleidet ernste Trauer,
Flottenträger, heute dich!
Einsam lehnt der Dämme Mauer
Halb zerstört ans Ufer sich.
Keine Negerschwärme ziehen
    mit den Pflügen durch das Feld:
Unkrautüberwuchert liegen
    die Plantagen, unbestellt.

Aus den hohen Schloten steigen
Nicht mehr Qualm und Silberdampf;
Nicht die Klänge froher Geigen
Tönen zu dem Tanzgestampf.
Längst verstummt sind schon die Lieder
    in der lust'gen Schwarzen Mund,
Die sie sonst im Chore sangen
    in der frühsten Morgenstund.

Wo sind aufgetürmt die Ballen
Auf der Schiffe schwimmend Heer?
Deine stolzen Dampf-Vasallen,
Die den lärmenden Verkehr
Eines halben Erdteils trugen,
    deren ungezählte Reihn
Über deine Wälder sprühten
    ihrer Essen Flammenschein?

Handel, Wohlstand sind vernichtet,
Glück und Frieden sind entflohn.
An den Ufern hat errichtet
Aufruhr seinen blut'gen Thron.
Von den Hügeln dräut Verderben,
    der Geschütze Donner hallt,
Erzgepanzerte Kolosse
    schleichen hin am finstern Wald.

Grauf'ge Jahre werden kommen.
Aus dem ew'gen Schicksalsbuch
Ward das Urteil schon vernommen,
Düster wie ein Weltenfluch.
Jene Hügel, jetzt so trotzig,
    werden schlüpfrig sein von Blut,
Deine Wasser, Mississippi,
    wie des Roten Stromes Flut!

Doch, wenn du zum Meer getragen
All die Thränen, Angst und Qual,
Wird die Zeit der Freiheit tagen,
Friede sein in deinem Thal;
Und aufs neue wird erblühen
    rings in deinem weiten Reich,
Strom der Ströme, Glück und Segen
    tausendfältig, märchengleich! — —

Wie ist die Zeit so schnell entflogen,
Seit Hermann dich zum ersten Mal
Geschaut am weiten Stromesbogen,
O Halbmondstadt, im Sonnenstrahl!

Du hattest gastlich ihn empfangen,
Mit Glanz berückt ihm Herz und Sinn;
Er sah im Festgewand dich prangen,
Des Südens heitre Königin.

Jetzt kehrt mit Bangen und mit Trauern
Zu dir der Wandersmann zurück;
Nicht grüßet ihn in diesen Mauern
Wie ehemals des Friedens Glück.

Die Straßen geht er auf und nieder,
Der Schwermut Schatten überall!
Statt des Erklingens froher Lieder
Soldatentritt und Trommelschall.

Wo einst am breiten Strand gelegen
Die prächt'gen Dampfer, Rad an Rad,
Der Güter hochgetürmter Segen,
Blickt auf den öden Strom die Stadt;

Und wo die Neger sonst wie Bienen
Geschwärmt, da donnert mit Gekrach
Auf eines Kriegsschiffs Panzerschienen [21]
Der schweren Eisenhämmer Schlag. —

Still in einem deutschen Hause
Wohnte Hermann. Selten nur
Ging er heimlich aus der Klause,
Wie ein Jäger auf der Spur,
Forschte nach verborg'nen Wegen,
   um nach Cuba zu entfliehn
Und von dort auf offnen Pfaden
   nach dem freien Nord zu ziehn.

Widersprechende Gerüchte
Schwirrten in der Stadt umher;
Manche wilde Kriegsgeschichte
Hört' er vom Rebellenheer.
Oft beriet er mit dem Wirte,
   plante das und plante dies,
Doch kein Ausweg ließ sich finden,
   der als tauglich sich erwies.

Und er ging in diesen Tagen
Grübelnd vor die Stadt hinaus.
Einen neuen Schritt zu wagen,
Klopft' er an des Kaufherrn Haus,
Der ihm einst so treu geholfen,
   der nach Texas ihn gesandt,
Als er Hab und Gut verloren
   in dem folgenschweren Brand.

Wollt' ihn ohne Rückhalt bitten,
Ihm zu raten bei der Flucht,
Die er aus des Aufruhrs Mitten
Ohne Glück bis jetzt versucht.
Jenem war's ja kein Geheimnis,
   wie im Kriege Hermann stand,
Daß derselbe nie verläugne
   das, was er für Recht erkannt.

Cato nur, den alten Sklaven,
Traf er an in dem Palast
Mit dem Ehgespons, dem braven.
Fünfzig lange Jahre fast
Dienten sie dem Herrn mit Treue,
   der sein Haus vertraut dem Paar
Und mit seinen beiden Söhnen
   in den Krieg gezogen war.

„Massa* und die jungen Massas
Sind beim Gin'ral Lee da drauß
In Virginny bei Manassas;
Ich geb' acht hier auf das Haus

---

* Massa-Master — so pflegten die Neger ihre Herren und jeden
anständig gekleideten Weißen anzureden.

Mit der Susie!" — sprach der Grautopf,
  der, den Wedel in der Hand,
Vor der Mahagony-Thüre
  stolz als Major Domus stand.

Sehr gewählt war sein Erscheinen —
Denn ein Sonntag war's. Er trug
Heute seinen Frack, den feinen,
Lang, aus himmelblauem Tuch;
Aus der grünen Weste lugten
  Veilchen, frisch gepflückt, hervor,
Rot gestreifte Hemdenkragen
  ragten aufwärts bis ans Ohr.

Was er von dem Krieg wohl dächte?
Frug ihn Hermann. Er sodann:
Massa sagt, daß Yankees schlechte
Leute; was geht's Cato an! —
Susie! — schalt er — was thust horchen,
  alter Nigger? Ein Glas Port
Aus dem großen Glasschrank hole
  für den jungen Massa dort! —

Jener sprach: Er müsse eilen!
Schlug das Labsal dankend aus —
Länger könnt' er nicht verweilen,
Reise morgen schon nach Haus.
Von dem jungen Freund aus Texas
  sollt' er grüßen seinen Herrn! —
Cato wollt' es nicht vergessen,
  es bestellen treu und gern. —

Bitter war die Täuschung wieder,
Welche Hermann schwer empfand,
Als er, feucht die Augenlider,
Einsam auf der Straße stand.

Doch des Südens Haß erwägend,
   konnt' er nicht die Frag' umgehn,
Ob's nicht besser so gewesen,
   daß er nicht den Freund gesehn.

Durch die Stadt dann schritt er weiter.
Alle Schwarzen, die er sah,
Schauten lustig drein und heiter,
Keinem trat das Kriegsleid nah.
Massa zog ins Feld zu fechten,
   und die Arbeit war gering;
Schlafen konnten sie und essen,
   ob die Welt in Stücke ging!

Wahrlich! jene Sklaven wußten
Wenig von der Freiheit Wert,
Und des Nordens Krieger mußten
Sie befrein erst mit dem Schwert.
Ob auch Tausende der Kämpfer
   bluteten fürs Menschenrecht,
Ward davon doch nicht ergriffen
   dies erniedrigte Geschlecht. — —

Böse Botschaft ward vernommen.
Ängstlich flüstert man das Wort:
Mächtige Geschwader kommen
Übers Meer aus Chesapeakes [22] Port!
Und erst eben ward verloren
   eine Schlacht auf Shilohs [23] Feld,
Die der Führer halb gewonnen,
   als er fiel, der kühne Held!

Hermann hört's mit frohem Hoffen,
Glaubt, daß nah die Stunde sei,
Wenn der Weg zum Norden offen,
Wenn der Mississippi frei.

Wird die Flotte bald erscheinen?
   naht sich schon die Bundesmacht?
Oder wird die Hoffnung schwinden,
   wie ein Traumbild in der Nacht?

Horch! es dröhnt wie Donnerschläge
Durch die Lüfte, dumpf und schwer!
Kommt vom Golf auf grauf'gem Wege
Tobend ein Orkan daher? —
Doch, die Sonne blickt so heiter
   auf die Stadt, auf Strom und Plan,
Und kein fahles Licht verkündet,
   daß die Sturmesboten nahn.

Nein! der Feind steht vor den Thoren;
Dieses ist sein Willkommgruß!
Auf die Stadt, hat er geschworen,
Setzt er bald des Siegers Fuß.
Trommeln rasseln, durch die Straßen
   eilt das Kriegsvolk, Männer, Frau'n
Stehn in Haufen, leise redend,
   wenn besorgt sie um sich schaun.

Hermann jubelt ob der Kunde,
Wandert rastlos hin und her,
Forscht nach Neuem jede Stunde,
Horcht hinaus zum fernen Meer.
Schallen dumpf die Schüsse, hofft er,
   daß die Flotte vorwärts dringt;
Schweigt das Feuern, bangt das Herz ihm,
   daß der Angriff nicht gelingt.

Tiefer sinkt des Unheils Wage,
Lauter wird der Donnerschall.
Mächtig dröhnt's mit wucht'gem Schlage
An der Festungswerfe Wall.

An des Mississippi Mündung
    rast der Kampf; es heult und kracht
Dort der Hagelsturm der Bomben
    unablässig Tag und Nacht.

Hohn begrüßt des Nordens Flotte.
Wo des Südens Banner fliegt
Ward Britannia zum Spotte,
Und Fort Jackson nie besiegt!
Naht ein Yankeeheer verwegen
    auf dem Kamm des Uferdammes,
Werden wir's zu Boden schmettern
    wie die Garden Pakenhams![24].

Sicher sperrt die Eisenkette
Schon den Fluß; ein Höllenherd
Liegt versteckt im Stromesbette;
Bombenschiffe, stark bewehrt,
Der gepanzerte Manassas
    eilten kampfbereit stromab;
Hundert Brander sind entsendet
    für der Flotte Flammengrab!

Plötzlich schallt die Schreckenskunde:
Sieger ist Held Farragut!
Nur noch eine kurze Stunde,
Und es schwimmt die Stadt in Blut!
Jedes Bollwerk ist vernichtet;
    näher, näher hört man schon
Von den feindlichen Fregatten
    Der Kanonen Donnerton.

Bei des Aufruhrs wüsten Klängen
Eilet Hermann an den Fluß.
Wilde Menschenmassen drängen
Sich am Ufer; Schuß um Schuß

Dröhnt mit Krachen durch die Lüfte;
    aus der Menge dichtem Knäul
Schallt, als wäre los die Hölle,
    Toben, Fluchen und Geheul.

Auf des breiten Stromes Fluten,
Auf dem freien Pfad vom Meer,
Hell bestrahlt von Sonnengluten,
Kommt die Flotte stolz daher.
Seid gegrüßt, du mächt'ger Hartford
    mit dem Admiralspanier,
Brooklyn, Richmond, Pensacola
    auf dem Mississippi hier!

Wie die alten Banner wehen
Fröhlich dort im Sonnenglast!
Wie die wackern Kämpfer stehen
Dicht gedrängt vor jedem Mast!
Seht! mit Ketten sind gepanzert
    die Fregatten; schwarz empor
Wogt der Qualm, aus offnen Pforten
    Dräut das ries'ge Donnerrohr.

Sind beim Anblick von den Schiffen
Jene zorn'gen Menschenreihn
Von des Wahnsinns Wut ergriffen?
Plötzlich schallt's mit wildem Schrei'n:
Schlagt entzwei die Zuckertonnen!
    Steckt die Baumwollspeicher an!
Alles, alles sei vernichtet,
    was der Feind verwerten kann! —

Kaum noch ist der Ruf verklungen,
Schreitet schon das Volk zur That.
Feuerbrände, hoch geschwungen,
Streuen aus die Flammensaat.

Tausende von Baumwollballen
    lodern auf im ries'gen Brand;
Auf dem Pflaster liegt der Zucker,
    gleich als wär' es gelber Sand.

Seht! die Schiffskolosse gleiten
Immer näher an die Stadt.
Werden sie zur Rache schreiten,
Dieses schnöden Hohnes satt?
Nein! mit wenigem Gefolge
    tritt der Herold an das Land;
Nach dem Rathaus folgt der Pöbel,
    schimpfend, drohend, wutentbrannt.

Unbedingte Übergabe
Fordert barsch der Offizier;
Hoch vom Dach vom Flaggenstabe
Läßt er wehen sein Panier.
Höhnend reißt man es herunter,
    und die Fahne schleift im Kot;
Beifall jauchzt das Volk dem Frevel,
    ob auch schon die Strafe droht.

Endlich landen Truppenmassen,
Stellen rasch die Ordnung her;
Festen Schrittes durch die Gassen
Schreitet stolz des Nordens Heer.
Von der Flotte hallt der Jubel,
    Mississippis mächt'ge Flut
Trägt zum Meer den Ruf mit Brausen:
    Hoch dem Helden Farragut! — [25]

Wie allmählich sich die Wogen
Glätten in dem Ocean,
Wenn das Wetter fortgezogen
Und vorüber der Orkan:

Also kehren Ruh' und Frieden
    wieder ein in Stadt und Haus,
Bricht der Trotz auch der Besiegten
    oft in hellen Flammen aus.

Mag auch Wut und Haß erfüllen
Heute ihren starren Sinn,
Trauernd sich ihr Haupt verhüllen
Südens stolze Königin:
Kommen wird die Zeit, da jenen,
    mit den Brüdern neu vereint,
Das Verhängnis jener Stunden
    einst sogar als Glück erscheint.

Hermann stehn die Wege offen,
Doch umdüstert ist sein Blick,
Denn kaum wagt er noch zu hoffen
Auf der Liebe stilles Glück.
Sei's darum! er will ertragen,
    was da komme, wie ein Mann.
Ach! das Leben ist ein Rätsel,
    das kein Grübeln lösen kann! — —

Die Sonne ist mit goldnem Prangen
Am zehnten Tag im schönen Mai
Zur altgewohnten Rast gegangen,
Und traumhaft zieht die Nacht herbei.

Auf Mississippis finstren Fluten
Eilt der Matanzas rasch gen Süd;
Im Schoß verborgen prasseln Gluten,
Dem Schlot ein Funkenheer entsprüht.

Die Riesenstadt am breiten Sunde
Long Islands ist sein fernes Ziel;
Er bringt der freien treue Kunde,
Wie die Rebellin endlich fiel.

Auch viele wackre Deutsche stehen
Dort auf des Schiffes hohem Bord,
Die aus des Südens Not und Wehen
Sich flüchten nach dem sichern Nord.

Der erste Dampfer ist's, der wieder
Zum Meere braust auf offner Bahn.
Bald grüßen dich die Siegeslieder,
Dich freien, großen Ocean! —

Es wandert Hermann auf den Planken
Des schnellen Schiffs mit ernstem Sinn,
Und rastlos schweifen die Gedanken
Nach seiner fernen Liebsten hin.

Im wilden Sturm der letzten Tage
War ihm ihr holdes Bild entflohn;
Es war nicht Zeit für Liebesklage
Bei der Geschütze Donnerton.

Jetzt kehren sel'ge Wonnestunden,
Der schwere Abschied, all das Leid
Und all die Lust, die er empfunden,
Zurück aus der Vergessenheit.

Doch horche, Wandrer, mächtig schlagen
Des Renners Pulse, Dampf und Glut
Durchtoben ihn, und rauschend jagen
Die Schaufelräder durch die Flut.

Er trägt dich hin, wo jetzt die Frage
Des Schicksals löst dies große Land,
Wogegen deine kleine Klage
Nicht mehr als wie ein Körnchen Sand. —

Lustig, Renner auf den Wellen,
Lustig hin zum großen Meer! —
Seht! wie breit die Wogen schwellen!
Und der Strand, wie öd' und leer!
Schilf und Weiden sind verschwunden.
 Wie der Riesenstrom sich dehnt,
Der mit seinen trüben Fluten
 an den blauen Golf sich lehnt!

Weithin glänzt nach beiden Seiten
Der Gewässer Scheidesaum;
Wie im Wettlauf überreiten
Sich die Wellen, weiß von Schaum.
Hermann steht am hohen Bollwerk,
 atmet tief die salz'ge Luft,
Die ihm kühlt die heißen Wangen,
 neue Kraft ins Leben ruft.

Über sanfte Wogenhügel
Eilt dahin des Dampfers Rad;
Möwen schwingen schwer die Flügel,
Folgen rastlos seinem Pfad.
Lau und linde wehn die Lüfte
 von der Palmeninseln Strand.
Wollen sie den Wandrer locken
 nach der Tropen Zauberland?

Demantfunken sprühn und blinken
Nachts aus schnee'gem Flutenschaum,
Leuchten, tanzen und versinken,
Wie ein lichter Märchentraum.
Fröhlich rauschen auf die Wellen
 um des Schiffes flücht'gen Kiel,
Denn mit jeder Stunde kommt es
 näher, näher an das Ziel.

Brausend geht es jetzt gen Norden
Nach Atlantis' Wogenschwall.
Schon an Carolinas Borden
Ragt Kap Hatteras' Felsenwall.
Aus Nordosten mit Geheule
    kommt der Sturm mit wilder Wut,
Und er schleudert mit Gebrülle
    übers Deck die grüne Flut.

Tief am grauen Himmel droben
Sind die Wolken ausgespannt,
Bergehoch, mit Donnertoben,
Peitscht die Brandung auf den Strand.
Langsam um das Kap des Schreckens,
    alle Segel festgeschnürt,
Fährt der Dampfer, der der Wogen
    wucht'ge Schläge zitternd spürt.

Nach des Sturmes wildem Drängen
Wehn die Lüfte sanft und leicht,
Bis das wackre Schiff die Engen*
Des ersehnten Ports erreicht.·
Staten Islands grüne Ufer,
    Städte, Villen tauchen auf,
Tausend Masten, Dampfer, Dächer
    und der Türme goldner Knauf.

Von der Gegenwart geladen,
Kommt die alte Zeit herbei.
Hermann mit den Kameraden
Landet dort an der Bastei;
Hoffnungsvoll und frohen Herzens
    schaut er auf die neue Welt,
Deren Glanz und Zauber mächtig
    seinen Sinn gefangen hält.

----

* The narrows — die Einfahrt in die Bai von New York.

Ein Jahrzehnt ist hingeschwunden,
Seit er dieses Land betrat;
Traurige und frohe Stunden
Säumten seinen Wanderpfad:
Aber was sein Herz ersehnte,
    stilles Glück, Zufriedenheit,
Fand er nicht an seinem Wege,
    der ihn schon geführt so weit.

Wie's den Freunden wohl ergangen,
Welche einst vom deutschen Strand
Mit ihm unter Hoffen, Bangen
Zogen in dies große Land?
Wie die Spreu im Wirbelwinde
    sind sie allesamt zerstreut.
Ob nicht Einer von den vielen
    ihm die Hand zum Willkomm beut? —

Fort, ihr grübelnden Gedanken! —
Horch! ein Freudenruf erschallt! —
Auf der Landungsbrücke Planken
Tausendfacher Jubel hallt:
Denn ein mächt'ger Baumwollballen,
    den die Blicke schnell erfaßt,
Schwebt als Zeichen freien Handels
    hoch an des Matanzas Mast.

In der Riesenstadt Getriebe
Tritt nun Hermann wieder ein,
Wo die Glut der Freiheitsliebe
Aufwärts loht in hellstem Schein.
Und es wachsen gleiche Flammen
    höher noch in seiner Brust;
Daß er eins mit diesem Volke,
    wird ihm jetzt erst recht bewußt. — —

Das war im April bis in den Mai
Ein ewiger Lärm in den Gassen
Der Großstadt an der Manhattan=Bai! —
Tagtäglich eilen die Massen
Des Fußvolks dröhnenden Schritts vorbei,
Die Reiterei mit Gestampfe,
Mit rasselnden Rädern die Batterien:
Sie alle sollen nach Richmond ziehn
Zum großen entscheidenden Kampfe.

Freiwillige sind es aus jedem Staat
Des Nordens. Neu=Englands Söhne,
Sie rafften sich auf zur Mannesthat;
Es schallte das Kriegsgedröhne
Hinaus zu der Felsengebirge Grat,
Und es kamen aus Wäldern und Auen
Mit kräftigen Armen und Augen klar
Die Männer des Westens, Schar auf Schar,
Die Feinde niederzuhauen.

Auch Deutschlands Söhne vernahmen den Schall
Der schmetternden Kriegsfanfaren;
Sie reihten sich ein allüberall
Des Bundes gewappneten Scharen,
Zu hindern des herrlichen Landes Zerfall
Und auch für die Einheit zu ringen.
Es kamen sogar weit über das Meer
Die Brüder, um mit in Columbias Heer
Für die Freiheit die Waffen zu schwingen.

Das ist der gewaltige Heeresbann
Mc Clellans, mit Bannern und Fahnen, —
Einhundertundzwanzigtausend Mann!
Die sollen auf neuen Bahnen
Den Krieg, wie kühn es der Feldherr ersann,

Mit wuchtigen Schlägen beenden.
Kein stolzeres Heer in der neuen Welt
Zog je so hoffnungsvoll in das Feld,
Ingrimmig das Schwert in den Händen.

Sie waren so glücklich, in friedlicher Zeit
Des Urwalds Riesen zu fällen,
Auf üppigen Fluren weit und breit
Die goldene Saat zu bestellen,
In hundert Städten im Werktagkleid
Ein freundliches Heim sich zu schaffen,
Zu ersinnen, zu bilden tausenderlei,
Im Handel und Wandel froh und frei
Das flüchtige Glück zu erraffen.

Nun ruft sie zum Schutze der Union
Der Mann mit dem kindlichen Herzen,
Der auf dem gefährdeten Bürgerthron
Mit nagenden Seelenschmerzen
Ein langes, schreckliches Kriegsjahr schon
Die Geschicke des Landes geleitet,
Der für das Dasein des Vaterlands,
Für seiner Zukunft Größe und Glanz
Mit heiligen Waffen streitet.

Du herrlicher Mann, dein großes Herz
Mit ehernem Panzer bewehre,
Bis freudigen Schrittes heimatwärts
Sich wenden die siegenden Heere!
Gern springt von der Lippe dir ja der Scherz.
Er rette dich vorm Verzagen,
Bis endlich wieder der Sonne Licht
Mit goldenem Strahl durch die Wolken bricht
In glücklichen künftigen Tagen! — —

Hermann schrieb an seine Lieben,
Daß er nun im Norden sei,
Was vom Süd ihn fortgetrieben,
Und vom Kriege mancherlei;
Fragte auch, was sich ereignet
    auf dem andern Erdenrund,
Hoffte, daß sie alle wohlauf
    wie er selber kerngesund.

Doch von seinen Zukunftsplänen
Schrieb kein Wort er und verschwieg
Auch geflissentlich sein Sehnen,
Mitzuziehen in den Krieg:
Denn er wollte nicht bekümmern
    heut' der Seinen weiches Herz,
Nicht die frohe Botschaft trüben
    und erwecken Angst und Schmerz. —

Als er früh am nächsten Tage
Wieder auf dem Broadway stand,
Kam mit lautem Trommelschlage,
Die Gesichter sonnverbrannt,
Rasch ein Regiment geschritten.
    Nach Mc Clellans großem Heer
Zog es als der letzten eines
    jetzt hinunter an das Meer.

Deutsche waren's, blonde Recken
Aus dem Staate Michigan.
Hoch auf einem Vollblut=Schecken
Ritt der Oberst stolz voran.
Halt! — Gewehr ab! — scholl's Kommando.
    Rasselnd schlug der Kolben Wucht
Auf das Pflaster. Rührt euch! — hieß es;
    lässig ward die Manneszucht.

Hermann schaute voll Erstaunen
Auf den Obrist. Träumt' er nicht?
Wo doch — Bomben und Kartaunen!
Sah er früher dies Gesicht?
Diese Narbe an der Nase,
    diesen gelben Zottelbart,
Dieses scharfe Adlerauge
    und des Mannes trotz'ge Art?

Hans Thormählen war's! kein Zweifel!
Der als Unteroffizier
Und benannt der rote Teufel
Mit ihm diente als Fourier;
Der für saft'ge Schinken sorgte
    und gewalt'gen Ruhm gewann:
Er, der Schrecken aller Bauern
    in dem Land des Hannemann. *

Rührend war das Wiedersehen.
Donnerwetter, Lieutenant! —
Rief er, als wie Windeswehen
Hermann plötzlich vor ihm stand —
Eher hätt' ich hier am Broadway
    nach Katrinchen, meiner Braut,
Als nach meinem braven Führer
    aus dem Dänenkrieg geschaut!

Ich als Oberst hoch zu Rosse
Und mein Lieutenant in Civil
Dünkt mir fast wie eine Posse,
Wie ein rechtes Narrenspiel!
Besser wär's, Sie kommandierten
    dieses stolze Regiment,
Das den prahlenden Rebellen
    bald eins auf die Büchsen ** brennt!

---

* Spottname für die Dänen. — ** Hosen.

Hinterwäldler, Schützen, Jäger,
Kerls aus festem Korn und Schrot,
Axtschwinger, Baumstammjäger
Folgten Lincolns Aufgebot.
Geht es an das Schädelspalten,
   Donnerwetter, werden die
Drunten bei dem Neste Richmond
   in die Pfanne haun den Lee!

Mich, den lust'gen Hans Thormählen,
Der in Jütland Pulver roch,
Thäten sie zum Führer wählen.
Nu, mien Söhn! besinns di noch?
Föhr uns an! — Wi gaht all morgen
   fröh na Alexandria,
Denn in Il to Schipp na Yorktown;
   in dre Dag all sünd wi da! — *

Hermann lachte. — Alter Junge,
Dieser Vorschlag ehrt mich sehr!
Stand soeben auf dem Sprunge,
Einzutreten in das Heer.
Aber bleibe du nur Oberst!
   nimm mich mit als Adjutant,
Und wir beide zweifelsohne
   retten dann das Vaterland!

Jener schlug in seine Rechte.
Top! es gilt! ich nehm' es an!
Werden zeigen im Gefechte,
Was Alt-Holstein leisten kann!

—

* Nun, mein Sohn! du besinnst dich noch? Führe uns an! —
Wir gehn schon morgen früh nach Alexandria, dann in Eile zu Schiff
nach Yorktown; in drei Tagen schon sind wir da!

Seinen Recken aus dem Urwald
    stellt' er seinen Landsmann vor;
Ein Hurra wie Donner brauste
    auf im tausendfachen Chor. — —

Wie flattern die Sterne und Streifen heut'
    so lustig im Morgenwinde!
Es ziehn die blauen blitzenden Reihn
    durch Felder und Wiesengründe.
Geschütze rasseln dröhnend heran,
    die eilig vorüberfahren;
Auf schnaubenden Rossen traben vorbei
    die klirrenden Reiterscharen.

Fernher, wo die sieben Fichten stehn
    auf einsamem Hügelrande,
Und düster der Chickahominy
    hinströmt durch die niederen Lande,
Erschallen durch die zitternde Luft
    der Äxte und Hämmer Schläge;
Von Ufer zu Ufer baut man rasch
    die langen Brücken und Stege.

Am südlichen Waldrand blitzen auf
    die Schüsse, und Wölkchen steigen
Bald hier bald dort aus Büschen und Feld.
    Den lustigen Schlachtenreigen
Eröffnen die feindlichen Schützenreihn,
    die Brückenbauer zu jagen,
Als diese über die breite Flut
    die hölzernen Pfade schlagen.

Seht! hastig eilen hinab zum Fluß
    die Blauen in Schwärmen und Haufen,
Die über die losen Bretter geschwind
    hinklettern, springen und laufen.

16*

Schon breiten sie drüben im Feld sich aus,
    es knattern scharf die Gewehre,
Kolonnen folgen, es brüllt das Geschütz:
    im Kampfe ringen die Heere.

Der Tag ist gewonnen, der Weg ist frei!
    Bald weichen zurück die Rebellen.
Und wie nach gewaltigem Regensturm
    die Wasser toben und schwellen,
Ergießt sich der Regimenter Flut
    mit Brausen über die Brücken
Des bräunlichen Chickahominy,
    vor Richmonds Thore zu rücken. —

Das war das erste Schlachtenbild,
    das Hermann von ferne gewahrte,
Als fluchend die Deutschen ins Lager geführt
    sein Freund mit dem Zottelbarte.
Der hätte weit lieber dreingehaun,
    statt Sumners Corps zu verstärken,
Das hinten ruhig in Zelten lag
    und in flüchtig verschanzten Werken.

Im Lager herrschet Jubel und Lust,
    und deutsche Lieder ertönen;
Bald wird ja Richmond genommen sein
    von des Nordens tapferen Söhnen! —
Zwei Stunden nur, wie die Schwalbe fliegt,
    sind ferne die feindlichen Mauern;
Doch ehe die Stadt erobert ist,
    das soll drei Jahre noch dauern! —

Die Sonne, die im Abendgold
    auf Richmonds Türme schien,
Verhüllen graue Wolken heut',
    die tief vorüberziehn.

Des Himmels Schleusen sprangen auf,
   der Regen strömt mit Macht,
Es schwoll der Chickahominy,
   — und drüben rast die Schlacht!

Die Brücken riß hinweg der Strom;
   da brach der Feind hervor
Und stürzte sich mit voller Kraft
   auf zwei getrennte Corps.
Ein Kampf auf Tod und Leben ist's
   mit dem Rebellenheer,
Das siegestrunken vorwärts stürmt
   als wie ein brandend Meer.

Ins Lager sprengt ein Offizier
   und ruft nach flücht'gem Gruß:
Freiwillige zum Brückenbau
   hinunter an den Fluß! —
Der Oberst und sein Adjutant
   sie reiten rasch voran,
Und von dem ganzen Regiment
   fehlt nicht ein einz'ger Mann.

Das Schanzzeug und die scharfe Axt
   aufrafften sie im Zelt
Und Kugeltasche und Gewehr,
   und fort geht's übers Feld.
Bald sind sie alle an dem Strom,
   der braust und schäumt und grollt,
Indes vom feindlichen Geschütz
   der Donner näher rollt.

Die starken Schultern tragen leicht
   heran der Balken Last,
Die Pfähle werden eingerammt
   aufs neu' in eil'ger Hast.

Im Wasser stehn die Krieger tief.
   Nicht kümmert sie die Flut,
Die manchem reicht bis an die Brust:
   das kühlt nicht ihren Mut!

Die Äxte sausen durch die Luft;
   sie treiben Schlag auf Schlag
Die großen Nägel durchs Gebält:
   Das Echo hallt es nach.
Die Männer, die den Urwald einst
   mit kräft'gem Arm gefällt,
Ermüden bei der Arbeit nicht,
   die jetzt an sie gestellt.

Als Hermann selber eine Axt
   ergreift mit weißer Hand,
Ruft ihm aus Spaß ein Hüne zu:
   Halt ein, Herr Adjutant!
Das Brückenbau'n ist unser Fach!
   die Axt ist dir zu schwer!
Das Kommandier'n ist deine Sach',
   wenn knallt das Kleingewehr!

Thormählen, der auf seinem Roß
   sich freut auf das Gefecht,
Lacht laut, als ob er bersten sollt':
   Mien Söhn, geschüht di recht! —
Kiek to dat du nich möd di makst,
   eh'r dat wi de Rebelln
Ganz bannig op de Büchsen kloppt,
   von Dütschland wat vertelln! — *

---

* Mein Sohn, geschieht dir recht! — Sieh zu, daß du dich nicht
müde machst, eh wir die Rebellen tüchtig auf die Hosen klopfen, ihnen
von Teutschland was erzählen! —

Die Brücken stehn. Rasch sammelt sich
   am Flusse Summers Corps,
Und immer lauter hallt der Lärm
   der nahen Schlacht ins Ohr.
Zu Hilfe unsern Brüdern schnell!
   Der Schrei geht durch die Reihn;
Kommandoruf, der Wirbelschlag
   von Trommeln schallt darein.

Die Äxte fort! die Büchsen her!
   Vorwärts nun, alle Mann! —
Thormählen ruft's. — Dem Regiment
   sprengt Hermann rasch voran.
Wie das Gefecht geht, will er sehn.
   O welch ein Schreckensbild!
Verwundete und Tod und Graus
   und Flücht'ge im Gefild!

Granaten heulen, bersten rings,
   schrill pfeift das grimme Blei,
Der Schlachtruf der Rebellen gellt,
   — ein wahrer Teufelsschrei!
Die Veteranen sind's von Hill,
   die durch das Schlachtgetos'
Wie eine graue Wolke nahn
   zum letzten Siegesstoß.

Zurück! — Er hat genug gesehn! —
   Herr Oberst, rechts hinaus! —
Der hat's gehört und lenkt die Schar
   dorthin im Schlachtgebraus.
Im Sturmschritt geht's, und neuer Mut
   erfüllt der Freunde Reihn,
Als tausend Büchsen jetzt ihr Blei
   dem Feind ins Antlitz spein.

Die Grauen stutzen vor dem Gruß;
    schon weichen sie zurück:
Es steht die Schlacht. Hurra, hurra!
    Nun wendet sich das Glück!
Wie eine Sturmflut dringen vor
    mit Jauchzen übers Feld
Die Haufen all von Sumners Corps,
    das Bajonett gefällt.

Behauptet hat das Bundesheer
    Fair Oaks' zerstampften Grund.
Zehntausend liegen starr und bleich
    darauf und todeswund,
Wie hingemäht — der blut'ge Schmuck
    des letzten Tags im Mai.
Vom Regiment aus Michigan
    zweihundert sind dabei.

Bei einem toten Helden kniet
    erschüttert Hermann dort;
Ein Eisensplitter hat's gethan,
    riß ihm die Schulter fort.
Der gelbe Zottelbart ist steif
    von dem geronn'nen Blut,
Das Adlerauge sprüht nicht mehr
    in lebensfrohem Mut.

Du stiller Mann! — so sprach er ernst
    mit thränenfeuchtem Blick —
Dein Tod, es war ein Opfertod,
    so wollt' es das Geschick.
Die Freiheit war dein höchstes Ziel
    auf deinem Lebensgang:
Drum sollst du auch gepriesen sein
    in Rede und Gesang. —

Mit andern Tapfern legte man
   des Nachts beim Fackelschein
Den Freund, der ihm so teuer war,
   ins Massengrab hinein.
Schlaf' sanft! und träume, treues Herz,
   — so betete er sacht —
Beim düstern Chickahominy
   von der gewonn'nen Schlacht! — —

Auf Hermann fiel beim Regiment
   zum Obersten die Wahl;
Laut priesen seine Tüchtigkeit
   die Krieger allzumal.
Er meinte: Bess're gäb's, als ihn,
   auch sei er viel zu jung;
Doch mußt' er fügen sich der Wahl
   und der Begeisterung.

Man hob ihn auf Thormählens Roß
   und rief ihm mahnend zu:
Sei Rächer deines Waffenfreunds,
   sei unser Rächer du!
Sie sehnten samt und sonders sich,
   den Feind zu schaun aufs neu',
Zu jagen ihn auf blut'gem Feld,
   wie in dem Wind die Spreu.

Doch standen stumm in langen Reihn
   die mächt'gen Batterien.
Die Krieger mußten Schanzen bau'n
   und Schützengräben ziehn,
Stramm exerzieren Tag um Tag
   und dann den Dienst versehn,
Die Waffen putzen hell und blank
   und zur Parade gehn.

So lag im Lager lange Zeit
    Mc Clellans großes Heer,
Als ob kein einziger Rebell
    mehr zu besiegen wär'.
Der Feldherr saß in seinem Zelt
    und grübelte und sann,
Indes der Feind mit jedem Tag
    an Kraft und Zahl gewann.

Held Stonewall Jackson kam in Hast
    vom Shenandoah=Thal,
Verstärkte Longstreet, Hill und Lee,
    den Obergeneral.
Die drehten plötzlich um den Spieß;
    nun war der Teufel los!
Sie fielen auf Mc Clellans Heer
    wie Falken, Stoß auf Stoß.

Sie schlugen wie der Blücher drein,
    was Hermann baß gefiel;
Nur standen sie am falschen Platz
    und für ein schlechtes Ziel!
An jedem Morgen gings zur Schlacht,
    bis in den siebten Tag,
Zuvörderst bei Mechanicsville,
    bei Gaines am Mühlenbach.

Dort brüllte täglich das Geschütz,
    und oft war unser Held
Mit seinen Deutschen vornedran
    auf kampfumwogtem Feld.
Die Toten lagen haufenweis;
    er schien als wie gefeit,
Und unverwundet kam er stets
    auch aus dem schwersten Streit.

Mc Clellans Hoffnung auf den Sieg
   schwand ganz am vierten Tag;
Rasch zog er nach dem Jamesfluß hin,
   wo Nordens Flotte lag:
Doch ließ er in dem White Oak-Sumpf
   neuntausend noch zurück;
Die tadelten wohl nimmermehr
   des Feldherrn Mißgeschick!

Nun stand er wie ein Eber fest,
   den Hunde arg gehetzt,
Und der mit blut'gem Schaum am Maul
   die mächt'gen Hauer wetzt.
Den Malvernhügel, sein Asyl,
   kein Feind erobern kann, —
Und wäre im Rebellenheer
   ein Stonewall jeder Mann! —

O schreckliche Woche voll Weh und Leid!
Getäuschte Hoffnungen weit und breit
In Stadt und Land im trauernden Nord!
Wird nimmer denn enden der Massenmord? —
Zum siebentenmal, du tapferes Heer,
Mußt du dich morgen stellen zur Wehr.
O schlägst du zu Boden mit kräftigem Arm
Der Feinde siegestrunkenen Schwarm! —
Am Malvernhügel in dämmernder Nacht
Wacht Hermann vor der kommenden Schlacht.
Es schlummern auf nacktem Boden bereits
Die müden Soldaten allerseits;
Doch mancher fehlt, den die Erde bedeckt,
Den nie die goldene Sonne mehr weckt.
Was ward aus dem Sohn in Amerika,
Von dem ich schon lange kein Schreiben sah,
Das Kunde mir gäbe von seinem Thun?

Spricht eines Gefallenen Vater wohl nun —
Und die Mutter betet, da jüngst sie gehört
Vom schrecklichen Krieg, der alles zerstört:
Es möge der Lenker der Sternenschar
Bewahren ihr Kind vor Tod und Gefahr!
Und manches Mädchen, vom Kummer bedrückt,
Zum Himmel die ängstliche Frage schickt:
Ob ferne von ihr in der neuen Welt
Sich auch ihr Liebster zum Heere gestellt? —
Ach! Vater, Mutter und trauernde Maid,
Ihr hoffet und harret noch lange Zeit,
Bis mählich der Glauben an Wiederkehr
Zerfließt, wie die Woge im endlosen Meer! —
Durch Hermanns grübelnde Seele ziehn
Gedanken wie diese, — er kann sie nicht fliehn!
Ob bald auch er zu den Toten wohl zählt,
Wie mancher, der unter den Tapferen fehlt?
Ihm war noch nie in donnernder Schlacht
So trübe zu Mute wie diese Nacht,
Die auf Malverns Höhn er wachend ver=
        bracht. —

Schlachtgetöse und Kampfgeschrei,
Sausende Kugeln von Eisen und Blei,
Batterieen in langen Reihn,
Die von den Hügeln Flammen spei'n,
Heulende rauhe Granatensplitter,
Knatternde Salven und Trommelgewitter,
Gellende Hörner betäuben das Ohr,
Füllen die Luft — ein teuflischer Chor;
Schnaubende Rosse und stampfende Hufe,
Flüche, Hurra und Kommandorufe,
Blitzende Waffen im Pulverdampf,
Sturmkolonnen und Einzelkampf,

Wütender Angriff, Mauern von Stahl,
Tote in grausiger Massenzahl,
Blutige Wunden, verstümmelte Glieder,
Flucht und Getümmel auf und nieder —
Schrecklicher erster Julitag:
Wie ein Wetter mit Schloßenschlag,
Also braust es mit Donnergetön
Über Malverns grünende Höhn! —

Vorüber ist die grausige Schlacht,
Der schwere Sieg ist errungen;
Es flüchtet der Feind in finsterer Nacht,
Von eisernem Mute bezwungen.
Mit Leichen sind Hügel und Feld besät.
Wer zählte der Lebenden Wunden!
Zehntausend liegen wie hingemäht,
Die Opfer entsetzlicher Stunden.

Es zieht in der Nacht eine kleine Schar
Zum James hinunter mit Klagen.
Wer liegt so bleich auf der Krankenbahr,
Die zwei der Soldaten tragen?
Der Hermann ist es, dahingestreckt,
Der ritterlich tapfere Degen;
Die eroberte Fahne, die ihn bedeckt,
Beschützt ihn im strömenden Regen.

Am Abend war's und es dämmerte schon,
Da wollte den Sieg noch erzwingen
Die kühne kentucky'sche Division
Beim letzten verzweifelten Ringen.
Das Banner entriß unser Held dabei
Einem Recken im dichten Gedränge;
Der schoß, hinsinkend, den Arm ihm entzwei
Im wütenden Handgemenge.

Jetzt liegt er da wie ein fiebernd Kind,
Es schüttelt der Frost ihm die Glieder;
Aus schlecht verbundener Wunde rinnt
Das Blut auf die Erde nieder.
Der Regen schlägt in sein Angesicht,
Und stolpern die Träger zuzeiten,
So beißt er die Zähne zusammen und spricht:
Sie möchten bedächtiger schreiten.

Da stehn sie endlich am brausenden Strom,
Wo finster die Schiffe liegen;
Kein Sternlein schimmert am Himmelsdom,
Und niedrig die Wolken fliegen.
Verwundete werden in endloser Zahl
An Bord der Dampfer getragen;
Da liegen sie nun in ihrer Qual,
Zerschossen, zerhauen, zerschlagen.

Es dankt den Freunden, die ihn umstehn
Der Freund mit zitterndem Munde;
Er lauscht begierig, was Großes geschehn
Und freut sich der herrlichen Kunde.
Ihm ist's, als kling' ihm Musik ins Ohr,
Bis mählich die Sinne ihm schwinden.
Der Regen plätschert, fern singt ein Chor
Von Kriegern in rauschenden Winden. 20

Achter Gesang.

Besuch in der alten Heimat.

Auf Staten Islands [27] grünenden Höhn
Erhebt sich mit luftigen Räumen
Ein hohes Gebäude, so malerisch schön
Umschattet von mächtigen Bäumen.
Entfernt von der Großstadt Lärm und Gebraus
Ward dort es errichtet als Krankenhaus.

Die roten Mauern leuchten im Grün
Und blicken hinaus auf die Fluten,
Darauf die zerstäubten Wellen sprühn
Im Glanze der Juligluten,
Wenn mächtige Dampfer auf schäumender Bahn
Durchfurchen des Hafens smaragdenen Plan.

Am Fenster oben steht Hermann allein
Und schaut in die blauende Ferne,
Wo Häuser und Masten in dichten Reihn
Sich zeigen. Wie zög' er so gerne
Hinaus in die Welt, wie die Möwe dort,
Die schwebend sich schwinget von Ort zu Ort!

Heut' ward ihm gestattet zum erstenmal,
Ans sonnige Fenster zu gehen.
Als matt er noch dalag, gemartert von Qual,
Welch Wunder sollte er sehen?
Es beugte ein Mann sich über ihn tief,
Der Glück und Weh in Erinnerung rief.

Wie hatt' er des innigen Grußes Klang
Mit wonnigem Schauer vernommen!
Wie klopfte sein Herz so freudig bang,
Daß wieder sein Retter gekommen,
Der einmal schon bei unsäglichem Leid
Ihm Trost gebracht in trauriger Zeit!

Vom Blutverluste zu Tode geschwächt,
Die Wunde nur flüchtig verbunden,
So hatte nach Malverns heißem Gefecht
Zufällig der Arzt ihn gefunden.
Er nahm ihn vor allen in sorgliche Hut
Und stillte sofort sein quillendes Blut.

Rechtzeitig ging jener fort von Yazoo,
Eh die südlichen Truppen erschienen,
Und floh insgeheim dem Norden zu,
Als Arzt bei Mc Clellan zu dienen.
Zwölfhundert Verwundete aus der Schlacht,
Die hatt' er nach Staten Island gebracht.

Jetzt war in Geschäften der wackere Mann
Zur Stadt hinübergefahren.
Gern frug er im Namen der Kranken an,
Ob Briefe gekommen waren;
Doch unter diesen in großer Zahl
War keiner für Hermann ein einziges Mal.

Noch immer blickt dieser zum Fenster hinaus,
Da sieht er die Menschen rennen.
Das Fährboot kommt mit Wellengebraus,
Schon kann er den Arzt erkennen;
Hoch hält der Freund einen Brief in der Hand —
Einen Brief, einen Brief vom Vaterland!

Er tritt ins Zimmer mit eiligem Schritt,
Hellfreundlich die Augen ihm strahlen.
Hier, Hermann, bring' ich das Beste dir mit
Für all deine Sehnsuchtsqualen:
Einen Brief von den Deinen! Es hat ihn gebracht
Der Hamburger Dampfer die letzte Nacht.

Ich will ihn erbrechen für dich; gelähmt
Ist dir ja ein Flügel, mein Junge!
Nun lies! Nicht länger gesehnt und gegrämt!
Fort muß ich! ich steh auf dem Sprunge! —
Mit dankendem Blick sieht Hermann ihn an,
Als rasch sich entfernt der treffliche Mann.

Die Blätter durchfliegt der Kranke geschwind,
Er hält sie in zitternden Händen;
Wohlauf die Seinen noch alle sind
Und herzliche Grüße ihm senden.
Nicht ahnten die Teuren all das Leid,
Das ihn befallen in jüngster Zeit. —

Abend ist es. Goldner Schimmer
Zittert durch den offnen Wald.
Tiefe Stille herrscht im Zimmer.
Horch! wie's plötzlich brausend schallt!
Bei der Insel nah vorüber
Zieht auf schaumumspritzter Bahn
Qualmumwogt ein Riesendampfer
Nach dem blauen Ocean.

An den hohen Mastenstangen
Weht der Fahnen bunte Zier,
Und die Türme Hamburgs prangen
Neben Washingtons Panier;
Tücher winken Abschiedsgrüße,
    dichte Menschenhaufen stehn
Auf dem Deck und an der Brüstung,
    um die Ufer anzusehn.

Könnt' ich, ach! — spricht Hermann leise —
Auch auf jenem Schiffe sein,
O, wie würd' ich auf der Reise
Bald zu alter Kraft gedeihn!
Jubeln würd' ich wie kein andrer
    auf des Dampfers hohem Bord,
Schaut' ich endlich, endlich wieder
    meiner deutschen Heimat Port! —

Wie! so ernst noch in Gedanken! —
Ruft der Arzt mit lautem Ton,
Der den Rundbesuch bei Kranken
Im Spital beendet schon —
Denkst wohl an die fernen Lieben?
    Nun! was schreibt der Vater dir?
Alle wohl noch, will ich hoffen,
    in dem heimischen Revier!

Hermann nickt ihm zu und deutet
In die Ferne, wo zum Meer
Rasch das Schiff hinaus schon gleitet,
Gleich als ob's beflügelt wär'.
Kommen soll ich, schreiben alle,
    nach dem Vaterlande bald;
Und da faßte mich das Heimweh
    eben wieder mit Gewalt!

Nun! die Sehnsucht läßt sich stillen! —
Rief der Arzt — Als Schmerzenslohn
Wird man deinen Wunsch erfüllen,
Und ich dachte lange schon,
Deutsche Luft dir zu verschreiben;
    doch dein lahmer Flügel muß
Dich nicht täglich mehr gemahnen
    an den bösen Flintenschuß.

Und wie lange kann das dauern? —
Fiel ihm Hermann rasch ins Wort. —
Nun! du kommst aus diesen Mauern
Schwerlich vor sechs Wochen fort.
Hast du auch die beste Pflege,
    sonn'ge Wohnung, heitern Sinn,
Läßt sich doch Natur nicht zwingen,
    und Geduld ist Zeitgewinn.

Sprach's, und eilte rüstig weiter;
Aber Hermann sah hinaus,
Wo der stolze Wellenreiter
Sprengte durch den Wogenbraus.
Grüße mir die deutsche Erde! —
    rief er — Sag', ich käme bald,
Ehe noch die gelben Blätter
    fallen in dem Buchenwald! —

Rascher heilte Hermanns Wunde,
Als der Arzt es angesagt,
Und der Abfahrt Zeit und Stunde
Wurde länger nicht vertagt.
Seine Kräfte kehrten wieder
    und elastisch ward sein Gang;
Durch die Insel konnt' er streifen
    jeden Morgen stundenlang.

Wenn vorbei des Tages Schwüle
Und der Arzt vom Dienst befreit,
Freuten sie sich in der Kühle
Der ersehnten Plauderzeit;
Und so lauschte dieser staunend
    im Gespräch auf dem Altan,
Wie die Rose der Savannen
    seinem Freund es angethan.

Und er sprach: Mir ist's ein Wunder,
Wie die Lieb' dich oft bedrängt!
Sage, ist dein Herz von Zunder,
Daß so rasch es Feuer fängt?
Schlägt es dir in jedem Städtchen,
    wo du weilst, in Flammen auf,
Wird es bald zu Asche werden,
    wie gewöhnlich der Verlauf.

Hast du wieder solche Schmerzen,
Hoff' ich, ist's ein deutsches Kind,
Das mit liebevollem Herzen
Dich auf immerdar gewinnt.
Laß dich nicht aufs neu' bethören
    von der fremden Blumen Glanz;
Nimm dir ein bescheid'nes Veilchen
    von der Flur des Vaterlands!

Und vergesse nicht, daß nimmer
Dir verklingt dein Wiegensang,
Daß die deutsche Sprache immer
Dir mit ihrem süßen Klang
Deines Herzens Saiten rühret,
    daß kein Mund mit fremdem Laut
Sie dir jemals kann ersetzen,
    wär' es auch der Mund der Braut. — —

Die Zeit ist rasch dahingeflogen,
Der Tag zur Abfahrt endlich da.
Es sei das Kriegsglück dir gewogen,
Du teures Land Amerika! —
Wie herrlich schmücken Sonnengluten
Die Städte, Villen, Land und Fluten
Im weiten Umkreis, fern und nah!

Ermunternd steht an Hermanns Seite
Der treue Freund auf hohem Bord;
Er gab zum Schiff ihm das Geleite,
Und sprach zu ihm manch warmes Wort:
Die Reise mög' ihm wohl gelingen!
Viel tausend Grüße soll er bringen
Hinüber nach der Heimat Port!

Die Freude hatte Hermanns Wangen
Gefärbt mit ihrem ros'gen Schein.
Daß so viel Jahre schon vergangen,
Seit er in banger Seelenpein
Das ferne Vaterland verlassen,
Vermochte kaum sein Geist zu fassen,
Kaum schien es möglich ihm zu sein.

Wohl war ihm lieb und wert geworden
Die neue Welt, und all das Leid,
Das sie befiel in Süd und Norden,
Erfüllt' ihn oft mit Traurigkeit:
Doch heut' vergaß er ihre Wehen;
Er denkt an frohes Wiedersehen,
Das er ersehnt so lange Zeit.

Der Glocke lärmendes Geläute
Erklang im Schiff zum drittenmal
Für die Besucher, welche heute
Lebwohl gesagt in großer Zahl;
Sie rief die Zögernden zur Eile,

Indes am Ufer man die Seile
Entfernte schon von Pfahl zu Pfahl.

Glück auf zur Fahrt mit den Genossen! —
Sprach warm der Arzt, als Hermanns Hand
Er mit der seinen fest umschlossen —
Noch einmal, grüß' das Vaterland!
Und hör'! im Lenze komme wieder,
Erstarkt, erfrischt, gesund die Glieder,
Zu deiner neuen Heimat Strand! — —

Aus den Augen sind entschwunden
Städte, Villen, grüne Höhn,
Die sich lehnen, eng verbunden,
An Long Islands Sund so schön.
Durch der Narrows offne Pforte
    braust der stolze Dampfkoloß,
Grüßt den Ocean und bäumt sich
    wie ein wildes Steppenroß.

Als die erste Nacht ihr Dunkel
Breitet übers große Meer,
Wandelt unterm Sterngefunkel
Hermann sinnend hin und her.
Übers Bollwerk blickt er lange
    auf der Wellen Spiel und Tanz,
Deren Leuchten mehr ihn fesselt
    als der Säle Lichterglanz.

Bilder aus der Heimat ziehen
Vor ihm hin wie Zauberspiel,
Goldner, als die Funken sprühen
Um des Schiffes flücht'gen Kiel.
Seine fernen Lieben schaut er,
    malt sich aus das Wiedersehn,
Sieht sie alle freudetrunken,
    jubelnd ihm zur Seite stehn.

Spät hat ihn der Schlaf umfangen,
Aber schon beim Morgengrauu
Ist er wach, des Frührots Prangen
Auf dem Ocean zu schaun.
Wunderbar im Osten schimmert's,
    wie der schönste Rosenflor,
Und auf einmal hebt im Glanze
    sich das Tagsgestirn empor.

Sonne, die du aus den Wogen
Langsam steigst im Strahlenbrand,
Grüße hoch vom Himmelsbogen
Jetzt mein teures Vaterland!
Und du Meer, von Glut umflossen,
    sei mir eine sichre Bahn,
Daß den Hafen ich erreiche,
    eh des Sturmes Schrecken nahn! —

Horizonte kommen, sinken
Und verschwinden im Azur,
Immer neue Fernen winken
Ostwärts auf der Meeresflur.
Hermann liest die Zahl der Meilen
    jeden Mittag hochbeglückt,
Weil er sieht daß ihm die Heimat
    täglich immer näher rückt.

Röter werden seine Wangen,
Und er fühlt sich neu gestählt,
All sein Trübsinn ist vergangen,
Der so lange ihn gequält
Seine Seele, jetzt so heiter,
    nichts mehr von der Sorge weiß,
Daß er krank erscheinen werde
    in der Seinen frohem Kreis.

Als die Nacht aufs endlos weite
Meer sich senkt zum zehntenmal,
Leuchtet auf zur höchsten Freude
Fern im Ost Kap Lizards Strahl.
Drauf am Morgen steigt Europa
    aus dem Ocean empor;
Hundertfacher Jubel grüßet
    Albion im lauten Chor.

Auf den grünen Uferlehnen
Liegen Häuser, Feld und Wald,
Von den grauen Felsenzähnen
Wild die Brandung widerprallt;
Durch die grünen Wogen stürmen
    Dampfer bei der Möwen Schrei,
Mächt'ge Bauten stehn am Strande
    von Southhamptons weiter Bai.

Wie ein Kind der sonn'gen Zone
Trägst du dein smaragd'nes Kleid,
Ein Juwel in Englands Krone,
Schmuck des Meeres, Isle of Wight!
Dort in jenen Buchenhallen
    muß ein köstlich Wandern sein,
Wenn der Sang der Nachtigallen
    tönet durch den schatt'gen Hain!

Weit von Silberschaum umflossen
Rauscht die See am Felsgestad,
Endlos ringsum aufgeschlossen
Prangt der Felder goldne Saat,
Schlösser glühn wie Diademe
    auf den Waldhöhn, Schwänen gleich
Gleiten zahllos weiße Segel
    schimmernd durch das Wogenreich.

Rasch verschwinden Englands Hügel.
Dovers weiße Felswand sinkt
In der Nordsee hellen Spiegel,
Drin die Abendsonne blinkt.
Schlaflos bringt die Nacht, die letzte,
    Hermann auf dem Decke zu,
Denn des Wiedersehns Verlangen
    läßt ihm weder Rast noch Ruh.

Als der Sonne goldne Speere
Auf des Ostens Borden glühn,
Sieht er durch die weite Leere
Selten nur ein Segel ziehn.
Aber bald im Nebel tauchen
    niedre Düneninseln auf,
Näher kommt das Schiff dem Hafen
    und beruhigt seinen Lauf.

Und die Wogen werden trüber,
Und das Wachtschiff naht sich rot;
Lotsenboote fliehn vorüber,
Und es fühlt den Grund das Lot.
Möwen schweben um die Masten,
    Schiffe ankern, dichtgeschart;
Alles jubelt, daß beendet
    jetzt die lange Meeresfahrt.

Vor des Weserstromes Mündung
Schweigt der Schraube dumpf Getos',
Und des Ankers Doppelründung
Stürzt sich in des Meeres Schoß.
Hermann steht am Schanzgerüste
    auf des Dampfers hohem Bord,
Schaut mit wachsendem Entzücken
    nach dem heißersehnten Port.

Drüben sieht er auf dem Hügel
Noch die alten Mühlen stehn,
Die die langen weißen Flügel
Immer noch im Winde drehn;
Und die roten Ziegeldächer
   in der Abendsonne Glanz,
Sie verschönern gar so eigen
   ihm das Bild des Vaterlands.

An des Riesendampfers Flanke
Legt sich jetzt ein kleiner an,
Und hinab die schwanke Planke
Drängt und hastet jedermann.
Als die Sonne, groß und glühend,
   endet ihren Tageslauf,
Braust das Schifflein durch die Wellen
   rasch den deutschen Strom hinauf.

Zu des Äthers dunkler Ferne
Schwebt der Vollmond licht und klar,
Freundlich blickt das Heer der Sterne
Auf die frohe Wanderschar.
Zwischen grünen Wiesenauen
   ziehn die Fluten wie im Traum;
Um das Boot, das dampfbeschwingte,
   wogt des Wassers Silberschaum.

Dort die Stadt! — Vom Schlaf umfangen
Liegt sie nun im Schoß der Nacht.
Lieben, Hoffen, Freud' und Bangen
Sind zur Ruhe längst gebracht;
Aber mit dem Tageslichte
   wacht sie auf voll Thatendrang,
Der dem Fleiß der deutschen Hände
   einen Weltmarkt längst errang.

Hermann irrt im Mondenlichte
Durch die enge Stadt noch spät;
Ernst, mit ehernem Gesichte,
Grüßt ihn Rolands Majestät.
Auf den Wällen geht er träumend,
    atmet süßen Blumenhauch,
Und ihm flüstern ihr Willkommen
    Blatt und Blüte, Baum und Strauch.

Hoch am Firmamente schweben
Wölkchen, zart wie weißer Flaum,
Die nach Nordalbingien streben,
Segelnd durch den Himmelsraum.
Lichte Boten, die ihr schimmernd
    wandelt durch das Luftrevier,
Grüßt die meerumschlung'nen Lande,
    grüßt mein liebes Holstein mir! — —

Wo nahe an Hamburgs Thoren
Das ruhige Altona liegt
Und wie in Träumen verloren
Sich eng an die Weltstadt schmiegt:
Dort steht an einsamer Gasse,
Entfernt von des Handels Braus,
Mit seinen Erkern und Giebeln
Ein altes Backsteinhaus.

Am Abend im Dämmerlichte
Hat Hermann dasselbe erreicht.
Wie strahlt ihm das Glück im Gesichte!
Wie ist ihm so fröhlich, so leicht! —
Der Hausherr tritt ihm entgegen
Und fragt nach seinem Begehr.
Er sagt: ich komme als Bote
Vom Bruder weit über das Meer.

Und kaum ist die Antwort verklungen,
Die jenen erschreckt wie ein Blitz,
Hält Hermann ihn fest schon umschlungen:
Ich selber ja bin es, mein Fritz!
Der drückt ihm beseligt die Hände,
Bald kommt auch sein Frauchen geschwind
Und hängt ihm am Halse und weinet
Und lacht wie ein glückliches Kind.

Es tönen die Stimmen der Buben,
Des Schwesterchens jubelnd darein;
Sie rennen hervor aus den Stuben,
Beim Willkomm zugegen zu sein.
Die Kinder frohlocken und rufen:
Der Onkel, der Onkel ist da,
Der jahrelang fortgewesen
Im fernen Amerika!

Bald sind bei der Lampe Schimmer,
Die grünlich durch Flortuch scheint,
Im kos'gen Familienzimmer
Die glücklichsten Menschen vereint.
Es naht sich der alternde Kastor
Dem Wandrer und leckt ihm die Hand
Und schmeichelt und knurrt vergnüglich;
Gleich hat er ihn wiedererkannt.

Kaum kann sein Bruder es fassen,
Daß den als Mann er gewahrt,
Der einst die Heimat verlassen
Als Jüngling im flaumigen Bart.
Der Schwägerin perlen im Auge
Die Freudenthränen so hell,
Sie eilt, das Beste zu holen, —
Wie deckt sie die Tafel so schnell!

Wein holt man herauf aus dem Keller,
Vom Glasschrank auch den Pokal;
Gefüllt sind Schüsseln und Teller,
Und herrlich mundet das Mahl.
Man trinkt auf das Wohl des Gastes;
Erzählen muß er sofort.
Er redet von Pflanzern und Sklaven,
Vom Krieg zwischen Süden und Nord.

Voll Grausen, in Staunen verloren,
Vernehmen sie alle die Mär
Der Schlachten vor Richmonds Thoren,
Des Kampfs mit dem südlichen Heer;
Sie lauschen verhaltenen Atems,
Wie nach der entsetzlichen Schlacht
Im Regensturm die Genossen
Verwundet aufs Schiff ihn gebracht.

Der Schwägerin bleichen die Wangen.
Sie mahnt ihn mit Worten so warm,
Zu balgen sich nicht mit den Rangen,
Und sorglich zu schonen den Arm.
Die Narben will man betrachten.
Fritz schauert's; er denkt dabei:
Vokabeln zu lehren ist besser,
Als Schießen mit Pulver und Blei!

Ein anderer Marko Polo,
Spricht Hermann vom fernen Land:
Vom Häuptling Ho=pot=le=ho=lo, [28)]
Orkanen und Präriebrand,
Vom mächtigen Mississippi,
Von dämmernder Urwaldsnacht,
Der Wettfahrt auf bebendem Dampfer,
Von Südens bezaubernder Pracht.

Die Kinder horchen im Kreise,
Gespannt, mit ernstem Gesicht,
Bis endlich die Mutter leise:
Ins Bett jetzt, ihr Lieben, spricht.
Ein Kuß noch; es knarren die Stufen,
Bald löscht man die Lichter aus.
Die Wächter rufen schon zwölfe —
Still ist's nun im alten Haus. —

In des Bruders Heim verweilet
Hermann wen'ge Tage nur,
Und zum lieben Vater eilet
Er gen Nord durch Holsteins Flur.
Donnernd auf dem Eisenpfade
    geht's durchs meerumschlung'ne Land,
Das ihn herzog zu den Lieben
    von des neuen Weltteils Strand.

Seid gegrüßt mir, Moor und Haide,
Felder, Wiesen, grüne Saat,
Bunte Rinder auf der Weide,
Reiter auf dem staub'gen Pfad!
Hebt sich dort nicht eine Lerche
    in die warme Sommerluft?
Ob sie wohl mir aus dem Himmel
    schmetternd ein Willkommen ruft?

Eile Dampfroß! — Seht! zur Linken
Ragen hoch zwei Türme auf;
Ihre Wetterhähne blinken
Immer noch auf goldnem Knauf.
Wie so oft in meinen Träumen
    sah ich jener Türme Bau!
Über meiner Jugend Wiege
    streben sie ins Himmelsblau.

Grüßet mir das Haus, das traute,
Mit dem roten Doppeldach,
Wo ihr Nest die Schwalbe baute
Bei des Knaben Schlafgemach;
Wo im Hof er oft am Morgen
      an den Küchlein sich gefreut,
Ihnen Korn und Krumen lockend
      auf die Erde hingestreut.

Grüßt mir auch die mächt'gen Linden
Und den Garten, blumenreich,
Drin die Pfade hell sich winden
Um den Rasen, sammetweich;
Meine breiten Apfelbäume,
      von der Früchte Last gebeugt,
Jene Pappel, deren Wipfel
      schlank empor zum Himmel steigt.

Blicket über grüne Matten
Nach dem Friedhof dann hinab,
Wo im Trauerweiden=Schatten
Liegt der Mutter stilles Grab:
Bringt von mir ihr tausend Grüße,
      sagt ihr, aus der neuen Welt
Kam ihr Jüngster nach der Heimat,
      die sein Herz in Banden hält. —

Wo der Ostsee blauer Spiegel
Einem stillen Landsee gleich,
Und im Rahmen grüner Hügel
Sich verengt ihr Wogenreich:
Taucht vor Hermanns Augen plötzlich
      auf das heißersehnte Kiel,
Mit den roten Ziegeldächern
      schimmernd in dem Wellenspiel.

Träume großer Zukunft schweben
Auf der prächt'gen Meeresbucht,
Deren Fluten sanft sich heben,
Sicher vor der Stürme Wucht.
Selten kommen stolze Schiffe
    von dem Ocean hierher,
Küstenfahrer nur vermitteln
    mit den Inseln den Verkehr.

Näher aber rückt die Stunde,
Wenn von hieraus thatenkühn
Durch die weite Erdenrunde
Deutschlands Schlachtfregatten ziehn.
Mächt'ge Flotten wirst du tragen,
    schönste Bai im deutschen Land!
Hohe Bauten werden krönen
    deinen grünen Uferrand!

Grüßend von des Elbstroms Borden,
Wird ein neuer Wellenpfad
Hier vermählen Süd und Norden
An dem baltischen Gestad;
Und es werden dann die Bilder
    der ersehnten großen Zeit
Ganz erblassen vor dem Glanze
    neu erstand'ner Herrlichkeit. —

Hermanns Vater zog vor Jahren
Nach der alten Seestadt schon
Und genießt in Silberhaaren
Nun des Lebens Ehrenlohn.
Aus dem ruh'gen kleinen Orte,
    wo der Kinder Wiege stand,
Rief ihn fort zu Amt und Würden
    liebevoll das Vaterland.

Selig hielt er fest umfangen
Seinen Jüngsten lange Zeit,
Küßte ihn auf Mund und Wangen,
Übermannt von Zärtlichkeit;
Auch die beiden Schwestern wußten
    sich vor Glück zu fassen kaum,
Immer wieder auf ihn blickend,
    ob sein Kommen nicht ein Traum.

Einfach, vornehm war das Leben
In des Bürgermeisters Haus,
Und ein geistiges Bestreben
Ging von seinem Kreise aus.
Hermann wurde durch den Vater
    mit Besuchern gleich bekannt
Als ein würdiger Vertreter
    von dem großen Freiheitsland.

In dem Kreis von Professoren
Und Beamten, hochgestellt,
Dünkt' er anfangs sich verloren,
Wie in einer fremden Welt;
Doch es wuchs sein Selbstvertrauen,
    als ihm wurde offenbar,
Daß sie vieles noch nicht wußten,
    was ihm längst bekannt schon war.

Zuverlässige Berichte
Gab er von dem Bürgerkrieg,
Der die Sklaverei vernichte,
Ob auch fern des Nordens Sieg.
Von den heil'gen Menschenrechten
    sprach als freier Mann er gern,
Und besorgte Blicke warfen
    oft sich zu die feinen Herrn.

In das offne Haus des Alten
Kommen die Verwandten schon,
Strenge Musterung zu halten
Über den verlor'nen Sohn.
Vom Amerikaner raunet
    man sich zu gar mancherlei:
Ob er einen Harem halte?
    wohl ein Sklavenhändler sei?

Wenn er mit den Herrn vom Adel
Redet wie auf Du und Du,
Hört man mit verhalt'nem Tadel
Seinen schroffen Worten zu.
Ehrfurcht scheint er nicht zu kennen;
    aber dennoch fesselt er
Durch sein freies offnes Wesen,
    durch sein Wissen mehr und mehr.

Auf der Fahne Siegeszeichen,
Die vom Krieg er mitgebracht,
Die mit scharfen Schwertesstreichen
Er erobert in der Schlacht,
Schaun sie öfters mit Bewundern;
    doch mit Schaudern hören sie,
Wie man ihm den Arm zerschossen
    in der Mordschlacht gegen Lee.

Mit den Schwestern, die im Hause
Fleißig schalteten, besprach
Manches er in stiller Klause,
Was ihm mehr am Herzen lag.
Vieles wußten sie zu melden,
    was im Vaterland geschehn
Seit er weg war, daß der Fortschritt
    hier auch allerwärts zu sehn.

Auch der Bruder war erschienen
Mit den Kindern, Hermanns Lust;
Helle Freude strahlte ihnen
Aus den Augen, unbewußt.
In den sonst so ernsten Räumen
    scholl, wie niemals noch zuvor,
Lachen, Jauchzen und Getrampel
    laut an der Erwachs'nen Ohr.

Wundervoll ließ Fritz ertönen
Am Klavier Beethovens Klang,
Der vom Reich des ewig Schönen
Mächtig in die Herzen drang.
Poesie, die glanzbeschwingte,
    hob die Geister wie im Traum
Mit des Meisters Zauberklängen
    aus des Hauses engem Raum.

Alle miteinander gehen
Nun zum hohen grünen Wald,
Wo die hellen Buchen stehen,
Und der Spechte Hämmern schallt.
Lärmend jagen sich die Knaben
    über den bemoosten Grund,
Und die kleine Schwester jauchzet
    hinterdrein mit frohem Mund.

Emsig pflückt die Schar der Damen
Manchen blau=weiß=roten Strauß,
Daß des Vaters Fensterrahmen
Prange wie sein Gartenhaus.
Neben duft'gen Hyacinthen
    glänzen auf dem Blumenbort
Bunte Tulpen, Purpurrosen
    schwesterlich am sonn'gen Ort.

Mit dem Vater streift alleine
Hermann oft durch Wald und Flur,
In dem goldnen Sonnenscheine
Durch die blühende Natur.
Rüstig wie ein Jüngling schreitet
    noch der siebzigjähr'ge Greis,
Dessen schönes Haupt von Locken
    dicht umrahmt ist, silberweiß.

In den alten Ulmengängen
Wandeln sie auf schatt'gem Pfad;
Blaue Meereswogen drängen
Plätschernd sich an dem Gestad.
Regen Geistes ist der Alte,
    der mit Vaterstolz gewahrt,
Daß sein Sohn im fremden Lande
    treu verblieb der deutschen Art.

Auf die höchsten Hügel steigen
Sie im Abendsonnenglanz.
Hermann blickt mit ernstem Schweigen
Auf der Wellen Spiel und Tanz.
Wie die Wogen ruhlos wandern
    ist sein Leben, viel bewegt,
Bald vor Freude überrauschend,
    bald vom Sturmwind aufgeregt. — —

Als dahin die flücht'gen Stunden
Nach dem ersten Freudenbraus,
Hatt' ein stilles Heim gefunden
Hermann in des Bruders Haus.
Abschied nahm der Sommer, tiefer
    stand die Sonn' am Himmelszelt,
Und der Herbst, der braungelockte,
    zog bereits durchs Stoppelfeld.

Gern am Elbestrand spazieren
Hermann und sein Bruder Fritz,
Und ihr eifrig Disputieren
Weckt gar manchen Geistesblitz.
Jener beut im Wortgefechte
      dem Gelehrten kühn die Stirn
Und verwirrt durch kecke Schlüsse
      oftmals dessen weises Hirn.

Dann mit Wehmut klagen beide,
Daß die Zeit so trübe noch,
Reden von der Heimat Leide,
Seufzend unterm Dänenjoch;
Aber schmerzlich auch besprechen
      sie das gräßliche Geschick,
Das die neue Welt betroffen
      nach der Friedensjahre Glück.

Daß der Staatenbund vernichtet,
Scheint dem Älteren gewiß.
Nimmermehr wird aufgerichtet —
Spricht er —, was der Haß zerriß!
Sklaverei im freien Lande
      ist der ew'gen Zwietracht Saat,
Ist ein Hohn auf Menschenrechte
      in dem großen Bürgerstaat.

Hermann drauf: Du irrst! — Im Kriege
Wird die Sklaven man befrein,
Und des Südens Pyrrhussiege
Leiten sein Verderben ein.
In des Nordens freien Staaten
      wohnt ein trotz'ger Menschenschlag,
Wird die Einheit neu begründen,
      komme, was da kommen mag!

Daß er längst sich fest entschlossen
Wieder in den Krieg zu gehn,
Den bedrängten Kampfgenossen
Wieder treu zur Seit' zu stehn,
Hatt' den Seinen er verschwiegen.
   Für die Trauer war es ja
Früh genug, daß er sie rufe,
   wenn die Abschiedsstunde da!

Als die Tage sich verkürzten,
Und die Schwalben fortgeflohn,
Kalte Regengüsse stürzten
Aus den grauen Wolken schon:
Fanden im Familienkreise
   abends bei der Lampe Schein
Im geräum'gen warmen Zimmer
   sich zusammen groß und klein.

Vor den Vater hin, den lieben,
Trat der Kinder muntre Schar,
Zeigten ihm, was sie geschrieben,
Ihnen aufgegeben war;
Und es lasen dann die Knaben
   laut in Campes Robinson.
Schwesterchen ist überglücklich,
   daß die Ziege lief davon.

Doch der Kuckuck in der Nische
Ruft schon neun mit lautem Mund;
Drum, ihr Kinder, fort vom Tische.
Denn es ist die Schlafensstund!
Steckt auch Freitag seinen Finger
   in den Kochtopf just hinein,
Um das Brodeln zu ergründen —
   heute laßt genug es sein!

Noch ein Kuß, den Elternherzen
Süße Lust, dann hübsch und nett
Wie's geziemt zur Hand die Kerzen
Und treppauf ins warme Bett! —
Aber jetzt mit leisen Tritten
    ziehn die Musen ins Gemach,
Rufen aus vergang'nen Zeiten
    goldene Erinn'rung wach.

Eine Zahl von losen Blättern
Fand auf einem Bücherstand
Jüngst der Bruder Fritz, die Lettern
Halb vergilbt, von Hermanns Hand.
Dieser Fund, ganz unerwartet,
    sollte in des letztern Brust
Halb erlosch'ne Glut entzünden,
    wecken neue Schaffenslust.

Von dem Vater erbten beide
Ihren Drang zur Poesie,
Die im Glück wie auch im Leide
Ihnen Kraft und Stärke lieh.
Was in frühen Jugendtagen
    Hermann dichtete, das gab
Ihm mit Lächeln nun der Bruder —
    einen Schatz aus staub'gem Grab.

In dem lichterfüllten Raume
Schaute Hermann groß ihn an
Und versank im wachen Traume
In der alten Lieder Bann:
Jener halb vergess'nen Lieder,
    die er einst begeistert sang,
Eh die Pflicht ihn unerbittlich
    in den Kampf des Lebens zwang.

O Frühling meiner Tage,
O Lenz, o Blütezeit,
O könnt' ich fest dich bannen
In alle Ewigkeit!

Die Welt, sie rauscht von Liedern,
Von Liedern bebt die Brust;
Mein Inn'res hallet wieder
Von lauter Lieb' und Lust.

Die Sonne, Mond und Sterne
Und alle Erdenpracht,
Ich glaube, für die Jugend
Sind sie allein gemacht.

Kein Bangen und kein Sorgen
Schleicht sich ins Herz hinein;
Ein ew'ger Frühlingsmorgen
Däucht mir die Welt zu sein.

Die Gegenwart so glücklich!
Die Zukunft, wunderhold,
Sie winkt in tausend Formen
Im lichten Sonnengold!

O Frühling meiner Tage,
O Lenz, o Blütezeit,
O könnt' ich fest dich bannen
In alle Ewigkeit! —

Als die Worte ausgeklungen,
Die bewegt und laut er las,
Fühlt' er sich von Glut durchdrungen
Bei der Freude Übermaß.
Dankend, voller Rührung faßte
    schnell er seines Bruders Hand,
Der aufs neue ihn geleitet
    in der Dichtkunst Zauberland.

Aus der Lyra goldnen Saiten
Tönte bald manch junges Lied,
Wie es in den früh'ren Zeiten
Selten nur so wohl geriet.
Strengen Maßstab legten beide
    an der Verse Geist und Schwung,
Eiferten im regen Streite,
    schürten die Begeisterung.

Hermann dünkten alle Tage
Sonnig in des Bruders Haus,
Zog auch wild beim Schneegejage
Schon der Nord zum Herrschen aus.
Nur wenn neue Unglückskunde
    von dem Bürgerkriege kam,
Ward hinweggescheucht die Freude
    von der Sorge, von dem Gram.

Auf verschneiten Pilgerpfaden
Fuhr er oft für sich allein
Nach den baltischen Gestaden,
Bürgermeisters Gast zu sein.
Was er neues jüngst gedichtet,
    trug er dort begeistert vor,
Und der Vater mit den Schwestern
    lauschten ihm mit offnem Ohr.

Eines Abends, als vom Himmel
Flocken fielen sanft und leis,
Im unendlichen Gewimmel
Färbten Luft und Erde weiß:
Trat von einem Wanderzuge
    Hermann ein beim Bruder Fritz,
Schüttelte den Schnee vom Mantel,
    nahm am Ofen seinen Sitz.

Aus dem kleinen stillen Orte,
Wo der Brüder Wiege stand,
Bracht' er warme Willkommworte
Nach der Stadt am Elbestrand.
Jene Räume, Fluren, Pfade,
  die als Knabe er verließ,
Sah als ernster Mann er wieder, —
  seiner Jugend Paradies.

In der Lieben frohem Kreise
War er sonderbar erregt.
Ob ein Nachklang von der Reise
Wohl sein Herz so tief bewegt?
Plötzlich legt' er lose Blätter
  zögernd in des Bruders Hand,
Bat ihn, deutlich vorzulesen,
  was darauf geschrieben stand.

Rasch zum lieben Vater kamen
Die geweckten Kinder nun,
Und die Mutter ließ am Rahmen
Ihre ems'ge Nadel ruhn.
Stille ward's, und alle horchten.
  In der Lauscher Herzen drang,
Was mit warmen Worten Hermann
  von der teuren Heimat sang.

I.

Als ich in ferne Lande zog
Vom lieben Vaterhaus,
Wie sah die Heimat dazumal
Doch gar so anders aus.

Die alten Häuser find' ich nicht,
Die Straßen kenn' ich kaum;
Der Spielplatz meiner Knabenzeit,
Ist's dieser enge Raum?

Der Garten, der so lieb mir war,
Und all die Blumen drin,
Der Rasen und der Apfelbaum,
Sie sind dahin, dahin.

Wo die Terrasse hoch und schön
Im Lindenschmucke stand,
Hat man ein Gasthaus hingebaut
Mit roter Backsteinwand;

Und wo ich sonst mit munterm Sinn
Als frohes Kind gespielt,
Da hab' ich nun, ein fremder Mann,
So einsam mich gefühlt.

So wandl' ich langsam, denke still
An alte Zeit zurück.
Vergebens such' ich trauernd hier
Nach dem verlor'nen Glück.

II.

Warum bin ich so traurig denn,
Warum der trübe Sinn?
Viel liebe Freunde find' ich ja,
Seit ich gekommen bin!

Man hat mich hier so warm begrüßt,
Wo meine Wiege stand,
Und die Bekannten schütteln mir
So freudevoll die Hand;

Und alt und jung beneiden mich,
Den weitgereisten Mann,
Der von der fernen fremden Welt
So viel erzählen kann.

Man ladet mich von Haus zu Haus,
Ich bin ein lieber Gast;
Der beste Wein wird mir kredenzt
Mit herzlichem Toast.

Drum sei der Schwermut Sklave nicht,
Der trüb' ins Leben starrt!
Genieße froh, was dir beschert
Die heitre Gegenwart!

III.

Das Elternhaus betrat ich,
Das Linden hoch umstehn.
Ich mußt' es vor dem Scheiden
Noch einmal wiedersehn!

Ich sah die trauten Stuben,
Wo ich gespielt als Kind;
Ist's möglich, daß die Räume
So klein geworden sind?

Gewiß, es sind dieselben,
Wo ich getobt, gescherzt,
Wo mich die gute Mutter
Geliebkost und geherzt.

Doch find' ich sie nicht wieder
Am alten trauten Ort;
Mich grüßt im Elternhause
Der Fremden höflich Wort.

Wohl scherz' ich und erzähle,
Was ich erlebt und sah
Von Krieg und Abenteuern
Fern in Amerika;

Doch ach! das Herz bleibt traurig.
Ich denke mehr als je:
Wie flüchtig unsre Freuden,
Wie dauernd unser Weh!

IV.

Wie bist du groß geworden,
So stattlich und so schön!
Als kleines Mädchen sahst du
Ins ferne Land mich gehn.

Kaum kenn' in dir ich wieder
Mein Schätzchen, zart und fein,
Darf nicht mehr Du dich nennen,
Nicht allzuherzlich sein.

Einst lauschtest du im Garten
Am blumenreichen Hang,
In schattig kühler Laube
Auf meiner Lieder Klang.

Die Laube ist verschwunden,
Die Blumen sind dahin,
Der Jüngling ward zum Manne
Mit lebensernstem Sinn.

Doch jene goldnen Stunden
Und halb vergess'nes Glück
Rief mir, da ich Dich schaute,
Dein holdes Bild zurück.

Leb' wohl! und mögen Freuden
Mit dir durchs Leben ziehn,
Und immer Purpurrosen
Auf deinen Wangen blühn!

V.

Des Winters eis'ge Blumen blühn
Am Fenster weiß und licht,
Schneeflocken jagen durch die Luft
Im Sturme schnell und dicht.

Sonst war mir lieb die Winterzeit,
Die schneebedeckte Flur,
Wenn ich mit klingelndem Gespann
Im raschen Schlitten fuhr.

Jetzt denk' ich an ein fernes Land,
Voll Glanz und Blütenduft,
Wo der Magnolien süßer Hauch
Durchzieht die milde Luft.

Wohl trieb die Sehnsucht mächtig mich
Zur alten Heimat her,
Doch wie als Knabe ich sie sah,
Seh ich sie nimmermehr.

Des Südens Glanz und Blumenpracht
Hat mir den Sinn berückt;
Zur Fremde ward die Heimat mir,
Die einst mich hoch beglückt.

VI.

Der lieben Mutter stilles Grab
Fand ich mit Schnee bedeckt.
Tief ist ihr Schlaf, von meinem Schritt
Ward sie nicht aufgeweckt.

Wie oft hab' ich im fernen Land
In einsam stiller Nacht
An das verlass'ne teure Grab
Des Mütterchens gedacht!

Ihr Segen folgte allwärts mir,
Wo ich auch weilte, nach,
Und schirmte mich wie starke Wehr
An manchem schweren Tag.

Bald trägt mich wieder fort gen West
Das sturmumbrauste Boot;
Mich ruft zurück vom deutschen Strand
Der neuen Heimat Not.

Du schlumm're sanft im kühlen Grund,
Geliebtes Mütterlein!
Es soll dein Bild mein Talisman
Für alle Zukunft sein.

Schweigen herrschte, banges Ahnen,
Als das letzte Wort verklang,
Denn es sprach ein ernstes Mahnen
An den Abschied aus dem Sang.
Jedem wird es schwer im Herzen,
    daß auf Erden kein Bestand
Frohen Glücks, daß Hermann scheide,
    ach! so bald vom Vaterland.

Selbst der Kinder heitres Wesen
Trübt sich plötzlich; aus dem Blick
Ihrer guten Eltern lesen
Sie ein nahend Mißgeschick.
Sinnend, grübelnd geht im Zimmer
    Hermann langsam auf und ab,
Voll Bedauern, daß dem Bruder
    heut' er diese Lieder gab.

An die Fenster schlagen Schloßen,
Und des Wintersturms Gebraus
Rast auf wilden Wolkenrossen
Um das alte Backsteinhaus.
Noch ein Händedruck — und schweigend
    suchen all' ihr Schlafgemach;
Doch der Trennung Schmerzgedanke
    hält sie lange Zeit noch wach.

Neunter Gesang.

Gettysburg, Frieden und Lincolns Tod.

Wir kommen, Vater Abraham!
  Dreihunderttausend mehr![29]
Entschloss'nen Mutes füllen wir
  die Lücken in dem Heer! —
So scholl es laut in Hermanns Ohr
  auf jedem Weg und Pfad,
Als er New York, die mächt'ge Stadt,
  zum zweiten Mal betrat.

Wie ward das Scheiden ihm so schwer
  vom alten Vaterland,
Wo er des Friedens stilles Glück
  im Kreis der Seinen fand;
Sie standen weinend um ihn her,
  als er das Schiff bestieg,
Sie wußten ja, daß wiederum
  er ziehe in den Krieg.

Zur Abfahrt rief ein schriller Pfiff. —
    Lebt wohl! auf Wiedersehn!
Und Hermann sah mit tiefem Leid
    die Schar der Lieben gehn.
Ein Windstoß fegte durch die Raa'n,
    ein leiser Regen fiel,
Und bald durchschnitt den grünen Schwall
    des stolzen Schiffes Kiel. —

Wir kommen, Vater Abraham! —
    so sang der Männer Mund,
Ich komme auch! — so rief er laut —
    bin wieder stark, gesund!
Ich komme auch, Columbia!
    mein Arm, er sei auch dein!
Der eig'ne Schmerz, wie dünkt er mich
    vor deinem Weh so klein! — —

Hermann konnte kaum erfassen
All das grenzenlose Leid,
All das Elend, all das Hassen,
Das er schaute weit und breit:
Und kein Ende abzusehen
    von dem thränenvollen Krieg!
Wie in weite Nebelferne
    rückte der ersehnte Sieg.

Und es wuchs das Männermorden
In den Schlachten mehr und mehr;
Wie im Süden so im Norden
Blieb kein Auge thränenleer.
Von Virginias Gefilden
    bis zu Vicksburgs Schanzenwall
Scholl der Feuerschlünde Dröhnen,
    prasselte der Büchsen Knall.

Selten nur vergingen Tage
Ohne Kampf, in Waffenruh;
Doch des Kriegsglücks schwanke Wage
Neigte sich dem Süden zu.
Jeder Patriot des Nordens
 war bedrückt von Schmerzgefühl,
Denn die Opfer, die man brachte,
 führten näher nicht zum Ziel.

Rache, Haß und Liebe warben
Unabläſſig für das Heer,
Und für Tauſende, die ſtarben,
Traten andre ins Gewehr.
Geld und Waffen! Geld und Waffen!
 ſcholl der Ruf durch Berg und Thal,
Und der ganze große Norden
 ward ein einzig Arſenal.

Den Rebellen half verſtohlen
Albion für feilen Lohn,
Und die welſchen Diebesdohlen
Stahlen Montezumas Thron;
Nur Germaniens große Seele
 war von ſchnöder Selbſtſucht frei,
Hoffte auf den Sieg der Freiheit
 gegen Negerſklaverei.

Endlich hatte ja geſprochen
Lincoln das erſehnte Wort,
Das der Sklaven Joch gebrochen
Und den Sieg verhieß dem Nord.
Wie des Weltgerichts Poſaunen
 ging der Ruf durchs weite Land,
Den der Norden jubelnd hörte
 und der Süden wutentbrannt. —

Hermann hatte sich entschlossen,
In das Feld sofort zu gehn,
Mit den alten Kampfgenossen
Wieder vor dem Feind zu stehn.
Eh er fortging wollt' er sprechen
    noch den Arzt im Hospital —
Der war längst schon bei den Fahnen
    in dem Shenandoah-Thal! [20]

Daß er rasch das Meer durchschwommen
Und nach schweren Stürmen doch
Glücklich nach New York gekommen,
Schrieb er kurz den Seinen noch.
Schnell zur Reise war er fertig;
    hielt doch keine Pflicht ihn hier!
Sich zum Dienst zu stellen, fuhr er
    tags darauf ins Hauptquartier.

Seine Dienstpapiere prüfte
Still ein alter General,
Der sich ernst darin vertiefte,
Sinnend aufsah manchesmal.
Dieser staunte, daß vor Richmond
    jener junge deutsche Mann,
Der bescheiden vor ihm dastand,
    schon so hohen Ruhm gewann.

Und der Alte, schlicht und bieder,
Sprach zu ihm: es freut mich, traun,
In der Unsern Reihn dich wieder
Kräftig und gesund zu schaun!
Können gut dich hier gebrauchen!
    Bald schon rücken wir ins Feld;
Kannst in meinem Stabe dienen,
    wenn es also dir gefällt!

Hermann wandte froh die Schritte,
Nahm zum Kapitol den Pfad,
Das aus grüner Bäume Mitte
Leuchtend in die Augen trat.
Herrlich hob sich dieses Bauwerk
    in des Himmels Azurdom,
Wie der Peterskirche Kuppel
    in der ew'gen Stadt, in Rom.

Als die breiten Marmorstufen
Er hinaufstieg zum Portal,
Hört' er lautes Beifallrufen
In dem Senatorensaal.
Aus dem Kreis der Volksvertreter
    trat der Präsident hervor,
Ging, die Menge freundlich grüßend,
    langsam durch den Korridor.

Wie des Urwalds knorr'ge Fichte
Schien die ragende Gestalt;
Aus gefurchtem Angesichte
Sprach der Willenskraft Gewalt.
Milder Ernst und Herzensgüte,
    Sorge, Gram und Seelenpein
Zeichneten mit scharfem Griffel
    ihre Furchen tief hinein.

Unter jubelndem Geleite
Schritt der vielgeprüfte Mann
Dicht vorbei an Hermanns Seite,
Sah ihn festen Auges an.
Wie mir scheint, bist du ein Deutscher
    und ein guter Patriot!
Sprach er freundlich, als er lächelnd
    ihm die nerv'ge Rechte bot.

Hermann grüßte ehrerbietig,
Faßte hochbeglückt die Hand,
Als der Edle schlicht und gütig
Wie ein Vater vor ihm stand.
Nicht für Gold und Ehren tauschte
    jener diesen Augenblick;
Diesen Gruß und diesen Handschlag
    achtet' er als höchstes Glück. — —

Hörnersignale mit schmetterndem Klang,
Trommelwirbel die Straßen entlang,
Krieger mit vollem Gepäck und in Wehr
Rennend in Eile dahin und daher,
Jagende Rosse mit stampfendem Huf,
Lautes Geschrei und Kommandoruf,
Tritt von Kolonnen, der mächtig erschallt,
Kolben, rasselnd auf glattem Asphalt,
Rollende Räder der Batterien,
Reiter, die klirrend vorüberziehn:
Schlagen mit wildem Gelärm ans Ohr,
Schrecken die Bürger vom Schlummer empor.
Kam durch die Vorhut der feindlichen Macht
Glücklich ein Bote noch spät in der Nacht,
Der waghalsig als kühnster Spion
Ritt an die hundert Meilen schon.
Vor dem erleuchteten Hauptquartier
Sprang er herab vom dampfenden Tier,
Meldete Halleck* die wichtige Mär:
Nordwärts zieht das Rebellenheer
Unterm Befehl des gefürchteten Lee.
Weit schon schwärmt die Kavallerie

---

* Damals Obergeneral sämtlicher Streitkräfte der Vereinigten
Staaten.

Über den breiten Potómac hinaus,
Schrecken verbreitend in jedem Haus,
Dörfer und Farmen, fern und nah,
Brandschatzend im Staat Pennsylvania. —
Boten auf Boten jagen heran,
Melden: Wohl hunderttausend Mann
Haben gekreuzt den Potómac schon,
Sind auf dem Marsche nach Washington! —

Hermann und seine wackern Genossen
Sprengen daher auf schnaubenden Rossen,
Bringen Befehle den Offizieren:
Drei Regimenter sollen marschieren,
Sollen nach Gettysburg, ohne zu weilen,
Zu den gefährdeten Truppen eilen.
Seht! auf den Höhen flammen Fanale,
Leuchten die Zeichen der Lichtsignale!
Vorwärts! vorwärts! — Die Trommeln ertönen,
Wuchtig die Schritte des Fußvolks dröhnen,
Und es ziehen zu Kampf und Gefahren
Mutig und rasch die gewappneten Scharen. —
Stille nun wieder wird's in den Gassen.
Hoch von des Kapitoles Terrassen
Ragt die Kuppel, wie ein Phantom,
Bleich in den nächtlichen Sternendom. —

Am ersten Tag im Juli war's
    und um die Abendstund.
Von Durst geplagt, mit wenig Rast,
    die Füße matt und wund,
Doch immer fest das Ziel im Aug' —
    es galt ja Siegeslohn! —
War auf dem Marsch nach Gettysburg
    die wackre Division.

Erloschen war am Horizont
   der Sonne Feuerglut;
Es sank herab der rote Ball
   wie in ein Meer von Blut.
Nur selten grollte ein Geschütz —
   da hob im Dämmerflor
Die Kirchhofshöh' sich langgestreckt
   vor Hermanns Blick empor.

Rasch ritt der Führer dort hinauf
   und blickte scharf umher;
Wo unbesetzt der Hügel noch,
   die Stellung wählte er.
Nicht weit von einem runden Berg
   zog auf die Truppe schnell.
Herüber flammten von dem Feind
   die Lagerfeuer hell. —

Die Männer lagen hingestreckt
   in dicht gedrängten Reihn;
Bald schliefen, müde von dem Marsch,
   auf hartem Grund sie ein.
Ob sich in ihren Träumen wohl
   das Bild der Heimat zeigt?
Ob sich ein teures Angesicht
   wohl über ihres neigt?

Noch einmal auf den Rappen schwang
   sich Hermann in der Nacht
Und ritt hinaus, um anzuschaun
   das Feld der letzten Schlacht.
Der rechte Flügel war sein Ziel,
   wo jüngst das Elfte Corps
Im wilden Kampf bei Gettysburg
   die halbe Zahl verlor.

Ein Schauerbild des Schreckens bot
    der blutgetränkte Grund;
Gefall'ne lagen haufenweis'
    mit krampfverzerrtem Mund,
Verwundete in großer Zahl,
    wie Ähren hingemäht,
Dazwischen Rosse, tot und starr,
    und Waffen hingesät.

Bahrträger suchten ab das Feld
    im trüben Dämmerlicht;
Und wo vom Boden auf sich hob
    ein bleiches Angesicht,
Ein Klageruf, ein Wimmern scholl,
    da hielten sacht sie an,
Und trugen schweigend sorglich fort
    den wunden Kriegersmann.

Als Hermann langsam durch das Thal
    im Zwielicht weiter ritt,
Wo scharf ein deutsches Regiment
    mit Ewells Grauen stritt,
Vernahm er leisen Hilferuf:
    Bring' Wasser, Wasser mir! —
Aufhorchend hielt er an und stieg
    herab von seinem Tier.

Bei einem dichten Dorngestrüpp
    ein Knäul von Toten lag,
Wo mit dem Bajonett man focht,
    mit Kolben Schädel brach.
Von fünfzehn Kriegern, blau und grau,
    die sich zum Kampf gestellt,
War Einer nur am Leben noch,
    und dies ein deutscher Held.

Wo bist du her, mein armer Freund?
    sprach Hermann traurig, weich,
Als er das Haupt ihm hob, genetzt
    die Lippen, die so bleich.
Dank! tausend Dank! — erklang es schwach —
    Noch bitt ich eins von dir:
Send' nach der Heimat dieses Blatt
    als Sterbegruß von mir.

Das liebe, teure Holstein war
    der Trauerbotschaft Ziel.
Ach! welche Hoffnung ward zerknickt
    wohl dort im schönen Kiel!
Ist's die Verlobte, deren Aug'
    von Thränen überfließt,
Wenn sie beim Nachtigallenschlag
    die Jammerkunde liest?

Abseits am Lagerfeuer schrieb
    noch zögernd Hermanns Hand
In wen'gen Zeilen, wo und wie
    den Sterbenden er fand:
Dann trug zur Feldpost er den Brief
    und streckte sich ins Gras,
In dem die Halme, feucht vom Tau,
    gleich wie von Thränen naß. —

    Heeresmassen in dräuenden Reihn
    Lagern im glühenden Sonnenschein:
    Hier auf den ragenden Kirchhofshöhn,
    Die sich erstrecken so malerisch-schön,
    Dort auf den Hügeln, wo hell und klar
    Weitab schimmert das Seminar;

Zwischen den Bergen, das Thal hindurch,
Strömt ein Flüßchen, und Gettysburg
Liegt rechtshin mit zierlichem Turm,
Bang vor dem nahenden Wettersturm.
Tausende schaufeln mit emsiger Hand
Schützengräben am Bergesrand,
Schnaubende, kräft'ge Gespanne ziehn
Über die Hügel die Batterien.
Stabsoffiziere sprengen vorbei,
Ordnend, befehlend, und hoch und frei
Hält auf dem Rosse der General Meade,
Späht mit dem Glas hinüber und sieht,
Wie die gewalt'ge Rebellenmacht
Rasch sich entrollt zur entscheidenden Schlacht.
Kurz erst trägt er den Feldherrnstab,
Den dem besonnenen Führer man gab,
Daß er begegne mit kaltem Blut
Südlichem feurigem Wagemut.
Will auf natürlichem Festungswall
Trotzen des wütenden Angriffs Prall,
Will hier fest wie die Berge stehn,
Oder im Ringen zu Grunde gehn!
Doch, wie ein Tiger zum Sprunge sich streckt,
Wenn er den mächtigen Büffel entdeckt,
Welcher, die spitzigen Hörner gefällt,
Scharrend und brüllend zum Kampfe sich stellt:
Also bereitet sich Robert Lee,
Südens glänzendes Feldherrn-Genie,
Siegesgewiß zur gewaltigen Schlacht
Gegen des Nordens sich häufende Macht,
Sucht ihren schwächsten Punkt zu erspähn,
Um sie in Sturmschritt niederzumähn. —

Als die Stunden rasch entflogen,
Und der Sonne goldner Strahl
Tiefer schon vom Azurbogen
Flutete auf Berg und Thal,
Sprach der General, der alte,
    ernst zu Hermann: mir gefällt
Wahrlich nicht, daß dort die Unsern
    abwärts ziehn durchs Weizenfeld!

Sollten auf den Höhen bleiben
Und erwarten dort den Feind!
Sollten ihn hinuntertreiben,
Wenn er kecken Muts erscheint!
Sieh! da drüben wirds lebendig!
    Wollte wetten, pfeilgeschwind
Packt der See sie an der Gurgel,
    eh sie halb hinüber sind!

Doch, was mag das für ein Haufen
Hinter unsern Linien sein?
Ohne Zucht und Ordnung laufen
All' die Kerle querfeldein.
Sind Freiwill'ge, wie mich dünket;
    reit' hinüber, führ' sie an!
Denn wir haben jeden nötig,
    der nur immer schießen kann.

Hermann gab die Sporn dem Rappen
Und erreichte bald die Schar.
Holla! sagt, woher, ihr Knappen?
Wurden eurer just gewahr!
Seltsam seid ihr ausgerüstet:
    wie das Freicorps von der Tann,
Das bei Hoptrup arg verhauen
    einst den tappern Hannemann!

Sind aus Pittsburg hergekommen, —
Sprach ein Recke frank und frei —
Haben von der Schlacht vernommen,
Wären gerne auch dabei!
Sind fünfhundertsiebzig Deutsche,
    die dem Teufel Antwort stehn!
Wissen, wie die Bombardiere,
    mit Kanonen umzugehn.

Schweißten manche schon zusammen
Dort in einer Gießerei;
Die Granaten festzurammen,
Lernten wir so nebenbei.
Wie man's macht beim Waffenspiele,
    ist uns allen wohl bekannt,
Denn fast jeder von uns diente
    schon im alten Vaterland. —

Hermann sah mit stillem Staunen
Die Vulkangesellen an,
Denen von den rötlich-braunen
Backen Schweiß in Strömen rann.
Solche Schmiedehämmer-Fäuste,
    nackte Arme, dicht behaart,
Sehnen, die wie Kabelstränge,
    hatt' er niemals noch gewahrt.

Alle trugen statt der Röcke
Woll'ne Hemden, rot wie Blut,
Aufgerollt die Manteldecke,
Federn an dem schlapp'gen Hut.
In den Ledergurten staken
    Bowiemesser, scharf und schwer;
Jedem hing am breiten Riemen
    von der Schulter das Gewehr.

Und er sprach: Das muß ich sagen,
Seid ein Kriegsvolk stark und kühn!
Ohne weitres will ich's wagen,
In den Kampf mit euch zu ziehn.
Bin vom Stabe, will euch führen,
    sollt mit mir zufrieden sein;
Aber Ordnung müßt ihr halten,
    sonst — sonst schlag' ein Wetter drein!

Jubelnd rief's aus dem Gedränge:
Führ' uns an! und unverweilt
In vier Haufen, dicht und enge,
Hatt' den Schwarm er eingeteilt.
Langsam mit den vier Kolonnen
    zog durchs Feld er nach den Höhn;
Aus der Ferne immer lauter
    scholl ins Ohr das Schlachtgedröhn. — —

Was mühen die Krieger am Berge sich dort
    mit der schweren Kanone schon lange,
Die festgefahren und seitwärts liegt
    am felsigen Bergeshange?
Sie heben, sie ziehn mit einiger Macht,
    sie können die Last nicht bezwingen,
Und unten stehn der Geschütze noch mehr —
    wird niemand denn Hilfe bringen?

Hier können Rosse nicht ziehen die Last
    mit eisenbeschlagenen Hufen,
Hier können nur Männer mit Sohlen wie Stahl
    fest fassen die felsigen Stufen.
Gewahrt hat Hermann der Wackeren Not,
    ruft fünfzig herbei seiner Mannen:
Packt an! jetzt schleppt das Geschütz auf den Berg!
    jetzt gilt es, die Sehnen zu spannen!

Da stemmen sich mächtige Schultern ans Rohr,
    an den kugelgefüllten Kasten,
Und heben die schwere Kanone empor,
    gewaltsam, ohne zu haften.
Die kräftigen Fäuste erfassen den Strang.
    Frisch auf! jetzt greift in die Speichen!
Hurra! es bewegt sich bergan das Geschütz!
    bald wird es den Gipfel erreichen!

Er springt vom Rappen, erklettert den Hang,
    nachdem er den Seinen befohlen,
Die andern Geschütze ebenfalls
    ohn' Säumnis heraufzuholen.
Ihm scheint die Stellung von Wichtigkeit,
    denn vor ihm erklimmt eine Truppe
Befreundeter Schützen in großer Hast
    die ragende Felsenkuppe.

Nun steht er oben mit pochender Brust.
    Weit kann er das Thal überblicken;
Darüber erhebt sich, wie eine Bastei,
    aufragend der Bergesrücken.
Sieh! drunten, da muß das sechste Corps
    den Scharen von Longstreet weichen
Und sucht, auf beiden Flügeln bedrängt,
    die schützenden Höhn zu erreichen.

Hurra! hier protzt das erste Geschütz
    schon ab, das den Gipfel erklommen,
Und freudig hat das gefährdete Corps
    den brüllenden Ruf vernommen.
Scharfschützen kommen, ein dichter Schwarm,
    den Brüdern zu Hilfe gesprungen,
Doch können nicht stemmen des Ansturms Wucht
    die mutigen blauen Jungen.

Zurück eilt Hermann, er trifft erstaunt
    halbwegs schon die andern Geschütze;
Die Seinen ziehen daran mit Macht
    in brennender Sonnenhitze.
Die Muskeln der Arme sind gespannt,
    die braunen Gesichter glühen,
Es trieft der Schweiß von Backen und Stirn,
    es leuchten die Augen und sprühen.

Bald stehn die Kanonen auf steiler Höh'
    und senden den bleiernen Regen
Aus kugelgefülltem Schrapnellgeschoß
    der Flut der Rebellen entgegen.
Rasch schwärmen die Hünen am Bergrand aus,
    den Schützen Hilfe zu bringen,
Die dicht dort liegen; die Luft ist erfüllt
    von Kugeln, die pfeifen und singen.

Texaner klettern vom Thale herauf,
    Hoods tolle, verweg'ne Gesellen;
Ein Fest ist ihnen das Kampfgewühl,
    den wildesten der Rebellen.
Sie stürmen herauf mit gellendem Schrei
    in weit umklammerndem Bogen,
Wie brüllend und heulend ein Felsenriff
    umtoben die brandenden Wogen.

Vorm nahenden Handgemenge schweigt
    der Geschütze donnernde Stimme.
Schon zeigen verwegen sich hier und dort
    Gesichter mit teuflischem Grimme.
Ein Dutzend schwingt auf den Rand sich hinauf:
    sie haben ihn schnell erklettert,
Doch haben die Hünen mit mächtigem Arm
    sie schneller zu Boden geschmettert.

Es folgen andre. Wild sausen herab
    die Kolben, die Schädelzerbrecher,
Der Angriff stockt, das Triumphgeschrei
    wird schwächer immer und schwächer.
Schon ist vom Feinde der Abhang frei. —
    Zu Boden! und ruhig geschossen! —
Ruft Hermann; es werfen sich nieder sogleich
    zum Feuern die Kampfgenossen.

Scharf knallen die Büchsen, es hagelt das Blei
    hinunter zwischen die Grauen,
Die rennen über das Feld zurück;
    fort ist ihr Siegesvertrauen!
Und als die Kartätschen in ihre Reihn
    einschlagend sie mörderisch lichten,
Da möchten sie lieber wo anders sein,
    statt Heldenthaten verrichten.

Jetzt konnte Hermann den Gang der Schlacht
    in aller Muße beschauen;
Gesichert war der wichtige Punkt,
    beschützt von den wackeren Blauen.
Es rangen die Heere bis in die Nacht
    im männermordenden Kampfe;
Dicht waren Thal und Höhen verhüllt
    vom wogenden Pulverdampfe. —

    Leise enteilte die dämmernde Nacht.
    Wieder schon raset und tobt die Schlacht.
    Früh schon am dritten Tage begann
    Knatterndes Feuern, — die Plänkler voran.
    Heute, so geht der Ruf durch die Reihn,
    Heute noch muß die Entscheidung sein!
    Helden, die gestern der Tod bezwang,
    Liegen in Haufen am Bergeshang.

Sengende Strahlen auf Hügel und Flur
Sendet die Sonne aus blauem Azur.
Krieger, belastet mit schwerem Gewehr,
Schwanken, betäubt von der Hitze, daher,
Sinken, aufs neu' in den Kampf geführt,
Plötzlich dahin, wie vom Schlage gerührt. —
Seht! auf den Hügeln vom Seminar
Wird es lebendig, und Schar auf Schar
Wild ansprengender Rosse ziehn
Rasch auf die Höhen die Batterien.
Hundertundfünfzig Kanonen spein
Schrecken und Tod in die nördlichen Reihn;
Eiserner Hagel mit Donnergetön
Prasselt herab auf die Kirchhofshöhn.
Aber nicht lässig im Bundesheer
Sind die Geschütze, und dumpf und schwer
Brüllet ihr Mund aus hundert Stück
Grollende Antwort dem Feinde zurück.
Hermanns Gesellen sind auch dabei,
Grade als ob es ihr Handwerk sei,
Ducken vor schrei'nden Granaten sich nicht,
Lachen mit pulvergeschwärztem Gesicht.
Manchem Geschütz, vom Feinde bedräut,
Bringen sie Hilfe zur richtigen Zeit.
Feuern und Schüren bei Lärm und Gekrach
Ist ja der Eisenhämmerer Fach! —

Schon lange auf dem runden Berg
   stand unser junger Held
Und sah hinüber nach den Höhn,
   hinunter auf das Feld.
Ein Schlachtenbild entrollte sich
   vor seinen Augen dort,
Wie man zuvor es nie gesehn
   im Süden wie im Nord.

Von Rauch umhüllt wie ein Vulkan,
    mit Donnerdröhnen spie
Unausgesetzt Granaten aus
    die große Batterie.
Zwei Stunden währte das Gekrach,
    dann ward es still, ganz still —
Wie wenn ein Sturm, der plötzlich schweigt,
    die Kräfte sammeln will.

Seht! drüben von der Höhe wälzt
    ein Heerbann sich ins Thal!
Von fünfzehntausend Büchsen blinkt
    der Bajonette Stahl.
Kein Schuß erschallt; die Banner hoch
    im hellen Sonnenschein,
Wie zur Parade ziehn hinab
    die dichten grauen Reihn.

Virginias Veteranen sind's.
    Held Picket führt sie an,
Der mit der todesmut'gen Schar
    noch jeden Kampf gewann.
Nord Carolinas Kriegsvolk schützt
    die Flanke wohlbedacht:
So schreiten sie zum Sturm heran,
    zu enden jetzt die Schlacht.

Im tiefen Thalgrund sind sie schon,
    und bei der Trommeln Klang
Ersteigen sie mit festem Schritt
    den weiten Bergeshang.
Bewundernd, staunend, atemlos
    blickt Hermann auf die Schar,
Die ohne Furcht entgegenrückt
    der grausigsten Gefahr.

Da plötzlich bricht das Wetter los
   mit dröhnendem Gekrach,
Aus hundert Feuerschlünden schießt
   die rote Flamme jach.
Die Kugelsaat zerreißt die Reihn;
   sie wanken dennoch nicht,
Und, vorwärts dringend, schließen sie
   aufs neu' die Glieder dicht.

Zweitausend Schützen halten sich
   in Gräben wohl gedeckt,
Auf fünfzig Schritte feuern sie,
   was nicht die Stürmer schreckt.
Die stutzen auf dem blut'gen Hang
   kaum einen Augenblick;
Erobert sind die Gräben schon —
   die Schützen fliehn zurück!

Seht, seht! die Scharen schließen sich
   zum letzten Siegesstoß!
Da hagelt der Kartätschensturm
   auf die Kolonnen los.
Durch Stirn und Flanke schmettert er
   herab vom Bergesrand —
Entsetzen packt die Flügelschar
   vom Carolinaland.

Die wendet sich bergab zur Flucht;
   doch stumm und trutzig dringt
Virginias Brigade vor,
   die um den Sieg noch ringt.
Schon sind die Vordern auf der Höh'.
   Wie Teufel wüten sie
Mit Kolben und mit Bajonett
   entlang die Batterie.

Da faßten, eh sie sich's versehn,
    in Haufen links und rechts
Des Nordens Regimenter sie
    im Wirrwarr des Gefechts.
Im wilden Handgemenge bricht
    der Sturmkolonne Kern;
Der Sieg, der ihr so nahe war,
    wie ist er jetzt so fern!

Zweitausend stehen festgebannt,
    umringt im Schlachtgetos',
Sie legen nieder das Gewehr,
    da Durchbruch hoffnungslos.
Viertausend wanken todesmatt
    bergab die blut'ge Spur;
Von fünfzehntausend Helden, ach,
    so kleiner Bruchteil nur! —

Dies war das graus'ge Schlachtenbild,
    das Hermann bebend sah:
Der Veteranen Todesmarsch
    von Alt-Virginia.
Wird man benutzen wohl den Sieg?
    vernichten jetzt den Lee?
Wird Meade beweisen jetzt der Welt,
    daß er ein Kriegsgenie?

Nein! — nichts geschah! — Kein Blücher war
    der Bundesgeneral.
Ihm war es schon Erfolg genug,
    daß er gesiegt einmal.
Es brachte Lee von Gettysburg
    von hunderttausend Mann
Nur sechzigtausend, zukunftsbang,
    zurück zum Rapidan. — [31] [32]

Stille wieder war's geworden
Nach der Gettysburger Schlacht;
All die Opfer von dem Morden
Sind zu Grabe schon gebracht.
Die Verwundeten und Siechen
    füllten jedes Hospital
Hundert Meilen in der Runde
    in erschreckensvoller Zahl.

Des geschlag'nen Feindes Spuren,
Der mit Waffen und mit Wehr
Räumte Pennsylvaniens Fluren,
Folgt mit Zögern Nordens Heer.
Über deinen blut'gen Boden,
    der schon so viel Jammer sah,
Ziehn aufs neu' des Krieges Schrecken,
    trotzige Virginia! —

Hermann trat auf seine Bitten
In das Heer des Cumberland,[33]
Wo des Westens Männer stritten,
Jetzt geführt vom Feldherrn Grant,
Der von frühern Ruhmesbahnen
    eilig zog nach Tennessee
Und vor Chattanoogas[34] Mauern
    gleich bewährte sein Genie.

Aus dem alten Habichtsneste,
Das der Feind umschloß mit Macht,
Ging's zum Sieg aus enger Feste,
Und es folgte Schlacht auf Schlacht.
Mit den kriegserprobten Scharen,
    furchtlos und im Sturmeslauf,
Über Wolken auf die Berge
    klomm der junge Held hinauf.

Vor Atlantas blut'gen Mauern
Kämpfte er im nächsten Jahr.
Sechs der Monde sollt' es dauern,
Bis der Platz bezwungen war;
Bis des Gegners Kraft gebrochen
    und die Stadt zerstört, verbrannt,
Die dem Feind als Stütze diente
    in dem rings verheerten Land.

Dann mit Shermans tapferm Heere
Zog er quer durch Georgia
Auf dem Siegesmarsch zum Meere,
Den die Welt mit Staunen sah.
Bis zur Neige mußt du leeren
    jetzt den Becher, südlich Land,
Den du dir mit Elend fülltest,
    selbst dir fülltest bis zum Rand!

Wieder sieht er Richmond liegen
Vor sich in der Sonne Glanz,
Sieht die Bundesbanner fliegen
Dicht vor seiner Wälle Kranz.
Grant, der keine Opfer scheute,
    brach sich durch die Wildnis[35] Bahn,
Hunderttausend Krieger düngten
    mit dem Herzblut Wald und Plan.

Enger schließen sich die Maschen
Seiner Netze um den Ort;
Sheridan mit seinen raschen
Scharen stürmt heran vom Nord.
Jetzt versucht in größter Eile
    zu entrinnen noch der Feind,
Denn die Hauptstadt ist gefallen,
    die unzwingbar sich gemeint.

Lee, dem großen Gegner, heftet
(Grant sich) an die Fersen nun;
Südens Heer, zu Tod entkräftet,
Kann nicht rasten, kann nicht ruhn.
Alle Pfade sind verschlossen
   dem gehetzten edlen Wild, —
Und des Südens Sterne sinken
   auf Appomattox 36) Gefild. — —

Endlich, Ersehnter, bist du erschienen,
Bote des Friedens im Blumengewand!
Wieder umschließt du mit freundlichen Mienen
Süden und Norden im alten Verband.
Funken, elektrische, sollen's verkünden,
Daß er vorüber der schreckliche Streit;
Freude soll wieder die Herzen entzünden,
Da es verschwunden das Wehe und Leid.

Wendet die Schritte, ihr nördlichen Heere,
Nun nach der Heimat mit eilendem Gang,
Decket mit grünendem Laub die Gewehre,
Lasset erklingen Musik und Gesang!
Eltern und Kinder, Geschwister und Bräute
Warten und harren der Kommenden schon;
Küsse und Blumen und Glockengeläute
Seien der Tapferen Ehren und Lohn.

Leget, ihr Krieger, die Waffen nun nieder,
Die ihr ergriffet aus eigener Wahl,
Fasset den Pflug und die Sense nun wieder,
Rodet und schwinget den schneidigen Stahl;
Schmiedet das Eisen zu friedlichen Thaten,
Wirket und schaffet mit Lust und mit Fleiß,
Zeiget Europa, daß Bürgersoldaten
Kriege nicht führen auf Herrschergeheiß!

Fest habt ihr wieder zusammengekettet,
Was sich geschieden im feindlichen Prall,
Habt beim Donner der Schlachten gerettet
Washingtons Erbe vor jähem Zerfall.
Größeres habt ihr erkämpft und errungen,
Als ein Eroberer jemals vollbracht,
Welcher die mächtigsten Reiche bezwungen,
Völker und Fürsten sich dienstbar gemacht.

Danken noch werden es späte Geschlechter
Nordens geschlossenem Staatenverband,
Daß er die trotzigen Freiheitsverächter
Endlich besieget zu See und zu Land;
Daß ein Asyl noch auf Erden geblieben,
Wo den Verfolgten kein Häscher bedroht,
Wo einem jeden für sich und die Lieben
Arbeit zu teil wird und tägliches Brot.

Ihr, die Besiegten im südlichen Lande,
Frisch nun zur Arbeit am heimischen Herd!
Berget vom trümmerbesäeten Strande,
Was nicht die Wut des Orkanes zerstört;
Helft den Befreiten, sich frei zu erheben,
Aufwärts zu streben zu neuem Gedeihn:
Glaubet, dann werdet das Glück ihr erleben,
Wieder beglückt in der Heimat zu sein! — —

Abschied hatte gleich genommen
Hermann, als der Krieg vorbei,
War nach Washington gekommen,
Ganz von seiner Dienstpflicht frei.
Umschau hielt er in der Hauptstadt,
    wollt' nicht lange lässig ruhn,
Sondern frischen Muts erproben
    seine Kraft zu neuem Thun.

Herrlich war's am nächsten Morgen,
Ein Apriltag, maienschön;
Hoffnungsvoll und frei von Sorgen
Trieb's ihn, in die Stadt zu gehn.
Tausende von Sternenfahnen
    flatterten im Sonnenschein
Aus den Fenstern, von den Dächern
    reich geschmückter Häuserreihn.

Durch die Pennsylvania=Zeile
Wogten, wie ein brausend Meer,
Massen Volks in Sturmeseile
Lauten Jubels hin und her.
Neger waren hoch begeistert,
    selig in dem süßen Wahn,
Daß die Arbeit durch die Freiheit
    immerdar jetzt abgethan.

Dicht umringt und halb gehoben
In des Menschenstroms Gebraus,
Wurde Hermann fortgeschoben,
Bis er kam zum Weißen Haus. [37]
Ohne fürstliches Gepränge
    lag er da, der helle Bau,
Eingerahmt von grünen Bäumen,
    über ihm des Äthers Blau.

Ungeheurer Jubel schallte,
Mächtig, wie der Donner hallt,
Als der Präsident, der Alte,
Zeigte seine Hochgestalt.
Lächelnd schaute er hernieder,
    winkte freundlich mit der Hand.
Ob wohl, so verehrt, ein Herrscher
    je vor seinem Volke stand?

Die Erinnerungen gleiten
Durch die Seele Hermanns schnell,
Aus des Krieges trübsten Zeiten
Ein Gedenken, sonnenhell.
Vor den Gettysburger Schlachten
    war's — ein nie vergess'ner Tag!
Als die Hand ihm Lincoln drückte,
    güt'ge Worte zu ihm sprach.

Welch ein Wechsel des Geschickes
Ward dir, o Amerika,
Seit zuerst er frohen Blickes
Ihn, den hochverehrten, sah!
Wie so schwarz des Unheils Wolke
    damals tief am Himmel stand!
Jetzt im klarsten Blau die Sonne,
    Frieden, Freiheit rings im Land!

Ledig ist man jetzt der Sorgen
Und der Kriegesleiden all,
Und der Bund, der ist geborgen,
Ist gerettet vor Zerfall;
Reingewaschen von der Schande
    ist, Columbia, dein Schild,
Ausgemerzt der schwarze Flecken,
    der entstellt dein hehres Bild! —

Rasch verging der Tag, und leise,
In des Sternenmantels Pracht,
Nach der alt gewohnten Weise
Zog herauf die Lenzesnacht.
Hermann war, des Wanderns müde,
    früh zurückgekehrt nach Haus,
Wo er emsig sich beschäftigt,
    ungestört von Lärm und Braus.

Viele Blätter, dicht beschrieben,
Hatt' in Ordnung er gelegt;
Briefe waren's an die Lieben,
Briefe, die ihn tief erregt.
Kunde gab er von den Siegen
    in dem letzten blut'gen Streit,
Daß der Frieden nun errungen,
    daß vorbei die schwere Zeit.

Bei des Abends letztem Schimmer
Faltete er Blatt auf Blatt,
Und verließ alsdann das Zimmer,
Um zu streifen durch die Stadt.
Glück und Freude suchen gerne
    ja Gefährten in der Welt;
Wandeln doch die goldnen Sterne
    nicht allein am Himmelszelt!

Aber in dem Volksgedränge
Sah er liebe Freunde nicht,
In der ungeheuren Menge
Kein bekanntes Angesicht.
Und er ward zuletzt es müde,
    spähend, suchend, ganz allein
Planlos so umherzuschweifen
    in den dichtgescharten Reihn.

Sollt' er ins Theater gehen?
Der Gedanke trat ihm nah.
Hatte keines noch gesehen,
Seit er in Amerika.
Besser konnt' er nicht beschließen
    diesen Tag, von Glück erhellt,
Als der Mimen Wort zu lauschen
    in der freien neuen Welt. —

Wie schimmert so prächtig das Schauspielhaus
Im Glanze der strahlenden Lichter!
Es rasseln die Wagen heran mit Gebraus,
Die Menge wird dichter und dichter.
Es fasset der taghell erleuchtete Raum
Die Tausende fröhlicher Menschen kaum.

Wie Fürstinnen sitzen in Rängen und Reihn
Die herrlichsten Mädchen und Frauen,
Mit Rosen geschmückt und mit Edelgestein, —
Nichts Schön'res auf Erden zu schauen!
Es flimmern die Fächer, Demanten erglühn,
Und flammende Blicke den Augen entsprühn.

Nur eine der vordersten Logen ist leer,
Und über derselbigen schweben
Columbias Sterne und Streifen so hehr,
Die Herzen des Volks zu erheben.
Hier suchte oft Lincoln den heiteren Scherz,
Von Kummer und Gram zu erleichtern das Herz.

Ob heute der Gute noch kommen mag?
Ob nicht eine innere Stimme
Ihn warnte an diesem glücklichen Tag
Vor feindlicher Mächte Grimme?
Doch seht! dort tritt mit der Gattin er ein!
Es muß ja die treue zur Seite ihm sein.

Bekannt ist jedem die hohe Gestalt,
Und rasch von den Sitzen erheben
Sich alle, und brausender Willkomm schallt:
Abe* Lincoln, Abe Lincoln soll leben!! —
Laut tönt die Musik; er verbeugt sich bewegt —
Lang dauert es, ehe der Jubel sich legt.

---

* Abe (sprich Äb) Lincoln — der volkstümliche Name für Abraham Lincoln.

Und Hermann, der tief in der Seele sich freut,
Schaut oft auf den Alten hinüber.
Nie sah er so froh ihn, so heiter wie heut',
Nie schien er ihm werter und lieber;
Und klingt von der Bühne ein Witz, ein Scherz,
Da lacht aus dem Antlitz sein kindliches Herz.

Schnell schwinden die Stunden. Ein anderer Akt
Beginnt auf der Bühne soeben.
Vom fröhlichen Schwank wird die Menge gepackt,
Vom Beifall die Mauern erbeben.
Doch horchet! erscholl nicht beim Freudenerguß
Im Innern der vordersten Loge ein Schuß?

Da zeigt sich auf einmal ein wilder Gesell,
Ein rauchend Pistol in der Rechten,
Der schwingt einen Dolch — wie blitzt er so hell!
Ein Dräuen den feindlichen Mächten.
Sic semper tyrannis! ruft dröhnend er aus
Von ragender Brüstung ins glänzende Haus.

Er springt auf die Bühne — er stürzet, er fällt,
Im Freiheitspaniere die Sporen,
Das hindernd am fliehenden Fuße ihn hält.
Gefangen jetzt ist er! verloren! —
Doch nein! er zerreißt es! — blitzschnell ist er fort —
Und hinter ihm grinst der entsetzliche Mord.

Verstummt ist das Lachen, der Lärmen vorbei,
Erstarrt ist ein jeder vor Schrecken;
Dann bricht aus der Menge ein wildes Geschrei,
Als gelt' es, die Toten zu wecken.
Ergreifet den Mörder, und lyncht ihn sofort!
So brauset das rachegebietende Wort.

Doch der ist zu Pferde auf eiliger Flucht,
Sprengt über die Arlington-Brücke,[38]
Ob auch von des Sturzes gewaltiger Wucht
Ein Knochen zerbrach ihm in Stücke.
O fliehe, du Mörder, o fliehe du nur!
Dir folgt das Verhängnis auf blutiger Spur!

Im Hause, da will das Geschrei und Geklag'
Nicht enden der tobenden Massen,
Und Hermann, erschüttert, betäubt von dem Schlag
Versucht sich vergebens zu fassen:
Ermordet der edle, der herrliche Mann!
Ein Frevel, den, wahrlich, ein Teufel ersann!

Tief stöhnt der Dulder, als fort man ihn trägt,
Vom weinenden Volke umgeben;
Man flüstert, daß kaum noch sein Puls sich bewegt,
Daß rasch ihm entebbet das Leben. —
Ach! war's des vergossenen Bluts nicht genug,
Daß Ihn in dem Frieden der Haß noch erschlug?[39]

Zehnter Gesang.

Auf dem Pfade der Argonauten.*

Trauernde Muse, o lasse nun
  Über den Toten die Klagen ruhn! —
Hermann grübelte manchen Tag,
  Was ihm die Zukunft wohl bringen mag?
Wie sich gestalten werde sein Los
  Hier in den Staaten, so reich, so groß? —
Wandern möcht' er ins goldne Land,
  Wo so mancher sein Glück schon fand! —
Oft schon am Biwak, lichterloh,
  Hörte er reden von Idaho, **
Wo Californiens glänzende Zeit
  Wieder erstanden in Herrlichkeit,
Wo in der Erde noch überall
  Lagert und blinkt das edle Metall.

———   ———

* Die ersten Goldjäger, die nach Californien zogen, führen im
Volksmunde den Namen Argonauten.
** sprich: Eidaho.

Graben nach Schätzen möcht' er, fürwahr,
Mit der entschlossenen Männerschar,
Wo in der freien wilden Natur
Sorge und Not ein Schattenbild nur,
Wo kein Zwang die Sitten beengt,
Jeder sein eigenes Schicksal lenkt! —
Auf denn, Hermann, und frisch gewagt,
Ob in dem Goldland dein Glück nicht tagt! —

Auf dem Argonautenpfade,
Immer westwärts, frisch und froh,
Geht die Fahrt mit eil'gem Rade
Nach dem Goldland Idaho.
Vor dem rasselnden Gefährte
    sprengt das wilde Sechsgespann,
Das vom hohen Bock der Kutscher
    nur mit Mühe bänd'gen kann.

An des Rosselenkers Seite
Sitzet Hermann stolz und kühn,
Hoffnung giebt ihm das Geleite,
Selbstvertrauen stählet ihn.
Heiter winkt ein neues Leben,
    eine zukunftfreud'ge Zeit,
Keine Mühen will er sparen,
    bis das Glück die Hand ihm beut.

Wie das Weltmeer ausgebreitet
Liegt die Steppe, sonnenhell;
Nur ein Wolkenschatten gleitet
Manchmal drüber traumesschnell.
Längst vor seinem Blick entschwanden
    Siedelungen der Kultur;
Alle fünfzehn Meilen giebt es
    einen Halt zum Wechseln nur.

Zwölfe sitzen in dem Wagen.
Grenzler sind's, mit Kindern, Frau'n,
Ziehn nach Westen ohne Zagen,
Sich ein neues Heim zu bau'n.
Scharfbewaffnet, wie zum Kriege,
 ist die kühne Männerschar,
Fürchtet in der Wanderfeste
 keines Überfalls Gefahr.

Über Indianerhorden
Giebt der Fuhrmann gern Bericht,
Und von Skalpen, Martern, Morden
Sparet er die Worte nicht.
Halt' dein Schießzeug fertig, Nachbar!
 — ruft er — war schon oft dabei,
Wenn ein Haufen roter Teufel
 uns gejagt mit Pfeil und Blei!

Hermann lacht. Mach' andre bange,
Alter Schwager auf dem Bock!
War im Kriege viel zu lange,
Daß ich ihrer scheut' ein Schock!
Aber dennoch prüft er sorglich
 an der Waffe Schloß und Hahn,
Daß die Schüsse nicht versagen,
 wenn im Flug die Wilden nahn.

Lustig vorwärts! — Seht! schon zeigen
Büffel sich. Wie sie im Trab
Ihre zott'gen Köpfe neigen
Bis zum Boden fast herab!
Schlanke Antilopen eilen
 durch die Eb'ne wie der Wind,
Stutzen, kehren um und flüchten
 vor dem Wagen pfeilgeschwind.

Schaut die muntern Präriehunde,[40]
Mit dem Fellchen hasengrau!
Geben mit Gezirpe Kunde,
Wo ihr Kommunistenbau.
Plötzlich fliehn sie in die Löcher,
    gucken schlau daraus hervor,
Gleich als wollten sie uns sagen:
    macht uns keine Wippchen vor!

Kreuze, die aus Stöcken, Planken
Man in Eile hergestellt,
Wecken traurige Gedanken,
Wie der Tod uns rasch befällt.
Brach ein Wandrer hier zusammen?
    sah die Stätte feigen Mord?
Niemand weiß es; nur die Winde
    flüstern's unverstanden dort.

Wieder geht die Sonn' zur Rüste.
Es erhebt der Mond sich licht.
Wer die Schrecken alle wüßte,
Die schon sah sein Angesicht!
Seht im Dämmer die Ruinen
    der verbrannten Station!
Leichenspürende Coyoten
    fliehn beim Räderroll'n davon.

Rote Teufel, Menschenschlächter
Drangen gestern in das Haus,
Marterten zu Tod die Wächter,
Rissen ihre Skalpe aus.
Mit Geschnauf zur Seit' sich werfend,
    stürmt vorüber das Gespann;
In dem Wagen packt ein jeder
    fester seine Waffe an.

Vorwärts, vorwärts, wackre Rosse,
Haltet aus und säumet nicht!
Leuchte, Mond, du Weggenosse,
Uns mit deinem Silberlicht!
Scharf gespäht, ihr Kameraden,
    haltet schußrecht das Gewehr!
Keine Nacht ist dies zum Schlafen,
    ob die Lider noch so schwer.

Endlich, endlich hat der Morgen
Seine Rosenglut entfacht,
Und verschwunden sind die Sorgen
Einer bang durchwachten Nacht.
Blumen schmücken heut' die Steppe
    in dem goldnen Sonnenschein,
Und die Freude kehret wieder
    in der Wandrer Herzen ein.

    Sie fuhren mit Sechsen die Straße dahin;
    Rasch trabte das flinke Gespann.
    Scharf spähten vom Dache des Wagens sie aus,
    Und Stunde auf Stunde entrann. —

    Seht seht! was regt zur Linken sich dort? —
    Ein Schwarm Indianer zu Pferd! —
    Sie jagen über die Eb'ne heran,
    Blutdürstig, zum Kampfe bewehrt.

    Auf wilden Mustangs, den hänfenen Zaum
    Um Nüstern und Nacken gelegt,
    In rasendem Laufe — so kommen sie
    Wie die Windsbraut hergefegt.

    Wie sitzen sie ohne Sättel so fest,
    Die Hände zum Schießen frei,
    Die Teufelsgesichter grellfarbig bemalt!
    Laut schallt ihr kläffend Geschrei.

Da greifen die Renner gewaltig aus;
Sie wittern sofort die Gefahr.
Es pfeifen die Kugeln, es schwirrt der Pfeil,
Entsandt von der höllischen Schar.

Jetzt hurtig, ihr Burschen, die Waffen zur Hand!
Noch ist der Weg nicht verstellt;
Nur ruhig der Henry-Büchse vertraut,
Die sechzehn Schüsse enthält!

Du, Nachbar, nimm den Vordern aufs Korn,
Den Kerl mit dem Fratzengesicht,
Die Bestie, die wie ein Windhund heult,
Und fehl' die Kanaille nicht!

Hurra! den traf deine Kugel gut!
Die stopfte geschwind ihm das Maul!
Nur sicher gezielt! nicht verschleudert das Blei!
Dort fällt schon ein andrer vom Gaul!

Wie raset die fliegende Feste dahin,
Entsendend ihr tötliches Blei!
Und kläglich aus ihrem Innern ertönt
Der Weiber und Kinder Geschrei.

Was ist dir, Kutscher? Du wirst so bleich! —
Es sitzt mir im Arm ein Pfeil!
Der mag dort stecken! was scher' ich mich drum,
Und brennt er mich auch dieweil! —

Da kommt ein Haufen Bewaffneter schnell
Zu Hilfe zu Fuß und zu Pferd;
Sie hatten am Halteplatz, der nicht fern,
Das heftige Schießen gehört.

Die Wilden erheben ein Wutgeheul,
Als jene in Eile sich nahn.
Sie fliehen in Hast. Laut schallt ihnen nach
Ein Siegsruf über den Plan. —

Das war eine wahre Teufelsjagd,
Eine Jagd auf Leben und Tod! —
Manch' Steppenblümelein färbte sich
Vom Blute purpurrot. —

Weiter geht's mit frischen Rennern.
Unabläſſig, wie zuvor,
Späht man nach den roten Männern,
Schußbereit das Feuerrohr.
Doch kein Schwarm von wüt'gen Wilden
    naht sich mehr, auf Mord erpicht;
Friedlich liegt die weite Steppe
    in dem goldnen Sonnenlicht.

Mächt'ge Steingebilde ragen
Burgenähnlich hier und dort,
Doch es weben keine Sagen
Sich um diese Trümmer fort.
Aus der Urzeit sind es Reste
    hochgetürmter Felsenhöhn,
Die dereinst auf Wasserwüsten
    inselngleich hinausgesehn. *

Heißer wird es. Plötzlich zeiget
Sich ein Fluß mit breitem Lauf,
Und an seinem Ufer steiget
Eine Stadt mit Türmen auf.
Aber nur ein Trugbild ist es,
    schnell verschwindend, wie es kam;
Leer und öde ist die Stätte,
    wo's den Blick gefangen nahm.

* Wo sich jetzt die westlichen Ebenen in Nordamerika ausbreiten,
war zur Diluvialzeit ein großes Binnenmeer.

Auf die Rosse achtgegeben! —
Wie ein wild erregtes Meer
Braust heran — es gilt das Leben!
Ein gewalt'ges Büffelheer.
Hunderttausende von Rennern
    zählt die ungeheure Schar;
Nahe rechts und links vorüber
    Stürmt die dräuende Gefahr.

Nicht gefeuert in die Herden,
Daß die Angst sie nicht erfaßt,
Daß wir nicht zertreten werden,
Wenn sie fliehn in blinder Hast! —
Donnernd jagen sie gen Norden,
    Stund' um Stunde, dicht umstaubt;
Blitzend sprühn die kleinen Augen
    aus dem tief gesenkten Haupt. 41)

Schweigend liegt die Steppe wieder
Nach der Büffel Stampfgedröhn. —
Fünfmal sank die Sonne nieder,
Wandelnd durch des Äthers Höhn:
Da erhebt das Felsgebirge
    an des Horizontes Saum
Früh am Morgen seine blanken
    Zacken in den Himmelsraum.

Hermann ist berauscht von Wonne,
Als es höher, höher steigt,
Mächtiger im Glanz der Sonne
Seinen Massenaufbau zeigt.
Im Südwesten ragt als Warte
    Pikes Pik aus der grünen Flur,
Streckt die lange schnee'ge Kuppe
    in den leuchtenden Azur.

Weiter westwärts stehn in Reihen
Colorados Berge da, —
Eine Felsenburg im freien
Herrlichen Amerika.
Jeden Abend schmückt die Zinnen
    Rosenglut und goldner Glanz;
Heller blinkt an jedem Morgen
    ihrer Firnen lichter Kranz.

Als der Tag zum siebten Male
Fast beschlossen seinen Lauf,
Tauchen, weit zerstreut im Thale,
Denvers Häuser freundlich auf.
Durch die breit gebauten Straßen
    sprengt das mutige Gespann,
Hält mit freudigem Gewieher
    vorm bekannten Gasthaus an. —

In der Stadt der Eb'nen weilte
Hermann bis zum Morgen nur;
Sich's bequem zu machen, eilte
Früh er nach der Reisefuhr.
Weh! statt einer stolzen Kutsche
    stand vor seinen Augen da
Ein Gefährt, das zum Verwechseln
    einem Käfig ähnlich sah.

Draußen bei dem Peitschenschwinger
Nahm er Platz, wie man befahl,
Denn der rote Menschenzwinger
War schon voll zur Überzahl.
Isaak, der Hypochonder,
    und sein Freund, Herr Wunderlich,
Drei Mormonen mit fünf Frauen
    saßen drin und freuten sich.

Alle trugen Ohrenklappen,
Büffelpelze, Überschuh',
Wie zur Fahrt ins Land der Lappen,
Gradeswegs dem Nordpol zu.
Schneegestöber fiel vom Himmel,
    wie im Monat Januar;
Eis'ger Wind pfiff durch die Straßen,
    wo kein Mensch zu sehen war.

Vorwärts nun mit flottem Jagen!
Vorwärts über Stock und Stein!
Aus dem dicht verschloss'nen Wagen
Scholl Gefluch' und Jammerschrei'n:
Denn den zehn, die drinnen saßen,
    ward zu enge bald der Raum,
Und des Rumpelkastens Polster
    waren nicht von weichem Flaum.

Vierundzwanzig Stunden weiter
Ging die wundervolle Fahrt;
Grämlich war der Rosseleiter,
Brummte vor sich in den Bart.
Hermann war kein Grillenfänger,
    doch verging ihm der Humor
Neben jenem Kerl, der mürrisch
    nicht ein Wort an ihn verlor.

Ausgestiegen! rief am Morgen
Dieser barsch am Kutschenschlag,
Als ein jeder nach den Sorgen
Endlich eingeschlummert lag.
Die Mormonenfrauen wurden
    in dem Wagen nicht gestört,
Voller Rücksicht, wie's den Damen
    in Amerika gehört.

Wunderlich und die Mormonen,
Isaak, verstimmt und blaß,
Konnten nicht die Stiefel schonen
In dem Schlamm, so tief und naß.
Stolpernd, müde, matt die Glieder,
    schlichen sie dahin voll Qual,
Bis auf besserm Weg der Kutscher
    einzusteigen grob befahl.

Eine heitre Episode! —
Lachte Hermann, still vergnügt,
Als ein jeder, müd' zu Tode,
Sich auf seinen Platz verfügt.
Aber alle Not und Plage,
    alles Leid vergaßen sie
Auf der sonnbeglänzten weiten
    Ebene von Laramie.

Die gewalt'gen Bergesriesen
Schimmerten im Prachtgewand;
Keine eis'gen Winde bliesen
Nach dem Schneesturm durch das Land;
Wunderbare Felsgebilde
    standen einsam auf dem Plan;
Eilend rasselte der Wagen
    westwärts auf der glatten Bahn.

Abend ward's. In ros'ger Ferne
Sank aufs neu' der Sonnenball,
Wieder glitzerten die Sterne
In dem dunklen Weltenall.
Hermann nickte traumverloren —
    da erscholl's mit rauhem Ton:
Passagiere umgestiegen! —
    Hier ist Coopers Station! —

Nahe stand ein Bauernwagen
Ohne Bänke, und in Hast
Warf man, ohne anzufragen,
Drauf der Mantelsäcke Last,
Und dazu die schweren Beutel
    mit der Post von Onkel Sam,
Dicht bespickt mit Nägelköpfen,
    ganz bedeckt mit Schmutz und Schlamm.

Dieses also das Gefährte
Für die Fahrt durch Bridgers Paß!
Dazu Esel statt der Pferde! —
Sagte Hermann — Das ist kraß! —
Dreimal hundert Meilen sollten
    sie kein andres Fuhrwerk sehn;
Jede Kutsche, hieß es, würde
    im Gebirg in Stücke gehn.

Als er rittlings auf den Nägeln
Eines steifen Postsacks saß
Neben den Mormonenflegeln,
Dünkt' ihn dies ein schlechter Spaß.
Ganz vergaß er seinen Vorsatz,
    fortzulachen alle Pein
Auf der Reise nach dem Goldland,
    und ein Philosoph zu sein.

Wo bequem die Säcke schienen,
Hockten die Mormonenfraun,
Ihre Paschas neben ihnen,
Gotteserbärmlich anzuschaun.
Wunderlich mit stieren Blicken
    saß auf einem Zeitungssack,
Auf der scharfen Wagenkante
    kummervoll Herr Isaak.

Unter Fluchen, unter Klagen
Ging es flott bergauf, bergab,
Die vier Esel vor dem Wagen
Auf dem stein'gen Weg im Trab.
Solche traurige Gestalten
    sah des Vollmonds bleich Gesicht
In der Nacht, der eisigkalten,
    in dem wilden Westen nicht.

Also durch die rauhen Pässe
Fuhr die jammervolle Schar,
Auf dem Antlitz Totenblässe,
Die des Elends Siegel war.
Manchmal stak der Rumpelwagen
    fest im hochgewehten Schnee,
Manchmal lag er auf der Seite
    zu der Frauen Ach und Weh.

Öde waren rings die Hänge,
Eisig pfiff der Wind aus Nord;
Da auf einmal, welch Gedränge
Naht sich aus der Felsschlucht dort?
Eine Herde Elentiere
    jagt im Schneesturm dicht vorbei;
Hoch erheben sie die Köpfe
    mit dem riesigen Geweih.

Endlich waren überwunden
Der Gebirgsfahrt Not und Graus,
Und nun dehnte hundert Stunden
Westwärts sich die Wüste aus.
Stachelkaktus, gelbe Gräser,
    graue Büsche von Salbei
Sproßten aus dem sand'gen Boden —
    ein ermüdend Einerlei.

Nah am Bitterbache fuhren
Lange sie im Sonnenbrand,
Wo ihr Herz die Schauerspuren
Frühern Elends tief empfand:
Wagentrümmer, Tierskelette,
    Gräber, jedes Schmuckes bar,
Ward in dieser Traueröde
    ihr entsetzter Blick gewahr.

Ringsum war der Grund, der kahle,
Von Alkalien bedeckt,
Die aus diesem Totenthale
Alles Leben fortgeschreckt.
Brackig schleichendes Gewässer,
    Lachen, schmutzig-braun und trüb,
Rauben hier den Rest des Mutes,
    der den Lechzenden verblieb.

Kühne Argonautenscharen
Wurden dort erfüllt mit Grau'n,
Die in schrecklichsten Gefahren
Stets bewahrt ihr Selbstvertraun.
Hunderte, die dort verdarben,
    nie erreicht das goldne Land;
Ihr Gedächtnis ist erloschen,
    wie die Spuren in dem Sand. —

Weiter geht es, westwärts immer.
Ragen da nicht, hoch und breit,
Eines Riesentempels Trümmer
In zerfall'ner Herrlichkeit? [42]
Wüstenwinde, sandgeschwängert,
    formten die Gebilde sacht,
Und zerstören, langsam nagend,
    ihre Reste Tag und Nacht.

Vor hunderttausend Jahren stand
Allhier ein Riesendom,
Vor dem die Peterskirch' in Rom,
Wie eitel Spielwerk stand.

Zur Urzeit hat ihn die Natur
Im Wüstensand erbaut,
Doch wie der Tempel einst geschaut,
Ahnt heut' der Wandrer nur.

Zerbrochen sind die Säulen all,
Die Mauern nackt und bloß;
Es schauen Bilder, riesengroß,
Aus morschem Felsenwall:

Wie betende Figuren hier,
Wie Ungeheuer dort,
So stehn sie an dem öden Ort
Als fahle Schauerzier.

Die Kanzel schmiegt sich ans Gestein,
Schon fällt der Hochaltar
Mit seiner Heiligenbilder Schar
In Schutt und Trümmer ein.

Die Kuppel ragt im Sonnengold
Schier wie ein Berg empor,
Nicht fehlt die Orgel, Rohr an Rohr —
Ob Wer sie spielen sollt'? —

Bestrahlt der Mond mit Silberschein
Die längst entschwund'ne Pracht,
Soll's um die stille Mitternacht
Hier nicht geheuer sein.

Man hat gesehn, wie Bild auf Bild
Vom Felsen stieg herab,
Wie sie gewallt ums Tempelgrab,
In Trauer tief gehüllt.

Und dröhnt und braust der Orgel Baß,
    Wie Niagaras Fall,
    Dann flüchtet vor dem Donnerhall
    Der Wandrer, bleich und blaß. —

Glücklich naht das Wüstenende
Und der Frohsinn kehrt zurück;
Dunkle Wälder, Berggelände
Steigen auf vor Hermanns Blick.
Wasatch' schnee'ge Gipfel schimmern
    in dem Abendsonnenschein,
Wie ein roter Saum darunter
    Echo Cañons [43] Hügelreihn.

Durch die lange Thalschlucht fahren
Sie geschwind die halbe Nacht,
Hoch im Äthersraum, dem klaren,
Schwebt der Mond in Silberpracht.
In dem kühlen Grunde rauschet
    eines Baches helle Flut,
Turmhoch ragen auf die Felsen,
    wie bestrahlt von Flammenglut.

Fluten, Frost und Sturmgewalten
Schufen Formen, kühn und wild;
Oftmals scheinen die Gestalten
Ähnlich einem Kunstgebild.
Obelisken und Pagoden,
    einer Kanzel hoher Kranz,
Säulen, Türme, Festungswerke
    zeigen sich im Mondlichtglanz.

Doch die roten Felsenhänge
Stehen schweigend überall,
Und die fröhlichen Gesänge
Wecken nicht den Wiederhall.

Eine alte Sage meldet,
 daß die Nymphe scheu entfloh,
Als der Hinterwäldler Flüche
 dort ertönten laut und roh.

  Wie war es doch so anders hier,
  Als noch in alter Zeit
  Gewohnt die frohe Echomaid
  Im roten Felsrevier!

  Kein Lärmen, Schießen und Hallo
  Wie jetzt, tagaus, tagein,
  Kein Rossestampfen, wildes Schrei'n
  Von Kutschern, rauh und roh.

  Zu jener Zeit kam oft ins Thal
  Ein Häuptling, stolz und kühn;
  Nicht schreckten in der Wildnis ihn
  Gefahren ohne Zahl.

  Vom Felsgebirge kam er her,
  Wo blinkt der ew'ge Schnee,
  Und zog zum blauen salz'gen See,
  Zum landumschloss'nen Meer.

  Sein Weg lag durch den roten Grund,
  Wo seine Fee bald sacht,
  Bald hell wie Minnehaha *) lacht
  Mit losem Schelmenmund.

  Auf steiler Felswand saß allein
  Das holde Kind. — O komm'!
  So rief der Krieger laut — O komm'!
  Erklang's wie Glöcklein fein.

  Und was er sagte, Wort für Wort,
  Sie sprach's ihm nach vielmal;
  Sie folgte ihm durchs Felsenthal
  Zur Seit' von Ort zu Ort.

Sah, weiterwandernd, er zurück,
Da stand im roten Kleid
Auf hohem Kanzelfels die Maid
Mit schelmisch frohem Blick.

Und rief er dann ein laut Lebwohl!!
Du schönste Maid, lebwohl!
So rief sie leis' ihm nach: Lebwohl!
Lebwohl! — lebwohl! — lebwohl! —

Der weißen Männer Lärmen trieb
Hinweg das frohe Kind;
Die Felsen stumm geworden sind,
Und nur der Name blieb.

Wohl stehn sie wie im Morgenrot
Noch immer leuchtend dort,
Jedoch die Poesie ist fort,
Und jeder Fels ist tot.

Nur noch der Bach im kühlen Grund
Schwatzt gern von alter Zeit;
Mir hat von jener Echomaid
Erzählt sein Plaudermund. —

Lärmend scholl der Räder Rollen
In der jungen Salzseestadt,
Als vom Schlaf, dem unruhvollen,
Hermann aufschrak, müd' und matt.
Endlich, endlich sah er wieder,
    sei's auf kurze Zeit auch nur,
Einen Ort voll regen Lebens,
    eine Stätte der Kultur.

Welche Wonne, sich zu strecken
In ein Bett mit weichem Flaum,
Statt der Nägelköpfe Schrecken
In des Wagens Marterraum!
Welche Wonne, so zu schlummern
    in den hellen Tag hinein,
Wieder Mensch jetzt unter Menschen,
    statt ein Stück Gepäck zu sein!

In der Hauptstadt der Mormonen,
Wo die Heil'gen jüngster Zeit
Wie im Paradiese wohnen,
War vergessen bald das Leid.
Zwischen Wasatch' Silberzinnen
    und des Großen Salzsees Flut
Liegt sie im smaragd'nen Thale,
    überströmt von Sonnenglut.

Dicht an einem muntern Bache
Wandelte mit leichtem Gang
Hermann unterm Blätterdache
Der Akazien entlang.
Freundliche Gebäude standen
    an dem breiten Bürgersteig;
Allerorten Blütenprangen,
    Gärten, grün und blumenreich.

Aber ach! in dieser Zone
Gilt des Morgenlands Gebot,
Daß das Weib, der Schöpfung Krone,
Sklavin sei bis in den Tod;
Daß die Stellung und der Reichtum
    es gestatten jedem Mann,
So viel Frauen zu besitzen,
    als er unterhalten kann.

Eines Paschas Dasein führte
Brigham Young, der Erzprophet,
Der den Fanatismus schürte
Unter Fluchen und Gebet;
Und die fromme Herde glaubte
    alles, ohne Zweifelsqual,
Was er donnernd von der Kanzel
    täglich lehrte und befahl.

Hermann konnt' es kaum erwarten,
Bis die Abschiedsstunde schlug,
Um zu fliehn aus diesem Garten,
Dessen Blüten Lug und Trug.
Aus dem Eden der Mormonen,
    wo der Wahn als Herrscher steht,
Zieht's ihn in die rauhe Wildnis,
    wo die Luft der Freiheit weht.

Auf den Bock beim Morgengrauen
Stieg er nach gewohnter Art,
Froh, das Ende bald zu schauen
Seiner Argonautenfahrt.
Fünfmal hundert Meilen trennten
    ihn nur noch vom goldnen Ziel;
Nach der Tausend=Meilen=Reise
    schien dies Dritteil ihm nicht viel.

Nordwärts geht's. Die Fluten blinken
Noch einmal vom See so schön,
Fern am Horizont versinken
Wasatch' zack'ge Silberhöhn.
Wieder dehnt nach allen Seiten
    endlos sich die Wüste aus,
Nirgends sieht er Bäume, Felder,
    nirgendwo ein gastlich Haus.

Doch in diesen öden Weiten
Ward Natur nicht schaffensmatt,
Schuf ein Wunder aller Zeiten,
Wie's auf Erden wen'ge hat.
Wo der Schlangenstrom sich einsam
    windet durch das wüste Land,
Stürmt des Westens Niagara
    donnernd von dem Felsenrand.

Hermann hörte vom Shoshone
In der Desert-Station;
Hans, der Wächter, meint', es lohne
Sein Besuch die Mühe schon.
Unterkunft und Trank und Speise
    gab ihm jener herzlich-gern,
Der sich baß als Landsmann freute,
    beizustehn dem fremden Herrn.

Und er wandert nun alleine,
Den Revolver in der Hand,
In dem grellen Sonnenscheine
Nach dem Fluß durchs wüste Land.
Indianer schleichen öfters —
    hatte warnend Hans gesagt —
Dort herum, auf Böses sinnend,
    und der Marsch ist sehr gewagt!

Graue Wasserdünste hoben
Fernab sich hoch empor,
Doch des Kataraktes Toben
Hörte nicht sein lauschend Ohr.
Sorglich rechts- und linkshin spähend,
    schritt er wacker durchs Gestrüpp,
Nahm als Ziel die graue Wolke,
    und davor das Felsgeripp.

In der weiten Wildnis Schweigen
Ward ihm sonderbar zu Mut;
Sah er Staub im Winde steigen,
Stand gespannt er auf der Hut.
War doch dies Jahr am Shoshone
    nur ein einz'ger Wagehals,
Um das Wunder anzustaunen
    des gewalt'gen Wasserfalls!

Als er mühsam aufwärts strebte
An dem rauhen Felsenhang,
Fühlt' er, wie die Erde bebte,
Und ein dumpfes Rollen klang
Durch die Lüfte immer lauter:
    wie der Tropendonner hallt,
Wie der Sturmwind beim Gewitter
    raset durch den Föhrenwald.

Endlich, endlich war er oben.
Voll Bewundrung stand er da,
Als er auf der Wasser Toben,
Auf den Strom hinuntersah.
In der schwindelichten Tiefe
    blinkend in der Sonne Strahl
Floß der Schlangenfluß, der breite,
    durch das felsumtürmte Thal.

Wo von Riffen er durchschnitten,
Stiegen aus der Fluten Lauf,
Die noch eben friedlich glitten,
Plötzlich weiße Wolken auf;
Silberschäumende Kaskaden
    bildeten in Doppelreihn
Einen Kranz von Schaumguirlanden
    zwischen Stufen von Gestein.

Dann in ungeheuren Massen
Stürzten wild die Wasser sich
Von zerklüfteten Terrassen
In die Tiefe fürchterlich.
Donnernd machte der Shoshone
    mit der Silberwogen Schwung
In den gischtumsprühten Abgrund
    den gewalt'gen Riesensprung.

Nackte Felsen, schroff zerspalten,
Pechschwarz, turmhoch, scharf gezackt,
Finstre Mauern von Basalten
Rahmten ein den Katarakt;
Und ein farb'ger Irisbogen,
    dessen Kreis geschlossen war,
Schmückte die zerstäubten Fluten
    schimmernd, prangend, wunderbar.

Hermann sah zuvor im Leben
Nie ein Bild, so wild, so schön;
O, was hätt' er drum gegeben,
Wenn's ein Freund mit ihm gesehn!
Doch für ihn allein erdröhnte
    heute der Shoshonefall;
Ihn, des Westens Stolz und Wunder
    wird er künden überall.

Und er stieg behutsam, sachte
Abwärts nun den Felsenhang,
Und es stürmte, brüllte, krachte
Schaurig, als er weiter drang.
Um den Fuß des Wassersturzes
    schnob ein Wirbelwind voll Wut,
Gleich als wollte er den Fremdling
    schleudern in die wilde Flut.

Ströme, die zu Staub zerstoben,
Peitschten ihn mit Zorngewalt;
Neben ihm zum Himmel hoben
Sich die Mauern von Basalt.
Halb betäubt vom Donnerprasseln,
    von der Windsbraut wild umzischt,
Wandt' er schleunig seine Schritte,
    schier erblindet von dem Gischt.

Als er an dem steilen Hange
Aufwärts klomm, erregten Sinns,
Bleichte plötzlich seine Wange,
Denn er sah von Mokassins
Spuren auf dem feuchten Grase.
    Andre Zeichen machten's klar,
Daß hier eine Rothaut-Bande,
    Lachse speerend, thätig war.

Schnell die Höhe zu erreichen,
War sein Trachten, sein Bemühn,
Da den Wilden auszuweichen
Ihm vor allem ratsam schien.
Auf Shoshones Silberwogen
    warf er rasch noch einen Blick,
Und dann schritt er, sorglich spähend,
    durchs Salbeigestrüpp zurück.

Irre ward er in der Wüste,
Weil er falsch die Richtung nahm,
Und die Sonne ging zur Rüste,
Eh er auf die Straße kam.
Müden Schritts, von Durst gepeinigt,
    schritt er vorwärts mit Bedacht,
Bis den Halteplatz er schaute,
    hocherfreut, um Mitternacht.

Ein Revolverschuß erschreckte
Hans und weckte jäh ihn auf.
Aus dem schmalen Fenster streckte
Dieser einen Flintenlauf.
Als er aber sich versichert,
 daß nicht Wilde sei'n da drauß,
Schloß er auf und zog mit Jubel
 seinen Landsmann in das Haus. —

Weiter, weiter fährt gen Norden
Hermann durch die Wüstenei,
Dem das Wort zur Qual geworden,
Daß nicht fern das Goldland sei.
Alle, die mit ihm verkehren,
 Männer, Frauen, alt und jung,
Reden stets von hundert Meilen,
 gleich als sei's ein Katzensprung.

Manchmal auf den staub'gen Wegen
Kommen nun mit Schellenklang
Maultierzüge ihm entgegen
In gemess'nen, schweren Gang.
Jedes Packtier ist mit Säcken,
 Kisten, Kasten hoch beschwert;
Schrei'nde, schmutzbespritzte Männer
 treiben sie zu Fuß, zu Pferd.

Kräft'ge, trotzige Gesellen
Ziehen truppweis oft vorbei
Nach des Salmenflusses Quellen,
Nach den Minen von Lemhei.
Pfannen, Bündel, Picken, Spaten
 schleppen sie mit sich daher,
An der Hüfte den Revolver,
 auf der Schulter das Gewehr.

Einen langen Hügelrücken
Hat erklommen jetzt die Fuhr,
Und das Auge mit Entzücken
Schaut auf eine grüne Flur:
Pappelreihn, Gehöfte, Felder,
    die sich um ein Städtchen ziehn —
Boise's* Thal, dem in der Wüste
    solchen Schmuck sein Fluß verliehn.

Rosselenker, zieh' die Zügel
Fester an mit starker Hand!
Vorwärts über Thal und Hügel!
Nahe ist das goldne Land! —
Auf den steilen Bergeslehnen
    breiten sich die Wälder aus;
Durch die schmalen Felsenschluchten
    stürzen Bäche mit Gebraus.

Aus den Pässen, aus den engen,
Geht's ins Freie auf einmal,
Und umrahmt von wald'gen Hängen
Dehnt sich aus ein wüstes Thal:
Ringsum meilenlange Gräben
    mit gewalt'gem Wasserschwall,
Steingerölle, Löcher, Gruben,
    Schutt und Trümmer überall.

An den „Wiegen",** an den Rinnen
Schafft der Fleiß, der zähe Mut,
Blanken Goldstaub zu gewinnen
Aus der schlammerfüllten Flut.

* sprich: Boiße.
** Ein mit einem Wollentuch überspanntes einfaches wiegen-
artiges Gerät zum Goldauswaschen.

Wie von Millionen Bibern
    ist das ganze Land zerwühlt,
Bis hinab zum Felsengrunde
    ausgehöhlt und durchgespült.

Durch des Elkbachs Wasserwüste
Fährt der Kutscher wohlgemut.
Hoch auf langem Holzgerüste
Eine Wasserleitung ruht;
Unten werden von der Strömung
    Kies und Erde fortgerollt,
Und man wühlt und hackt und schaufelt —
    alles, alles um das Gold!

Hermann schaut das fremde Leben
In der Wildnis staunend an,
Will dort graben, Schätze heben,
Wie ein andrer Arbeitsmann.
Wird das Glück, das flatterhafte,
    wieder reichen ihm die Hand?
Oder harrt Enttäuschung seiner
    in dem wüsten Minenland?

Durch der Goldstadt lange Gasse
Geht's mit lust'gem Peitschenknall,
Eine wilde Menschenmasse
Grüßet sie mit Jubelschall.
Läden, Spiel= und Trinklokale
    bilden beide Häuserreihn;
Aus den offnen Thüren dringet
    Lärm, Gejohle, Sang und Schrei'n.

Vor dem Gasthaus hält der Wagen.
Volk in Menge eilt herbei,

Und die rauhen Männer fragen,
Wer der schmucke Bursch' wohl sei? —
So nach fünfundzwanzig Tagen
    kam der Hermann frisch und froh
Durch des neuen Erdteils Breite
    nach dem Goldland Idaho.

Elfter Gesang.

Das Minenlager Oro Fino.

Leben im Goldland, voll Schatten und Licht,
Wild und unbändig, wer preiset dich nicht! —
Dort noch bewährt sich die männliche Kraft,
Die sich dem Bann der Gewohnheit entrafft.
Wagendes Streben und trotziger Mut
Schwellen die Herzen wie Ebbe und Flut;
Hoffnung umgaukelt beständig den Sinn,
Daß nicht mehr ferne der goldne Gewinn.
Und wie so köstlich bis spät in die Nacht
Werden die Stunden im Lager verbracht,
Wenn in der Flammen hell loderndem Schein
Liegen und stehen die Männer in Reihn!
Was sich ereignet, erzählt man sich dort:
Wilde Berichte von Raub und von Mord,
Kämpfe mit Bären und Rothaut-Gefahr,
Räubergeschichten, unglaublich, doch wahr;

Daß in dem Grunde des Elkbachs versteckt
Reiches Geröll ein Prospektor entdeckt,
Daß in den Schluchten, wo Gold man gewinnt,
Wohl Millionen zu finden noch sind!
Unter den Männern im rauhen Gewand
Giebt es Vertreter aus jeglichem Land:
Alte Soldaten aus Süd und aus Nord,
Bauern und Handwerker mühen sich dort;
Fern aus Europa auch kamen sie her,
Selbst von Australien, so weit übers Meer.
Mancher der Herren war einst Millionär,
Andre, die dienten im päpstlichen Heer;
Grafen und echte Barone sogar
Zeigt die zusammengewürfelte Schar.
Oft auch gewahrt man — man dächte es nicht! —
Einen Professor mit klugem Gesicht,
Einen Studenten der Theologie,
Oder noch sonst ein verkanntes Genie.
Alle sie kamen ins goldene Land,
Schätze zu heben mit rühriger Hand.
Was man gewesen, gelernt und gethan,
Ob man gestrauchelt auf schlüpfriger Bahn,
Kümmert hier keinen, es liegt nichts daran,
Wenn man sich hier nur bewähret als Mann. —

Juli ist es. — Warme Lüfte
Wehen durch Gebirg und Thal;
In die tiefsten Felsenklüfte
Dringt der Sonne goldner Strahl;
Fortgeschwunden von den Gipfeln
  ist vom Schnee die letzte Spur,
Und das Wasser in den Bächen
  Fließet müd' und spärlich nur.

Doch es ruhn die fleiß'gen Hände
Nicht von ihrer Arbeit aus;
Wasser strömt ja ohne Ende
Durch die Gräben mit Gebraus!
Quellen aus dem Hochgebirge
    spenden ihnen ihre Flut,
Die das Volk der Miner schätzet
    als ein unersetzlich Gut.

Hermann sieht die Männer gerne
Bei der Arbeit unbeirrt,
Daß vor allem er erlerne,
Wie das Gold gewonnen wird:
Wie man durch die Rinnen schwemmet
    Sand und Kies im Wasserschwall,
Und das Edle sich verbindet
    mit dem flüssigen Metall.

Beim hydraulischen Betriebe
Weilt er staunend stundenlang,
Wenn sich Lehm und Felsgeschiebe
Löset von dem steilen Hang;
Wenn die Riesenschläuche beben,
    ungeheuren Schlangen gleich,
Der Gefahr die Miner trotzen
    in des Flutensturms Bereich.

In der Goldstadt lernt' er lieben
Manchen braven Minersmann,
Doch nach seinen Herzenstrieben
Schloß er sich den Deutschen an.
Ganz besonders waren's Dreie,
    die er unter diesen fand,
Die ihm, wie bestimmt vom Schicksal,
    hilfreich boten Herz und Hand.

Quitzow, als Baron geboren,
War der Erste in dem Bund;
Einem Mönch, tonsurgeschoren,
Glich er, fett und kugelrund.
Vollen Muts, mit leeren Taschen,
    zog er in die Welt hinaus,
Wieder Reichtum zu gewinnen,
    für sein schwer geprüftes Haus.

Oft vom stolzen Ritter Dietrich
Sprach er rühmend, seinem Ahn.
Markgraf Friedrich, wie ein Wütrich,
Kreuzte dessen Räuberbahn,
Schoß ihm vierundzwanzig Schlösser
    grausam mit der faulen Gret
In den Boden, auch Schloß Friesack
    mit dem neuen Kriegsgerät.[45]

Arthur nannte sich der Zweite,
Den man Paganini hieß,
Weil auf Einer Geigensaite
Er sich oftmals hören ließ.
Strich beim Hurdy-Gurdy-Reigen[46]
    er den Bogen voller Macht,
Ward von Jubeln und von Jauchzen
    stets ein Freudensturm entfacht.

Mit dem Haupt im Lockenrahmen
Und der Augen blauem Strahl
Galt er bei den holden Damen
Als der Schönheit Ideal;
Doch sein mächtiger Revolver
    macht' es einem jeden klar,
Daß er nicht nur Musikante,
    sondern auch ein Kampfhahn war.

Franz von Holwitz hieß der Dritte,
Ein Husar aus Österreich.
Im verweg'nen Angriffsritte
War dem Helden keiner gleich.
Seinen Schnurrbart, lang und trutzig,
  streichelte er stolz und kühn,
Wenn er sprach von den Kanonen,
  die er nahm bei Debreczin.

Später pflanzt' er Apfelsinen,
Ward in Florida fast reich,
Ging als „Ranger" dann zu dienen,
Schlug die Wilden windelweich.
Auf des alten Onkels Tode
  wartete er früh und spat,
Um als Erbteil anzutreten
  das Familien=Majorat.

Lutzow war's, der jüngst beim Wandern
Einen reichen Goldgrund fand,
Und sich mit den beiden andern
Brüderlich sofort verband.
Seine Lust war stets gewesen,
  ins Gebirg hinaufzugehn,
Mit der Schaufel, mit der Schale
  dort nach Golde auszuspähn.

Als er einst dem Schicksal fluchte,
Daß ein Tag verloren war,
Ward ihm, was er eifrig suchte,
Noch vor Abend offenbar:
Denn die letzte Schale Erde,
  die er wusch am nahen Bach,
Zeigt' am Boden goldne Körnchen,
  rief die höchste Hoffnung wach.

Aus dem Schnappsack zog in Eile
Er ein Brettchen, darauf stand
Die bedeutungsvolle Zeile:
Dies ist Baron Quitzows Land! —
An dem nächsten Baume nagelt
    er die wicht'ge Urkund' an,
Die ihm das Erworb'ne sichert
    Rechtens gegen jedermann.

Es erstand aus rauhen Brettern
Eine Hütte allsobald;
Darauf strahlt in weißen Lettern
Oro Fino aus dem Wald.
Glückverheißend war der Name,
    klangvoll auch der Worte Ton:
Deshalb nannte so die Mine
    wohl erwägend der Baron.

Hermann ward auf sondre Weise
Mit dem Dreigestirn bekannt,
Als er in gewähltem Kreise
Sich im Trinksalon befand;
Eldorado hieß derselbe,
    goldverziert, von Spiegeln blank,
Wo das feinste Volk in Boise
    spielte, tanzte, schoß und trank.

In dem lärmenden Gewühle
Hatt' er eines Tisches acht,
Wo das Gold beim Pokerspiele
Übte seine Zaubermacht.
Sieben saßen an dem Tische,
    und darunter jene drei;
Tollkühn wettete ein jeder,
    hoffend, daß er Sieger sei.

Als nach atemlosem Warten
Die Entscheidung endlich da,
Zeigten Sechse schnell die Karten.
Wars ein Blendwerk, was geschah?
Jeder hielt vier gleiche Karten:
    Könige, Damen und sofort;
Quitzow, im Besitz der Könige,
    griff schon nach dem goldnen Hort.

Da erhob mit güldner Kette,
An der Brust den Demantknopf,
Sich der Siebente: Ich wette,
Mir gehört das Geld im Topf! —
In der Hand, von Ringen blitzend,
    hielt vier Aff' er hoch empor.
Wie Herr Quitzow da erbleichte,
    als die Hoffnung er verlor!

Hermann sah der Frechheit Größe:
Daß zuvor der Herr betrog,
Childlike, wie Bret Harte's Chinese,
Karten aus dem Ärmel zog.
Laut verkündet' er es allen,
    packt' den Schurken beim Genick,
Riß ihn ohne Federlesen
    von der Beute rasch zurück.

Da erscholl aus hundert Kehlen
Schrei'n und Fluchen, wild empört,
Wie es keiner in den Sälen
Idahos noch je gehört.
Aus dem Stiefel wollt' der Spieler
    schnell ein Bowiemesser ziehn;
Blitz und Donner! rief von Holwitz,
    schlug sofort zu Boden ihn.

Arthur griff mit beiden Händen
In die Ärmel jach dem Wicht,
Brachte bald mit den behenden
Zwanzig Karten an das Licht.
Jedermann war starr vor Staunen
    über solchen Gaunerkniff,
Der gerechten Neid erregte,
    dessen Wert man gleich begriff.

Über jenen Erzhalunken
Ging sofort man zu Gericht;
Tüchtig wurde erst getrunken,
Denn das stärkt zu solcher Pflicht.
Sonnenklar vor aller Augen
    lag der schmähliche Betrug,
Doch man wollte Gnade üben:
    Teeren, Federn schien genug.

Seine Kette, seine Ringe,
Seinen großen Demantknopf
Und die andern schönen Dinge,
Die noch trug der arme Tropf:
Alles dies und seine Börse
    gab man einer Höferin,
Welche sieben Kinder nährte
    mit dem spärlichen Gewinn.

Hastig von dem Leib gerissen
Wurden ihm die Kleider nun;
Jeder zeigte sich beflissen,
Seine Schuldigkeit zu thun.
Ganz mit Teer ward er bestrichen,
    Federn streut' man drüber aus,
Steckte Stroh ihm in die Mähne,
    zerrt' ihn jubelnd aus dem Haus.

Mit Geschrei und Schellenläuten
Setzte man ihn auf ein Schwein,
Durch die Straße mußt' er reiten,
Alles tobte hinterdrein;
Als er vor die Stadt gekommen,
    jagte man ihn querfeldein:
Heulend floh der Galgenvogel
    ins Gestrüpp voll Angst und Pein.

Doch in Eldorados Hallen
Zechte man die ganze Nacht;
Hermann ward geehrt von allen,
Wie ein Kriegsheld nach der Schlacht:
Aber an dem nächsten Morgen
    ward ihm noch ein schön'rer Lohn,
Denn es wählten ihn zum Partner
    Arthur, Franz und der Baron. —

An demselben Tage gingen
Diese vier mit frohem Sinn,
Plaudernd und mit Liedersingen,
Auf dem Saumpfad rasch dahin.
Schon nach einer kurzen Stunde
    grüßte sie am Bergesrand
Eine Hütte, dran der Name
    Oro Fino leuchtend stand.

Nah am hohen Föhrenwalde
War erbaut das kleine Haus,
Blickte von der grünen Halde
Weit ins niedre Land hinaus.
In dem Kesselthal, dem breiten,
    zog die Goldstadt sich entlang,
Deren Lärm und wild Getöse
    nicht nach dieser Höhe drang.

Durch die Schlucht, den Hang umschließend,
Wand ein Waldbach seinen Lauf,
Und sein Plätschern tönte grüßend
Bis zum grünen Berg hinauf.
Leise rauscht' es in den Föhren,
   die da standen hoch und dicht,
Überflutet war die Landschaft
   von dem goldnen Sonnenlicht.

Hermanns höchste Lust und Freude
An dem Zauber der Natur,
Seine stille Augenweide
Waren kurz von Dauer nur:
Denn es drängten ihn die Freunde
   ohne Säumen nach dem Platz,
Wo verborgen in dem Boden
   lag der vielbesproch'ne Schatz.

Ohne lang sich zu besinnen
Ging er mit den andern gleich,
Selbst ein Urteil zu gewinnen,
Nach der Mine, die so reich;
Aber, ach! nicht Klumpen Goldes
   fand er, Steine nur und Sand,
Und dazwischen tiefe Gruben
   und Gestrüpp, das halb verbrannt.

Und mit Mienen, kummerbleichen,
Stand er ganz enttäuscht nun da,
Als er nirgendwo ein Zeichen
Der erträumten Schätze sah.
All sein Glauben, all sein Hoffen
   an Fortunas Huld und Gunst
Sank dahin, wie wenn die Sonne
   sich verhüllt in Nebeldunst.

Doch die Freunde, frohen Sinnes,
Füllten Schalen schnell mit Sand,
Spülten, sicher des Gewinnes,
Ihn am Bach mit emf'ger Hand.
Als der Sand hinweggewaschen,
    da verschwand auch Hermanns Pein,
Denn es glänzten in den Schalen
    gelbe Körnchen, zart und fein.

Quitzow sprach: Mit hundert Schalen
Macht man guten Tageslohn,
Und zu wiederholten Malen
Glückt' es mir mit zwanzig schon.
Meistens wird die Erde reicher,
    wenn man in die Tiefe gräbt,
Da das Gold durch seine Schwere,
    wie bekannt, nach unten strebt.

Daß ihr mir beim Schaufeln, Waschen
Tüchtig nun die Glieder streckt,
Bis wir die Bonanzataschen [47]
Aufgethan und aufgedeckt!
Glaubt's, wenn wir den Felsgrund drunten,
    der von Golde strotzt, erreicht,
Ist der Krösus nur ein Bettler,
    wenn man ihn mit uns vergleicht! —

Und wie Biber gruben, wühlten
Nun die viere jeden Tag,
Schleppten Erde fort und spülten
Sie in Wiegen aus am Bach.
Ob der Grund nicht reicher werde
    bei der Arbeit, schwer und hart,
War die Frage, die tagtäglich
    hundertmal erörtert ward.

Abends ward das Gold gewogen,
Dann vergnügt die Zeit verbracht;
Arthur strich den Fidelbogen
Wie ein Künstler voller Macht,
Franz erzählte Heldenstücke,
    die er als Husar gethan,
Quitzow redete am liebsten
    von Herrn Dietrich, seinem Ahn.

Hermann mußte Kunde geben
Von dem blut'gen Bürgerkrieg,
Von dem wilden Lagerleben,
Manchem schwer erfocht'nen Sieg.
Nur von seinen eig'nen Thaten
    schwieg der kriegserprobte Mann;
Doch es merkten wohl die Freunde,
    daß er hohen Ruhm gewann.

Eine Woche war verflossen,
Und es lebte unser Held
Mit den fröhlichen Genossen
Wie dereinst im Lagerzelt.
Unter Oro Finos Dache
    fühlt' er heimisch sich sofort,
Machte sich im Haushalt nützlich,
    war der beste Koch am Ort.

In der Mine auch erprobte
Er in kurzer Zeit sich schon,
Und des öfteren belobte
Ihn gebührend der Baron;
Aber trotz des regsten Fleißes
    war sein Goldgewinn gering,
Und die alte Wiege dünkte
    ihn ein unbeholfnes Ding.

Eines Mittags, müd' geworden —
Denn die Arbeit war kein Spaß! —
Lagen an des Baches Borden
Alle vier im weichen Gras.
Hermann sagte: Wie wir's treiben,
    wird ein jeder alt und blind,
Ehe wir auf dieser Erden
    halb so reich wie Rothschild sind!

Franz und Arthur meinten beide,
Daß für solche Plackerei
Eine reich're Augenweide
Unumgänglich nötig sei;
Ob nicht schneller fortzuschaffen
    wäre all der Kies und Sand,
Um das Gold am Felsgrund drunten
    aufzuschaufeln mit der Hand?

Quitzow drauf: Dies Erdetragen
Von der Höhe nach dem Bach
Will mir auch nicht mehr behagen.
Lang schon grübl' ich drüber nach —
Denn ich muß für euch ja denken!
    ob's nicht weit gescheiter wär',
Führten einen Strom von Wasser
    wir vom Berge drüben her?

Um die Erde fortzuschwemmen
Müssen wir des Baches Lauf
Erst im obern Rinnsal dämmen,
Und sein Wasser künstlich drauf
Bis nach unsrer Mine leiten;
    doch sehr wichtig ist dabei,
Daß ein solcher Zuflußgraben
    richtig nivelliert auch sei.

Seltenes geschieht mitunter,
Und mir ist ein Fall bekannt,
Wo ein Graben, statt bergunter
Aufwärts lief am Hügelrand.
Hermann soll den Graben ziehen;
    groß im Rechnen war er ja,
Wie er jüngst mit Stolz sich rühmte
    schon in Lübecks Tertia! —

Dieser war damit zufrieden,
Übernahm die Arbeit froh,
Gab es auch Theodoliten
Damals nicht in Idaho.
Eine alte Wasserwage
    war sein Werkzeug ganz allein,
Und er gab sich doppelt Mühe,
    sicher des Erfolgs zu sein.

Arthur half ihm beim Visieren,
Stach die Stangen ein, und bald
Lernte er die Schnur zu führen
Durch den dicht verwachs'nen Wald.
Endlich lief in großem Bogen,
    teils im Hochwald, teils am Hang
Sieben Meilen* wohl die Linie,
    wie sie angelegt, entlang.

Dann mit Pick und Schaufel gingen
Sie ans Werk mit fleiß'ger Hand,
Um zu Ende es zu bringen,
Eh die Sommerzeit entschwand;
Doch des Herbstes rauhe Winde
    zogen schon durch Berg und Plan,
Und die ersten Flocken fielen,
    eh die Arbeit halb gethan. —

* etwa 11 km.

Was hat wohl den Jubel der Freunde erweckt,
Erschallend vom Berg durch die Lüfte?
Hat Quitzow wohl eine Bonanza entdeckt
Soeben im Felsengeklüfte?
Was hat sich ereignet? was ist wohl geschehn,
Daß jauchzend die Viere beisammen dort stehn?

Die freudigste Botschaft vom baltischen Strand
Hat Hermann den Freunden verkündet.
Ein Brief von den Lieben im Heimatland
Hat sie zur Begeistrung entzündet;
Es meldet beseligt der Vater aus Kiel,
Daß Düppel, das dänische Bollwerk, fiel.

Geschafft und geschaufelt wird heute nicht mehr,
Heut' wird nur getrunken, gesungen
Und Vivat gerufen aufs preußische Heer,
Das Dänemarks Feste bezwungen,
Das stürmend die mächtigen Schanzen erstieg,
Im Fluge gewonnen den herrlichsten Sieg.

Auch Österreichs Helden, mit Preußen im Bund,
Wie haben im Kampf sie gewettert!
Von Dänemarks Wall bis zu Lymfiords Sund
Die Feinde zu Boden geschmettert!
Die Schande, die Schmach ist gesühnet mit Blut,
Die lange Jahrzehnte auf Deutschland geruht!

Hoch springt der Baron auf den Tisch, daß es bebt,
Ruft laut, wie vom Burgschloß der Türmer:
Die Jungen der Mark, wo die Quitzows gelebt,
Die preis' ich, die Schanzenerstürmer!
Bei Düppel, da zeigten sie wieder einmal,
Was Preußen vermögen mit Kolben und Stahl!

Von Holwitz, der streicht seinen Schnurrbart so kühn
Und spricht, wie die Augen ihm blitzen:
Das Stürmen, das mahnt mich an Debreczin
Mit seinen verdammten Geschützen!
Mit sieben Schwadronen nur sprengten wir los
Und nahmen die Böller mit Hieb und mit Stoß!

Die Geige nimmt Arthur in Eile zur Hand,
Die herrliche Weise zu spielen
Vom treuen, vom meeresumschlungenen Land,
Das deutsche Gewässer umspülen;
Und Idahos Föhren, die rauschen am Hang,
Als ob sie verständen den hehren Gesang.

Es hat vor die Hütte sich Hermann gesetzt
Und denket vergangener Tage;
Von Thränen ist plötzlich sein Auge benetzt,
Doch sind es nicht Thränen der Klage.
Befreit ist die Heimat, der Frieden ist nah,
Stolz ist er auf Mutter Germania.

Er schaut in der Zukunft ihr ragendes Bild
Im Glanze des Ruhmes so prächtig,
Hell schimmert und leuchtet ihr eherner Schild,
Ihr Schwert, so gefürchtet, so mächtig;
Und all ihre Kinder vom Hochland zum Meer
Vereinigt als Brüder zu Trutz und zu Wehr.

Es singen die Freunde; er höret sie kaum.
Froh liest er, was alles die Lieben
Von seinem zur Wahrheit gewordenen Traum
Mit freudiger Feder geschrieben;
Und als er beendet, da starrt er noch lang
Hinaus in die Wildnis vom sonnigen Hang. — —

Winter ist's im Goldlande.
Rings ist alles tief verschneit,
Und im schimmernden Gewande
Prangt die Erde weit und breit.
Unter ungeheuren Massen
  aufgehäufter schnee'ger Last
Beugt sich in den Föhrenwäldern
  fast zum Brechen Ast an Ast.

In dem wüsten Goldgelände
Ist erstarrt der Fluten Schwall,
Und es ruhn die fleiß'gen Hände
In den Minen überall.
Ausgestorben sind die Lager,
  wo noch jüngst der Lärm erschallt,
Denn ein jeder nahm im Städtchen
  seinen Winteraufenthalt.

Auch aus Oro Fino jagten
Frost und Stürme unsre vier,
Die sich dort vergebens plagten,
In ein wärmeres Quartier.
Unten in der Goldstadt wohnten
  sie beim Landsmann Peter jetzt,
Der nach langen Wanderjahren
  sich allda zur Ruh' gesetzt.

Dieser, der sein Erdenwallen
Fromm in Ratzeburg begann,
Wurde hochgeschätzt von allen
Als ein viel erfahr'ner Mann.
Wie dereinst Till Eulenspiegel
  zog er in die Welt hinaus:
Schon als dreizehnjähr'ger Knabe
  lief er fort vom Elternhaus.

Kam nach Hamburg, ging zu Schiffe
Nach dem Kap, das froh er sah,
Strandete auf einem Riffe,
Schwamm ans Land in Afrika;
Lebte unter Hottentotten,
    schlug sich durch nach Sansibar,
Bis er wieder Küchenjunge
    unter Englands Flagge war.

Über Asien gelangte
Endlich er nach Baltimore,
Ward zum Künstler dort und prangte
In dem feinsten Minstrelchor;[48]
Ward dann Methodistenprediger,
    Kellner im „Delmonico",
In New York ein Polizifte
    unter Iren, frech und roh.

Doch die Zeiten wurden trüber,
Geld verlor er, Amt und Gunst,
Und aufs neu' als Kunstverüber
Mußt' er leben von der Kunst.
Wieder zog als Niggerbarde
    er durchs Land die rauhe Bahn,
Von dem Babylon des Ostens
    bis zum Stillen Ocean.

Schließlich kam der Leidgewohnte
Nach dem Goldland Idaho,
Wo das Glück ihn reich belohnte,
Das so manches Jahr ihn floh.
Schätze hob er in den Minen,
    war im Städtchen Sheriff[49] jetzt,
Wo mit manchen lust'gen Schwänken
    er die Freunde oft ergötzt.

In des Peter hübschem Hause
Schwand die Zeit dahin im Flug.
Wenn der Nordsturm mit Gebrause
An die Fensterscheiben schlug,
Wenn durch dichtes Schneegestöber
    trüb der Tag ins Zimmer schien,
Saßen fröhlich die Genossen
    an dem lodernden Kamin.

Manchen langen Tag verkürzten
Sie mit Spiel und frohem Sang,
Heitre Anekdoten würzten
Ihre Reden ohne Zwang.
Alle lauschten einst mit Staunen
    Peters wunderbarer Mär
Von der Blauen-Eimer-Mine,
    die nicht mehr zu finden wär'.

Eine Schar von Emigranten —
Sprach er mit gewicht'gem Ton —
Zog dereinst auf unbekannten
Pfaden quer durch Oregon.
Auf den mächt'gen Wagen saßen
    unter Planen Kinder, Frau'n,
Ihrer Reise Ziel ersehnend,
    wandermüde anzuschaun.

Staubbedeckte Männer schritten
Peitschenschwingend nebenher,
Andre, die auf Ponies ritten,
Trugen schußbereit die Wehr:
Denn die tückischen Peiuten [50],
    streiften mordend durch das Land,
Und das Blut von Emigranten
    färbte hier schon oft den Sand.

Als nach langer Tagereise
Einst man einen Wildbach fand,
Wurden nach gewohnter Weise
Rasch die Stiere ausgespannt.
Nach der Tränke suchten wandelnd
    Futter sie mit gier'gem Blick,
Und die scheck'gen Ponies grasten
    auf und ab am härnen Strick.

Auf dem Lagerplatze lohte
Bald ein Feuer, und der Duft
Frisch aus Mais geback'ner Brote
Zog schon würzig durch die Luft.
Knisternd briet der Speck, die Bohnen
    dampften in des Topfes Bauch,
Und ein Haufen leckrer Flapjacks *
    wuchs empor nach Landesbrauch.

Auf dem Gras im Abendlichte
Breitete das Mahl man aus,
Und die Hinterwald=Gerichte
Schmeckten wie ein Götterschmaus.
Eh es dunkelte, begab sich
    nach dem Bach die Männerschar,
Um zu sehn ob Gold sie fänden,
    wie's beim Reisen üblich war.

Jubel scholl aus jedem Munde.
Gelbe Klumpen lagen da
Faustgroß auf des Baches Grunde,
Wie kein Mensch sie je noch sah.
Einen blauen Wassereimer
    hatten sie mit Gold gefüllt,
Eh die Nacht mit schwarzem Schleier
    rings die Gegend eingehüllt.

* Pfannkuchen.

Fiebrisch, freudentoll verbrachten
Sie den größten Teil der Nacht;
Während sie an Gold nur dachten,
Stand nicht Einer auf der Wacht.
An dem nächsten Tage wollten
    füllen sie mit emj'ger Hand
Jeden blauen Wassereimer
    voll mit Gold bis an den Rand.

Aber träumend noch von Schätzen,
Einer Zukunft, sorgenfrei,
Schreckte auf sie mit Entsetzen
Der Peiuten Kriegsgeschrei.
Welch Erwachen für die Träumer,
    als das Wutgeheul erklang
Und die wilde Horde mordend
    plötzlich in das Lager drang!

Ohne Mitleid und Erbarmen
Wütete die Höllenbrut,
Rissen von dem Haupt den Armen
Skalp auf Skalp, getüncht in Blut;
Mit dem Tomahawk erschlugen
    sie die Greise, Kinder, Frau'n,
Und es herrschte rings im Lager
    Teufelslust und Todesgraun.

Einer nur der Aufgeschreckten
Aus dem Mordgewühl entwich,
Den die Wilden nicht entdeckten,
Als er in die Büsche schlich.
Rastlos floh er sieben Tage
    nordwärts durch das öde Land,
Bis er endlich unter Weißen
    am Columbia Rettung fand.

Jahre schwanden, und gar viele
Abenteurer zogen aus
Nach dem märchenhaften Ziele,
Trotz Gefahr und Wüstengraus;
Doch die Blaue-Eimer-Mine
    blieb verloren und versteckt.
Selbst der Flüchtling, der sie suchte,
    hat sie nicht aufs neu' entdeckt.

Also Peter — Hermann aber
Schüttelte den Kopf dazu,
Meinte, dieses hätt' Micawber[31]
Wohl gestört aus seiner Ruh'.
Würde der nicht ängstlich warten,
    falls er nicht gestorben schon,
Auf den blauen Wassereimer,
    voll mit Gold, aus Oregon! — —

Horch! wozu das Schrei'n und Pfeifen
    in den Straßen wild und schrill? —
Ausgeplündert von Banditen
    ward die „Stage" vor Centreville!
Bob, der Kutscher, totgeschossen! —
    Der Expreß-Versand allein
Büßte im zerschlag'nen Kasten
    dreißigtausend Dollars ein! —

Greaser* waren es gewesen,
    zwei verweg'ne Kerle nur;
Einer Frau sogar, o Schande!
    raubten Ringe sie und Uhr.

---

* Greaser (sprich: Grieser), Spottname für die Mexikaner, der sich auf ihr schmutziges Aussehen bezieht.

All die schweren Goldstaubbeutel
   nahmen sie den Männern fort,
Ritten gleich dann in die Berge
   von dem blutgetränkten Ort.

Peter, seines Amts gewärtig,
   musterte vor dem Hotel
Sieben Indianerjäger,
   die er aufgeboten schnell.
Bowiemesser, Colt's Revolver,
   Büchsen, eingelegt mit Gold,
Trugen alle, Lassos hingen
   an dem Sattel aufgerollt.

Durch die menschenvolle Straße
   sprengte die erles'ne Schar
Der die Jagd auf die Banditen
   eine helle Freude war.
Hüte flogen in die Lüfte,
   Schüsse knallten, Jubel scholl
Aus den Reihn der wackern Bürger,
   und ein jeder schrie wie toll.

Tapfer wurde dann getrunken,
   und mit Flüchen und Gestampf
Ward auf den Erfolg gewettet,
   wie bei einem Hahnenkampf;
Doch als Bob, den Liebling aller,
   man vom rauhen Wagen hob,
Ward es still, und Flüsterworte
   kündeten des Toten Lob.

In den nächsten sechzig Stunden
   wuchs der Aufruhr wunderbar.
Keine Nachricht war gekommen
   von des Sheriffs Reiterschar.

Boten, die den Spuren folgten,
    kehrten mit enttäuschtem Blick
Auf den abgehetzten Pferden
    abends nach der Stadt zurück.

Früh am dritten Tage setzte
    schlimmes Wetter plötzlich ein:
Schneegestöber fiel vom Himmel
    und der Sturmwind heulte drein.
Hermann, Franz und Arthur saßen
    stumm am lodernden Kamin,
Und vorbei war's mit dem Sehnen,
    auf die Räuberjagd zu ziehn.

Wildes Jauchzen zog am Abend
    in das Freie sie hinaus,
Aus der kosig-warmen Stube
    in des Wintersturms Gebraus.
Die gefesselten Banditen
    mit sich führend hoch zu Roß,
Sprengte Peter durch die Straße
    mit dem schneebedeckten Troß.

Hängt sie! hängt sie! scholl der Wutschrei,
    doch der Sheriff hielt nicht Rast,
Ritt mit den gefang'nen Räubern
    durch die Stadt in eil'ger Hast,
Brachte rasch sie ins Gefängnis,
    daß die wilde Menge nicht
Ihm das Mörderpaar entreiße
    fürs erhoffte Lynchgericht. —

Peter sprach zu seinen Freunden:
    Traun, wir hatten selt'nes Glück!
Hört, wie wir die schlauen Kerle
    endlich packten im Genick! —

Auf dem schneebedeckten Pfade
    fanden ihre Spur wir bald,
Von der Straße nordwärts führend
    in den dichten Föhrenwald.

Aufwärts ging sie ins Gebirge
    an dem Ufer des Payette,
Der bis auf den Grund gefroren
    in dem tief verschneiten Bett.
Dort, im Jagdgebiet der Roten,
    haben wir die erste Nacht,
Eingehüllt in unsre Decken,
    ohne Feuer zugebracht.

Auf der frischen Fährte jagten
    weiter wir am nächsten Tag.
Einmal war sie fast verloren,
    wo der Schnee nur spärlich lag:
Denn die pfiff'gen Greaser ritten
    zweimal dort herum im Kreis,
Den sie seitwärts dann verließen,
    wo sich zeigte nackter Gneis.

Aber meine wachen Burschen
    fanden bald aufs neu' die Spur,
Der wir sechzig Meilen folgten,
    rastend wen'ge Male nur.
Als es wieder Abend wurde,
    sahen, scharf ausspähend, wir
Einen Schimmer seltsam leuchten
    in dem düstern Waldrevier.

Aus dem Sattel sprang ein jeder,
    koppelte sein Pferd sogleich,
Schlich hinüber nach dem Lichtschein
    durchs verworrene Gezweig.

Wir erblickten eine Hütte,
    schwach von einem Licht erhellt;
Wie im Handumdrehen hatten
    wir dieselbe wohl umstellt.

Und ich lugte durch das Fenster.
    Die zwei Räuber saßen da
Gier'gen Blicks an einem Tische,
    drauf ich Haufen Goldes sah.
Hinten standen die Gewehre
    an der rauhen Bretterwand,
Nur ein Messer hatte jeder
    in dem Leibgurt nah zur Hand.

Während ich am Fenster Wacht hielt,
    bebend vor Erbitterung,
Stellten vier von meinen Burschen
    vor die Thür sich auf den Sprung.
Zwei von ihnen rissen plötzlich,
    als ich winkte, auf die Thür,
Packten jeder einen Greaser,
    wie ein Grizzly* einen Stier.

In dem Zimmer war ein Aufruhr,
    ein Geheul, Geschrei, Gestampf,
Gleich als wär' ein Rudel Wölfe
    um die Beute dort im Kampf.
Tisch und Leuchter, Haufen Goldes
    stürzten nieder mit Gekrach,
Finsternis verhüllte alles,
    was geschah in dem Gemach.

* Der graue Bär.

Plötzlich sprang ein Kerl durchs Fenster
   in den Nacken mir mit Wucht.
Als ich hinfiel, rannte jener
   nach dem Busch in eil'ger Flucht;
Doch ein Lasso sauste schwirrend
   durch die Luft und fehlte nicht,
Schlang sich um ihn, riß ihn nieder —
   und gefangen war der Wicht.

Aus der finstern Stube schleifte
   man den anderen beim Haar,
Der sich mit dem Messer wehrte,
   kreischend wie ein Jaguar.
Rasch entwaffnet waren beide,
   Riemen schnürten fest sie ein,
Und die Knebel in den Mäulern
   ließen mäuschenstill sie sein.

Friedlich ruhten wir im Hause,
   bis die lange Nacht verstrich,
Galt es auch noch zu verbinden
   manchen bösen Messerstich.
Aufgelesen wurde sorglich
   das umhergestreute Gold
Nebst den Zwanzigdollarstücken,
   die am Boden hingerollt.

Schon am frühen Morgen saßen
   wir im Sattel Mann für Mann,
Und mit den gefang'nen Räubern
   traten wir den Rückweg an;
Doch ein wahres Hundewetter
   machte uns den Ritt zur Qual.
Was wir dabei ausgestanden,
   meld' ich euch ein andermal. —

In den nächsten Tagen konnte
    Peter nicht auf Lorbeern ruhn:
Mußt' ein Dutzend Bürger suchen,
    in der Jury Dienst zu thun,
Mußt' den Galgen bauen lassen
    und sich üben, mit Geschick
Einen Knoten recht zu schürzen
    an dem stark befund'nen Strick.

Hermann war erstaunt zu hören,
    daß der Sheriff hierzuland
Durch das Henken nicht entwürd'ge
    seinen angeseh'nen Stand;
Daß demselben diese Dienstpflicht
    keineswegs zuwider sei, —
Denn ein halbes tausend Thaler
    gäb's für jede Hängerei.

Bei den Bürgern fiel die Mahnung
    ganz besonders ins Gewicht,
Peters Spesen nicht zu schmälern
    durch ein flottes Lynchgericht.
Dennoch ward von seinen Leuten
    das Gefängnis wohl bewacht,
Denn der Lynchtrieb, fast erloschen,
    könnt' auflodern über Nacht.

Offen lag die Schuld zu Tage,
    deren man die Räuber zieh.
Ausgelacht ward der Verteidiger
    mit der Wahnsinnstheorie.
Ohne Zögern gab die Jury,
    unparteiisch, freudenvoll,
Ihren Ausspruch für das Hängen
    im Gericht zu Protokoll. —

Die Lüfte sind milde und säuseln nur sacht,
Als ginge der Winter zu Ende,
Doch immer noch glänzt er in nordischer Pracht,
Noch schimmert im Schnee das Gelände,
Und herrlich umflutet mit goldenem Strahl
Die Sonne Gebirge und Wälder und Thal.

Wie friedlich ist alles! wie prangt die Natur
Im blitzenden Wintergeschmeide!
Nie zeigte sich herrlicher Idahos Flur
Als heute im blendenden Kleide.
Was aber erfüllet die Herzen mit Grau'n?
Was müssen die Augen der Freunde hier schaun? —

Ein schwarzes Gerüste, das Grausen erweckt,
Erhebt sich gespenstisch vom Grunde;
Zwei Stricke am Balken, der drüber sich reckt,
Die geben entsetzliche Kunde:
Am Ende sind beide mit Schlingen versehn,
Die sacht in den säuselnden Lüften sich drehn.

Es wälzt aus der Stadt sich heran ein Troß,
Ein jauchzendes wüstes Gedränge,
In Scharen zu Fuß, zu Wagen und Roß —
Des Volks vielköpfige Menge;
Und alle die Männer, die Kinder und Frau'n
Mit leuchtenden Augen den Galgen beschaun.

Man schleppt sich mit Körben, mit Speisen beschwert
Und Tellern und Gläsern und Flaschen,
Mit allem, was sonst für ein Picknick gehört
Zum Trinken, zum Schmausen, zum Naschen,
Und Jubel ertönet und lauter Gesang
Und blecherner Hörner betäubender Klang.

Jetzt kommen die Räuber im offnen Gefährt,
Das jauchzende Reiter umringen.
Die Mörder, sie schaun auf die Menge verstört,
Sie können die Angst nicht bezwingen,
Als vor sich den schrecklichen Galgen sie sehn,
Die Schlingen, die sacht in den Lüften sich drehn.

Bald stehn auf dem Fallbrett die schlotternden zwei.
Was wohl ihre Seelen beweget,
Als laut sie vernehmen des Volkes Geschrei,
Von Haß und von Rache erreget?
Doch rasch ist der Sheriff, und eh man's gedacht
Empfängt sie die finstere ewige Nacht.

Abseits von der lärmenden Menge Gewühl
Steht Hermann mit seinen Genossen;
Sie sind wie erstarrt, und ein schaurig Gefühl
Hat jedem die Lippen verschlossen,
Bis endlich dasselbe den Ausdruck gewinnt —
Daß Scenen, wie diese, noch möglich sind! — —

Wieder ist der Lenz erschienen.
In den Bächen rinnt die Flut.
Schaarenweise nach den Minen
Ziehn die Männer wohlgemut.
Wieder wühlt man in dem Boden,
   Steine werden fortgerollt,
Und in Wiegen und in Rinnen
   heimst man ein das gelbe Gold.

Auch in Oro Fino haben
Unsre vier nach Wintersrast
Pick und Schaufel an dem Graben
Hoffnungsvoll aufs neu' erfaßt.

Langsam nähert sich derselbe
   seinem Ziele mehr und mehr;
Kaum ermüdet sie die Arbeit,
   ist das Werk auch noch so schwer.

Als im Mai die grüne Halde
Sich mit Blumen reich geschmückt,
War der Graben aus dem Walde
Fünfzig Schritt herangerückt.
Quitzow zimmerte voll Eifer
   an der Rinne, und er sang:
Möcht' uns doch darin gelingen
   bald ein goldner Massenfang!

Dann aus Fichtenstämmen sägte
Scheiben er, die glatt und schmal,
Die er in die Rinne legte,
Dichtgereiht, in großer Zahl;
Und aus einer Eisenflasche
   goß er flüssigen Merkur
In die Höhlungen, die offen
   an dem Rand der Scheiben nur.

Hergeleitet war die Quelle,
Und das Wasser mit Gebraus
Floß mit trefflichem Gefälle
Durch die Rinne ein und aus.
Allesamt mit lautem Munde
   priesen Hermann froh bewegt,
Der so meisterhaft den Graben
   durch die Wildnis angelegt.

Fleißig, stetig ging von statten
Nun die Arbeit, Hand in Hand:
Zweie warfen ohn' Ermatten
In die Rinne Kies und Sand,

Die zwei andern rührten mächtig
   in dem Wasser hier und dort,
Schleuderten mit Eisengabeln
   Steine von dem Boden fort.

Schlammig floß die Flut und trübe
In dem schmalen Bett entlang,
Stürzte dann mit dem Geschiebe
Brausend von dem steilen Hang;
Und es sank das Gold, das schwere,
   gleich nach unten in dem Schwall,
Wurde gierig aufgesogen
   von dem flüssigen Metall.

Eine Woche war verflossen,
Seit die Arbeit, schwer und hart,
Von den wackern vier Genossen
Eifrig so betrieben ward.
Oben schloß man dann den Graben,
   daß er wieder wasserfrei,
Um zu sehn, wie viel an Golde
   jetzt wohl in der Rinne sei.

Bald entfernte man mit raschen
Händen nun die Scheiben all,
Und der Schlamm ward weggewaschen,
Wie Herr Quitzow es befahl;
Reingebürstet ward die Rinne,
   und ihr ganzer Bodensatz,
Des Amalgams graue Masse,
   fand in einem Hafen Platz.

Ängstlich blickten sie und bange,
Als der Topf am Feuer stand,
Denn es währte gar so lange,
Bis der Dunst und Dampf verschwand.

Doch der Freude, als die Wahrheit
    leuchtend durch den Zweifel brach,
Und ein dicker Klumpen Goldes
    ihnen in die Augen stach!

Jubel scholl an dem Kamine.
Solch ein Glück war unerhört!
Unter Brüdern war die Mine
Eine Million wohl wert!
Quitzow wollte Schlösser bauen,
    Holwitz pfiff aufs Majorat,
Arthur wollt' als freier Künstler
    wallen auf des Ruhmes Pfad.

Hermann mit verklärten Mienen
Wußte nicht wie ihm geschah.
Was ihm oft im Traum erschienen,
War es endlich, endlich da?
Zukunftsbilder, farbenglänzend,
    tauchten auf vor seinem Blick,
Denn ihm dünkte das Errung'ne
    Bürge für sein nahes Glück.

Nach den langen Wanderjahren
Wollt' er an dem eig'nen Herd
Treue Freunde um sich scharen,
Seinem Herzen lieb und wert;
Wollt' mit einem edlen Weibe
    endlich, endlich glücklich sein,
Allem Guten, allem Schönen
    seine besten Kräfte leihn. —

Tags darauf beim Morgengrauen
Kam gepilgert Schar auf Schar,
Um den reichen Fund zu schauen,
Der das Stadtgespräch schon war.

Peter war der ersten einer,
     brachte mit Herrn David Bolt,
Jhn, den reichsten Mann im Orte,
     der die Mine kaufen wollt'.

Bolt, ein schlauer Yankee, fragte
Jm Gespräch so nebenbei,
Als er über Geldnot klagte:
Was die Mine wert wohl sei? —
Quitzows Antwort: Zwei Millionen! —
     Jener lachte laut dazu:
Herr Baron, mit diesem Preise
     läßt man sicher euch in Ruh'!

Scheint's zu viel dir, was ich sage, —
Sprach bedeutsam der Baron —
Bleib' als Gast hier ein'ge Tage.
Morgen in der Frühe schon
Geht es an die Arbeit wieder.
     Den Erfolg betrachte dir,
Und nach einer Woche reden
     weiter von dem Preise wir.

Jener hatte nichts dawider,
Blieb die ganze Woche da.
Spähend ging er auf und nieder,
Nichts entging ihm, was geschah.
Als die Woche abgelaufen,
     staunten alle noch viel mehr,
Denn ein größ'rer Klumpen Goldes
     lag im Topfe als vorher.

David sagte, daß die Mine
Besser sei als er gedacht,
Doch der Preis dafür, der schiene
Jhm für Narren nur gemacht.

Kaum den zehnten Teil der Summe
   wollt' er zahlen — und auf Zeit!
Und auf einer solchen Basis
   sei er für den Kauf bereit.

Heimwärts ging er. Doch in Eile
Suchten Peter auf die vier,
Daß er guten Rat erteile.
Gleichmut ist vonnöten hier —
Sagte dieser. Eure Mine
   ist vielleicht millionenreich,
Doch für fünfmalhunderttausend
   Dollars gäb' ich sie sogleich.

Wollt ihr selbst die Schätze heben,
Die ihr in der Tiefe wähnt,
Würde euer Minenleben
Noch auf Jahre ausgedehnt.
Und dabei ist zu erwägen
   manches, was ihr nicht bedacht:
Frost und Hitze, Wassermangel,
   Zweifel, Sorgen Tag und Nacht.

David wird die Finger lecken! —
Zahlen muß er halb in bar
Und den Rest mit Wechseln decken,
Zwölfprozent'gen, auf ein Jahr.
Diskontieren in den Banken
   könnt ihr seine Wechsel gleich,
Denn den David Bolt betrachtet
   man als unermeßlich reich.

Hermann mochte sich nicht plagen
Jahrelang in Idaho,
Und die andern auf Befragen
Dachten sämtlich ebenso.

Allen war genehm der Vorschlag,
    und dem Yankee unverweilt
Wurde dies als Ultimatum
    von dem Sheriff mitgeteilt.

Erst den Peter zu bestechen,
Machte David den Versuch,
Doch zur Antwort ward dem Frechen
Nur ein kern'ger deutscher Fluch. —
Abgeschlossen ward der Handel.
    Plötzlich war das Geld nicht knapp,
Gerne nahm die Bank die Wechsel —
    alles ging ganz klipp und klapp. — —

Auf Oro Finos Hügel weilten
Die Freunde heut' zum letztenmal,
Eh sie getrennt von hinnen eilten,
Wohin sie trieb die eig'ne Wahl.
Die Sonne schien mit goldnem Prangen
Aus unbewölkten Äthershöhn,
Und aus den hohen Föhren klangen
Der Böglein Lieder hell und schön.

Es stand im Frei'n auf grüner Halde
Der alte braune Eichentisch,
Geschmückt mit Blümlein aus dem Walde,
Mit Moos und Reisern, zart und frisch.
Das Beste, was im Ort zu haben
Von Speisen und von Traubensaft,
Das war, die Freunde zu erlaben,
Im Überfluß herbeigeschafft.

Nur Peter war als Gast erschienen,
Der treuste Freund in Jdaho.
Wie strahlten glücklich seine Mienen,
Wie war er heut' so seelenfroh!

Er konnte kaum die Zeit erwarten,
Bis aus der Flasche, hell und schlank,
Vom Pfälzer Jesuitengarten
Kredenzet ward der duft'ge Trank.

Der biedre Quitzow präsidierte,
Der niemals noch so fröhlich war;
Ein Kranz von Eichenblättern zierte
Sein tonsuriertes schwarzes Haar.
Von Holwitz trug mit stolzer Miene
Sein Ordensband von Debreczin,
Es lag die braune Violine
Bei Arthur auf dem Tannengrün.

Doch in Gedanken tief versunken
Saß Hermann an dem Tische da.
Es schlug sein Herz so freudetrunken;
War er doch seinem Ziel so nah!
Heut' schaute er im Sonnenglanze
Von diesem Hang zum letztenmal
Die wald'gen Höhn im weiten Kranze,
Und unter sich das Boise-Thal.

Du Land der Hoffnung, — sinnt der Gute —
Wie seh ich jetzt dich anders an!
Beim Scheiden ist mir heut' zu Mute,
Daß oft ich Unrecht dir gethan.
Wohl ist dein Volk so rauh zu schauen
Wie deine Berge, deine Flur,
Doch durft' ich furchtlos ihm vertrauen
Und deiner wilden Urnatur.

Wie Sand und Kies und Rollgesteine
Das Gold in deinem Schoße deckt,
So ruht auch in dem Herzensschreine
Des Volks manch edler Schatz versteckt.

Ich wünsche Segen ihm in Fülle
Nach seiner Arbeit, seinen Mühn;
O, mög' ihm bald aus rauher Hülle
Gesittung, Menschlichkeit erblühn!

Mich zieht es auf der Wildnis Pfaden
Nach jenem neuen Wunderland,
Wo an des Stillen Meers Gestaden
Das alte Ophir auferstand;
Nach jenem Land, dem blütenschönen,
Das Trauben und Orangen beut,
Wo kein Cyklon, kein Donnerdröhnen,
Kein eis'ger Winter schreckt und dräut. —

Herr Quitzow ruft mit lautem Munde:
He, Hermann, raffe dich empor!
Dein Träumen stört die Tafelrunde;
Wir wollen singen nun im Chor. —
Ein Lied laß aus dem Stegreif schallen!
Wir stimmen alle fröhlich ein. —
Dann, Peter, laß die Pfropfen knallen
Und schäumen den Champagnerwein! —

Und Hermann, der sich kurz besann,
Hub also frisch zu singen an:

  Der beste Mann im Boise-Lande
  Ist David, unser Schutzpatron;
  Er zahlte uns aus lauter Liebe
  'ne lump'ge halbe Million!
   Chor: Der Ehrendavid lebe hoch,
     Der nett uns aus der Patsche zog!

Er schaute scharf uns auf die Finger,
Als er bei uns herumgespürt;
Dem Bruder selbst würd' er nicht trauen,
Wenn er mit ihm Geschäfte führt.

Chor: Der Ehrendavid lebe hoch,
　　　Der nett uns aus der Patsche zog!

Doch sind die Deutschen, alter Knabe,
Viel ehrlicher, als du gedacht;
Sie haben nicht den Grund „gesalzen", [52]
Kein X dir für ein U gemacht.
　　Chor: Der Ehrendavid lebe hoch,
　　　　Der nett uns aus der Patsche zog!

Das Teilen seiner Doppeladler,*
Das war für uns kein übler Schwank,
Das Diskontieren seiner Wechsel
Ging flott von statten in der Bank.
　　Chor: Der Ehrendavid lebe hoch,
　　　　Der nett uns aus der Patsche zog!

Als die wunderbare Weise
Ausgeklungen voll und rein,
Tranken sie zu Davids Preise
Jubelnd den Champagnerwein;
Und den Kranz von Eichenblättern
　　nahm vom Haupte der Baron,
Wand ihn um die Stirne Hermanns
　　als des Dichters Ehrenlohn.

Franz von Holwitz, dessen Laune
Heut' die allerbeste war,
Brach voll Eifer nun vom Zaune,
Was vollbracht er als Husar;
Aber als, den Schnurrbart streichend,
　　er von Debreczin begann,
Lauschte keiner von den Freunden
　　auf den tapfern Kriegersmann.

––––––––––

* Zwanzigdollar-Goldstücke.

Doch der Held, der tief ergrimmte,
Ward versöhnt von Arthurs Blick,
Der schon seine Geige stimmte
Für des Freundes Lieblingsstück;
Mit dem leichten Fidelbogen
   spielt' er ein Zigeunerlied —
Und der Unmut war verflogen,
   der aus Franzens Aug' gesprüht.

Denkend an vergang'ne Zeiten
Und sein deutsches Vaterland,
Strich er mächt'ger in die Saiten
Dann mit seiner Meisterhand.
Deutschland, Deutschland über alles!
   scholl's von Oro Finos Hang,
Und die dunklen Föhren rauschten
   in des Liedes Jubelklang.

Länger von den Fichten fielen
Jetzt die Schatten auf den Grund,
Und im Windeshauch, dem kühlen,
Zog heran die Abendstund.
Stiller ward es in dem Kreise;
   selbst der kluge Präsident,
Der das Wort vor allen führte,
   war mit seinem Witz zu End'.

Peter, welchen man gebeten
Um sein schönstes Minstrellied,
War abseits ins Haus getreten,
Ohne daß er was verriet.
Als er nach geraumer Weile
   wieder in das Freie kam,
Glich er einem Kongoneger,
   ganz bedrückt von Liebesgram.

Und dies klang aus seinem Munde
In der kühlen Abendstunde:

> Süße Sarah, hör' mich wimmern,
> Wimmern heut' in Tremolo!
> Komm', o Maid, so schwarz wie Kohle,
> Komm' zu deinem Scipio!

> Sieh'! es sinkt die goldne Sonne,
> Und es naht die finstre Nacht,
> Und der Mond mit seinen Hörnern
> Steigt empor in Silberpracht!

> Süße Sarah, Schuhwichs-Schwarze,
> Komm' zu deinem Scipio!
> Hinter seinem dunklen Busen
> Schlägt ein Herz, das liebt dich so,

> Liebt dich so, als wie sein Miezchen
> Heiß der schwarze Kater liebt,
> Der ihr auf dem Dach ein Ständchen
> Mit Gefühl zum besten giebt.

> Setz' dich, Sarah, Schuhwichs-Schwarze,
> Auf die Kniee Scipios!
> Will dich küssen, küssen, küssen,
> Honigsüßer Erdenkloß! —

Arthur spielte zu den Worten
Eine zarte Melodei;
Tief gerührt von den Akkorden
Schluchzten alle laut dabei.
Welch ein Lied, das alle Herzen
    So ergriff mit Liebesqual!
Peter mußt' auf stürm'sche Bitten
    Singen es zum zweiten Mal.

Und mit einer kurzen Rede
Schloß die Sitzung der Baron:
Seht! es blaßt die Abendröte,
Längst verschwand die Sonne schon.
Abschied müssen bald wir nehmen,
    wird es uns auch noch so schwer;
Die Erinn'rung dieser Stunden
    soll verblassen nimmermehr.

Nach der Ahnen Burgruine
Zieht's mich übers Meer mit Macht,
Mit dem Gold aus dieser Mine
Zu erneuen ihre Pracht.
Franz, dich Ritter ohne Tadel,
    lad' ich ein, mit mir zu ziehn;
Aber nie in Dietrichs Hallen
    rede mir von Debreczin!

Arthur, Meister auf der Geige,
Drücken muß ich deine Hand,
Daß ich die Bewundrung zeige,
Die ich längst für dich empfand;
Denken wirst du stets der Freunde,
    die an deinen Stern geglaubt,
Wenn der Lorbeer Paganinis
    dir umkränzt das Lockenhaupt.

Peter, laß die Sheriffsstelle
Mit der ganzen Henkerei!
Schachre! denn auf alle Fälle
Machst du mehr Profit dabei;
Sing' dazwischen Minnelieder,
    wie ein schwarzer Troubadour,
Und erob're dir die Herzen —
    doch an eines häng' dich nur!

Hermann, mich von dir zu trennen,
Edle Seele, ist zu hart!
Offen muß ich es bekennen,
Daß ich ganz in dich vernarrt.
Wenn du unter neuen Freunden
    einstens weilst am Goldnen Port,
So gedenk' des alten treuen
    Quitzows gern mitunter dort! —

Sprach's — und fing dann an zu singen:
Morgen muß ich fort von hier!
Alle fielen ein und gingen
Nach der Stadt in ihr Quartier. —
Überm dunklen Föhrenwalde
    stieg der Vollmond still empor,
Schmückte Oro Finos Halde
    mit dem lichten Silberflor.

Zwölfter Gesang.

Nach zwanzig Jahren.

(In Californien.)

In den grünen Küstenbergen,
Stufenweise sich erhebend
An der Bai von Monterey,
Wo gen Osten Waldterrassen
Den gewalt'gen Rahmen bilden
Um das Städtchen Santa Cruz,
Liegt hochoben, weit ausschauend,
Ein besonnter Hügelrücken.
Auf dem schwellenden Gelände
Stehn mit ihren jungen Trieben
Zahllos da die Rebenstöcke —
Denn der lächelnde April,
Der den Lenz im Goldland kündet,
Hat sich freundlich eingestellt.
Pfirsich=, Kirsch= und Mandelbäume
Sind mit Blüten dicht bedeckt.
Überall am Rand der Felder,

Auf den Wegen selber wachsen
Goldene Eschscholtzias,[53]
Deren offne Kelche glühen
In dem hellen Sonnenschein,
Und der unbebaute Boden
Schaut im Schmuck von wilden Blümlein
Farbenbunt als wie ein Teppich.
Wellenförmig hingelagert
Über Hänge, Berg und Thal
Steht ein dunkler Rothholzwald,
Und im fernen Westen dehnt sich
Schillernd aus das Stille Meer.
Auf den grünen Höhen zeigen
Hier und dort sich helle Häuser,
Drin die deutschen Winzer wohnen,
Die sich droben angesiedelt. —
Zwischen hundertjähr'gen Eichen
Lugt hervor ein schmuckes Landhaus.
An der schattigen Veranda,
Ganz bedeckt mit weißen Rosen,
Die das Dach selbst überranken,
Prangen Fuchsien, schier wie Bäume,
Übervoll von Blumen-Glocken.
Weiß' und rote Kletterrosen
Schmücken zauberhaft die Kronen
Schlank gewachs'ner Ahornbäume.
Schimmernd steigt ein kühler Springquell
Vor dem Hause in die Lüfte,
Fällt mit Plätschern in ein Becken,
Hell umsäumt von Calla-Lilien,
Die wie staunend niederschaun
Auf der roten Fischlein Schwimmkunst.
Murmelnd fließt ein silberklarer
Bach vorüber, überschattet

Von dem dunklen Laub des Lorbeers
Und von tief geneigten Weiden;
Aber gold'gen Glanzes leuchten
Der Madroñas glatte Stämme
Durch das Grün der Lebenseichen.
Eine leicht gebaute Brücke
Kreuzt den Bach und führt zum Garten
Mit dem Park und Laubengängen,
Der sich drüben weithin ausdehnt.
Saubre, kiesbestreute Wege,
Rasenplätze, Blumenbeete
Schmücken ihn, und grüne Bänke
Laden freundlich ein zur Ruhe.
An den Büschen, blütenprangend,
An den Blumen auf und nieder
Schwirren bunte Kolibris,
Tauchen oft die spitzen Schnäblein,
Beutesuchend, in die Kelche.
Finken lassen hell ertönen
Ihre frohen Lenzeslieder,
Aus der hohen Baumwollpappel
Schallet einer Drossel Sang,
Und auf grünem Rasenplatze
Schreitet stolz dahin ein Hirsch,
Dem das schlanke Weibchen folget
Mit den weiß gefleckten Jungen,
Schaun die Menschen furchtlos an.
Wo ein stolzer Rotholz-Riese
Vor Jahrhunderten die mächt'gen
Äste in den Himmel hob,
Steht ein weiter Kranz von Bäumen —
Kinder des verstorb'nen Alten,
Die des Stammes Umfang deuten,
Der den ganzen Platz einst einnahm.

Wie in einer Urwaldshalle
Ist es kühl in diesem Raum.
Doch der schönste Platz im Garten
Ist die Höhe, sanft anschwellend,
Wo das helle Sommerhaus
Mit den grünen Fensterläden
Weit hinausschaut auf das große
Spiegelblanke Stille Meer.

Dieses ist seit zwei Jahrzehnten
Hermanns selbstgeschaff'nes Heim.
Wie sein Leben sich gestaltet
Während dieser langen Zeit
Hier in diesem wunderschönen
Fern entleg'nen Erdenwinkel,
Soll mein Sang zum Schluß noch künden. —

In dem kleinen Gartenhause,
Warm von goldnem Sonnenschein,
Hat sich heut' nach langer Pause
Eingefunden groß und klein.
In der Regenzeit ist öde
    dieser Ort, ist leer und still;
Doch geöffnet wird er wieder,
    wenn erschienen der April.

Nah am Fenster, aufgeschoben,
Offen für des Lenzes Hauch,
Und davor, von Duft umwoben,
Blütenvoll ein Rosenstrauch:
Sitzt ein Mann, gereift an Jahren,
    der die Blicke seewärts kehrt,
Wo ein Dampfer, rauchumzogen,
    nach dem Goldnen Thore fährt.

Hermann ist's. — Die zwanzig Jahre
Zeigen wenig ihre Spur,
Zogen durch die braunen Haare
Feine Silberfäden nur.
Sein Gesicht ist frisch und blühend,
   dicht umrahmt von dunklem Bart,
Und die blauen Augen haben
   noch den alten Glanz bewahrt.

Seine Gattin, reif an Jahren,
Doch noch immer flink und frisch,
Ist geschäftig, wohlerfahren,
An dem runden Marmortisch.
Alma heißt sie, die als kleines
   frohes Mädchen er gekannt,
Eh er sie als blüh'nde Jungfrau
   hier im Goldland wiederfand.

Heute waltet sie im Hause
In dem hellen Sommerkleid,
Das ihr mit der weißen Krause
Jugendlichen Reiz verleiht.
Sanft erglühen ihre Wangen,
   freundlich, milde strahlt ihr Blick,
Und aus jedem ihrer Züge
   spricht Zufriedenheit und Glück.

Goldne Poppies,* oft gepriesen
Von Poeten im Gedicht,
Stellt sie, daß sie sich nicht schließen
In das helle Sonnenlicht.
In der blanken Nickelkanne
   braut sie Javas braunen Trank,
Rückt zurecht die leichten Stühle
   und von Rohr die Ruhebank.

---

* Eschscholtzias.

Vor dem Gartenhaus am Hange,
Ganz mit weichem Gras bedeckt,
Liegen, voll von Wissensdrange,
Fritz und Robert hingestreckt.
Fritz, der ält're, liest begeistert
    von der Schlacht bei Marathon,
Robert, dem die Augen leuchten,
    ist vertieft im Robinson.

Fritz, der Krauskopf, hat auf Erden
Fünfzehn Jahre schon verbracht.
Rechtsgelehrter will er werden,
Zu erringen Ruhm und Macht;
Denn er hat schon oft vernommen
    aus dem Munde von Papa,
Daß der Stand der Advokaten
    Herrscher in Amerika.

Robert, jünger um vier Jahre,
Zart gebaut und herzensweich,
Blau die Augen, blond die Haare,
Ganz der lieben Mutter gleich:
Robert denkt, ein Zuckerbäcker
    hab's am besten in der Welt;
Immer gäb' es was zu naschen,
    und es kostete kein Geld.

In die Schule gehen beide
In der schönen Gartenstadt,[54]
Brachten zu der Eltern Freude
Heim ein gutes Zeugnisblatt;
Waren zu Besuch gekommen,
    eine Woche hier zu sein,
In den Bergen sich zu tummeln
    mit dem frohen Schwesterlein.

Sie, das siebenjähr'ge Klärchen,
Goldgelockt, mit ros'gem Mund, —
Wie Rotkäppchen in dem Märchen
Abgemalt wird farbenbunt —
Springt herbei mit ihrem Reifen,
    raubt geschickt den Robinson;
Doch es will ihr nicht gelingen
    mit der Schlacht bei Marathon.

Spielen will das muntre Kätzchen.
Eure Bücher, ruft sie wild,
Zerrend am gestickten Lätzchen,
Drin den Kopf sie eingehüllt, —
Eure Bücher, drin ihr immer
    leset, reiß' ich euch entzwei! —
Robert, komm! du sollst mich fangen!
    hörst du? — lauf' nun! eins — zwei — drei! —

Ruhig, ihr Kinder! laßt das Zanken! —
Ruft vom Fenster der Papa,
Der noch eben in Gedanken
Auf das große Weltmeer sah.
Wie so winzig scheint der mächt'ge
    Dampfer, der da drüben fährt,
Der von Panamas Gestade
    in die Heimat wiederkehrt!

Ob die Menschen, die dort fahren,
Die verborgen meinem Blick,
Wohl dies kleine Haus gewahren,
Voll von sonnenhellem Glück?
Möge morgen glücklich steuern
    in den Port das Schiff da drauß! —
Kinder, kommt! die Mutter meldet,
    Erdbeer'n sind bereit zum Schmaus! —

Vor der Schar, ins Häuschen springend,
Zieht Mama die Stirne kraus,
Ruft, das Lachen kaum bezwingend:
Klärchen, Kind, wie siehst du aus!
Nimmt das halb zerriff'ne Lätzchen,
    draus das lichte Goldhaar quillt,
Ordnet die zerzausten Locken
    und das Kleidchen, ganz zerknüllt.

Alle sitzen bald beim Mahle,
Und die Mutter stellt geschwind
Eine voll gehäufte Schale
Erdbeer'n hin für jedes Kind.
Schon im Hornung reifen diese
    in des Westens Wunderland;
Früh am Morgen ließ sie pflücken
    Hermann von der Mägde Hand.

Alma, kommen dort nicht Gäste? —
Ruft er plötzlich, froh bewegt. —
Sieh doch! wie beim Blumenfeste
Jeder goldne Poppies trägt! —
Unsre Nachbarn sind's, der Doktor,
    Hans und Richard mit den Frau'n.
Nur herauf! — Das ist ja herrlich,
    unsre Nachbarn hier zu schaun! —

Und es tritt, den Hang ersteigend,
Bald die Schar ins Gartenhaus.
Jeder bietet, sich verneigend,
Alma einen Blumenstrauß.
Händeschütteln von den Männern,
    von den Frauen Kuß auf Kuß,
Jubel, Lachen und Umarmen
    hemmen kaum den Redefluß.

Doch den alten Freund begrüßet
Hermann mit dem wärmsten Blick,
Der sein ganzes Herz erschließet,
Voll von Innigkeit und Glück:
Ihn den Arzt, der Lebensretter,
    Tröster ihm und Vater war,
Den er wieder hier gefunden
    nach so manchem langen Jahr.

Stumm geworden sind die Knaben.
Klärchen zupft an ihrem Kleid,
Läßt des Mahles süße Gaben
Unberührt auf kurze Zeit,
Läßt sich herzen, läßt sich streicheln
    ihr gewelltes Lockenhaar,
Reicht die ros'ge Wange schweigend
    allen nach einander dar.

Bitte Platz am Tisch zu nehmen! —
Spricht die Hausfrau warm und schlicht. —
Müßt euch, Nachbarn, wohl bequemen,
Weil es hier an Raum gebricht.
Leckereien giebt's in Fülle,
    und der Mokka, den ich brau',
Wird euch munden, denn ich brauchte
    das Rezept der Doktorsfrau.

Diese, die das Kaffeekochen
Wissenschaftlich nur betrieb,
Dankte, als dies Wort gesprochen,
Das ihr lang im Herzen blieb.
Eine stattliche Matrone
    war sie, schön und selbstbewußt,
Aber ohne Spur von Herrschsucht,
    und dabei voll Lebenslust.

Richard, der auf seiner Weste
Eine Goldquarzkette trug,
Dessen Wein der allerbeste,
Dessen Schlund von gutem Zug;
Richard, ein behäb'ger Pfälzer,
    nahm mit seiner Frau sofort
Auf dem Sopha Platz und sagte
    zu der Wirtin dieses Wort:

Ist's erlaubt, so überlasse
Mir die holde Nachbarin
Gütig dort die große Tasse,
Weil ich halb verdurstet bin!
Auch der größte Honigfladen
    würde sehr genehm mir sein;
Doch der kleinste wird genügen
    für mein Weibchen, zart und fein.

Hans, ein Hagestolz, der als Krieger
Einst gefochten unter Lee
Und in hundert Schlachten Sieger,
Nahm das Klärchen auf das Knie;
Fritz und Robert setzten eilig
    sich zum Onkel, stets bereit
Seinem Redefluß zu lauschen
    über Kampf und blut'gen Streit.

Wenn er sprach von Heldenthaten,
Die der Rede Schwung verliehn,
Von dem Heulen der Granaten,
Vom Gekrach der Batterien,
Von dem Schlachtschrei der Rebellen:
    war er Feuer ganz und gar —
Ob das Töten einer Fliege
    ihm auch sonst zuwider war.

In dem kleinen Gartenhause
Tönte laut der Freude Schall;
Selten nur, in kurzer Pause,
Schwieg der volle Redeschwall.
Jeder lobte laut den Mokka,
    der ein Trank für Götter sei,
Und bei heiterstem Geplauder
    floh ein Stündchen schnell vorbei.

Hermann sprach: Die muntre Jugend
Mach' im Garten sich zu thun,
Und der Damen milde Tugend
Schenkt uns wohl die Freiheit nun!
Drum, ihr Herrn, ich möcht' euch laden
    in mein altdeutsch Trinkgemach,
Meinem Wein dort zuzusprechen,
    eh zur Rüste geht der Tag!

Alle stimmten bei. Es nahmen
Die drei Kinder schnell Reißaus;
Alma mit den beiden Damen
Weilte noch im Gartenhaus:
Doch es wandten ihre Schritte
    nach dem Wohnhaus gleich die vier,
Um den Wein dort zu probieren,
    der des Daseins Elixir. —

Hermann sitzt am Eichentische
Mit den Freunden nun beim Wein.
Alle atmen da die frische
Seeluft mit Behagen ein:
Denn geöffnet ist das Fenster
    mit der Ausschau auf das Meer,
Und es weht ein leichter Lufthauch
    aus dem fernen Westen her.

Reich getäfelt sind die Wände
In dem Stübchen, und geschickt
Haben fleiß'ge Künstlerhände
   Sie mit Schnitzwerk ausgeschmückt.
Auf den Borten stehen Humpen,
   Krüge, Gläser, fein bemalt,
Und von farb'gen Fensterscheiben
   ist der ganze Raum bestrahlt.

Hoch im eisernen Gehänge
Schwebt am Balken, rötlich-braun,
Einer Lampe bunt Gepränge,
Altertümlich anzuschaun;
Sessel mit geschnitzten Lehnen
   haben Staunen oft erweckt,
Und ein Fell vom grauen Bären
   liegt am Boden hingestreckt.

Viele Dichter sind vertreten
Durch manch Verslein an der Wand,
Das in Freuden wie in Nöten
Ja dem Zecher wohlbekannt.
Luther, Claudius und Müller,
   Scheffel und Mirza Schaffy
Zeugen, daß Apoll den Sängern
   allezeit viel Durst verlieh.

Wein aus echten Riesling-Reben,
Die auf heim'sche okuliert,
Und ein roter noch daneben,
Steht in Flaschen aufmarschiert.
Richard trinkt zuerst als Kenner
   von dem weißen, den er lobt;
Doch er hält sich an den roten,
   den er öfters schon erprobt.

Deine Weine, Nachbar, werden —
Spricht er — besser jedes Jahr;
Lebst du lange noch auf Erden,
Werd' ich selber noch gewahr,
Daß dein roter meinem gleichet,
    wenn du auch auf unserm Stern
Schwerlich jemals wirst erreichen
    meinen trefflichen Sauterne.

Hans, der von des Weines Blume,
Seinem Schmalze nichts verstand,
Leerte doch zu dessen Ruhme
Zwei der Gläser sehr gewandt,
Und damit ein jeder merke,
    daß die Farb' ihm einerlei,
Eins mit rotem, eins mit weißem,
    froh nur, daß er süffig sei.

Drauf der Arzt: Was Richard sagte,
Hat zur Freude uns gereicht,
Und wenn Hans der Durst nicht plagte,
Tränk' er mit Verstand vielleicht;
Doch des Wirtes zu gedenken
    däucht mir hier die erste Pflicht,
Ob beim weißen, ob beim roten,
    danach fragt die Freundschaft nicht.

Schon vor vierunddreißig Jahren,
Von der Heimat kaum entfernt,
Hab' in Leid und Kriegsgefahren
Ich zu schätzen ihn gelernt;
Hab' sein edles Herz ergründet,
    das so weich und doch so stark,
Hab' ihn allezeit gefunden
    treu und edel bis ins Mark.

Wie wir hier ihn vor uns schauen,
Mannhaft, froh und kerngesund,
Seine Augen klar, die blauen,
Braun die Wangen, rot der Mund:
Mög’ er lange noch genießen,
    was Fortuna ihm bescheert,
Freude an den Kindern haben
    mit der Gattin, lieb und wert!

Wie der Saft von seinen Reben
Edler wird von Jahr zu Jahr,
Also stelle sich sein Leben
Immer geistverklärter dar!
Freunde, darauf laßt uns leeren
    jetzt ein Glas vom besten Wein,
Daß in unsern Adern kreise
    Californias Sonnenschein! —

Goldner Glanz vom Abendschimmer
Schien durchs Fenster zaubervoll,
Als im farbenheitern Zimmer
Der Toast mit Macht erscholl.
Dreimal tönten hell die Gläser.
    Hermann dankte, tief gerührt,
Und ihm war’s, als hätt’ er plötzlich
    Thränen in dem Aug’ gespürt.

Weiter sprach mit warmem Tone
Nun der Arzt: Ich dank’s allein
Hermann dir, daß hier ich wohne,
Statt am alten Vater Rhein;
Denn es liegt ein eig’ner Zauber
    auf dem Goldland, wie ihr wißt,
Jeder wird von ihm umsponnen,
    daß der Heimat er vergißt.

Als der Bürgerkrieg zu Ende,
Zog's nach Deutschland mich zurück,
Daß ich endlich wiederfände
Das so lang entbehrte Glück;
Jugendfreunden und Verwandten
    wollt' ich weihen Herz und Hand,
Wollte wirken, wollte streben
    im geliebten Vaterland.

Mir erging's wie vielen andern,
Die in fremde Länder gehn
Und nach jahrelangem Wandern
Ihre Heimat wiedersehn:
Manche, die mir nahestanden,
    ruhten längst im Grabesschrein,
Viele waren mir entfremdet,
    und verengert war ihr Sein.

Unter neuen Kriegeswettern,
Die ich bangen Herzens sah,
Las ich in den deutschen Blättern
Oft von California,
Welchem mehr als goldne Schätze
    Blumenflor und Obst und Wein,
Goldorangen, goldne Halme
    zauberhaften Glanz verleihn.

Ward von Sehnsucht ganz durchdrungen
Nach dem wunderbaren Land,
Dessen frischen Schilderungen
Ich vergebens widerstand;
Und so ging ich, kurz entschlossen,
    wieder auf den Wanderpfad,
Kam als jüngster Argonaute
    nach des Westens schönstem Staat.

Hermann drauf: Wie wir uns fanden
In der Stadt am Goldnen Thor
In der Menschenwogen Branden,
Kommt mir wie ein Wunder vor.
Niemals werd' ich es vergessen,
   wie im deutschen Schauspielhaus
Du auf einmal vor mir standest
   bei des Freudensturms Gebraus.

Sonntag war's. Gerüchte flogen
Durch die Stadt von einer Schlacht, —
Dunkle, wie am Himmelsbogen
Wolken fliehn in düstrer Nacht:
Denn der Krieg war ausgebrochen,
   den, zu sichern seinen Thron,
Tief im Frieden gegen Preußen
   frech erklärt Napoleon.

Ohne viel aufs Spiel zu achten
Saß ich da, gedankenschwer;
Wo die Donnerschlünde krachten
War mein Geist, beim deutschen Heer.
Plötzlich rauscht der Vorhang nieder,
   und ein Minne tritt hervor.
„Telegramm vom Kriegsschauplatze!" —
   und gespannt lauscht jedes Ohr.

„Mac Mahon aufs Haupt geschlagen! —
Großer Sieg! — Bei Wörth die Schlacht! —
Von Gefang'nen, hört man sagen,
Sind viertausend eingebracht! —
Adler, Fahnen, Mitrailleusen,
   ein'ge dreißig Stück Geschütz
Wurden in der Schlacht erbeutet!
   Sieger ist der Kronprinz Fritz!" —

Wie ein Donnerschlag erdröhnte
Wilder Jubel durch das Haus.
Auf das deutsche Heer ertönte
Hoch auf Hoch, wie Sturmgebraus;
Hüte warf man in die Lüfte,
   und „die Wacht am Rhein" erklang
Zur Musik aus tausend Kehlen, —
   ein gewalt'ger Freudensang!

Alle eilten nun mit raschen
Schritten fort, des Schauspiels satt;
Jeder hoffte zu erhaschen
Draußen gleich ein Extrablatt.
Plötzlich packte im Gedränge
   jemand kräftig mich am Arm;
Als ich zornig um mich schaute,
   sah ich Dich im Menschenschwarm.

Grenzenlos war mein Erstaunen,
Wußte nicht, wie mir geschah:
Du durch des Geschickes Launen
Hier in California! —
Wahrlich! glaubte ich an Wunder,
   hätt' ich sicherlich gedacht,
Daß du mir als Geist erschienen,
   zu berichten von der Schlacht! —

Drauf der Arzt: Auch ich voll Wonne
Denke oft der großen Zeit,
Als die deutsche Siegessonne
Aufgeflammt voll Herrlichkeit;
Als die ungeheuren Thaten,
   die das deutsche Heer vollbracht,
Hoch und höher unsre Herzen
   zur Begeisterung entfacht;

Als der Mann an Deutschlands Steuer,
Dem an Thatkraft keiner gleich,
Wieder aufgebaut in neuer
Größ'rer Macht das deutsche Reich:
Wie vor Stolz und sel'ger Freude
    jeder Deutsche da gebebt,
Wo auch immer auf der Erde
    jene Zeit er miterlebt!

Nie auch wird es mir entschwinden,
Hermann, wie du fort und fort
Uns zum Wohlthun zu entzünden
Wußtest durch dein Feuerwort;
Liebesgaben heimzusenden
    und zu lindern Kriegesnot,
War für uns in sichrer Ferne
    ja ein zehnfach Pflichtgebot!

Wenn wir deinen Versen lauschten,
Sprühend vor Begeisterung,
War's, als ob die Eichen rauschten
Aus der edlen Worte Schwung.
Ja, mein Freund! des Dichters Feuer
    ist die echte Himmelsglut
Und entflammt in allen Herzen
    Mitgefühl und Opfermut! —

Als der alte Freund geendet,
Preßte Hermann ihm die Hand
Für das Lob, so warm gespendet,
Wie sein Herz es tief empfand;
Daß man heute noch gedachte,
    was er sang vor Jahren schon,
Dünkt' in diesem Augenblicke
    ihm der schönste Dichterlohn. —

Haus, der grübelnd und verschlossen
Dem Gespräch gelauscht beim Wein,
Bat mit Nachdruck die Genossen,
Ihm einmal Gehör zu leihn:
Denn dem Südlands-Veteranen,
    der Rebell bis in das Mark,
War so vieles faul im Lande,
    wie im Staate Dänemark.

Mir auch — sprach er — war die Kunde
Mancher deutschen Siegesschlacht
Balsam auf die Herzenswunde,
Hat mich froh und stolz gemacht.
Möge Deutschland einig bleiben,
    blühen, wachsen und gedeihn,
Und den Völkern aller Zonen
    stets ein leuchtend Vorbild sein!

Aber wir in diesem Lande,
Das auf Freiheit ein Patent,
Das gelöst des Sklaven Bande
Und den Dollar Herrscher nennt,
Sollten mehr als je bedenken
    unser eignes Wohl und Weh,
Denn wir treiben ohne Kompaß
    auf der sturmumbrausten See.

Recht und Unrecht soll man wägen,
Doch daran zumeist gebricht's;
Daß im Kampf wir unterlegen,
Das beweist noch lange nichts.
Daß die Neger Stimmrecht haben,
    die so dumm doch wie das Vieh,
Ist ein Vorrecht, das der Sieger
    nur aus Rachedurst verlieh.

Habt euch heiser wohl gesungen,
Als des Südens Hauptstadt fiel;
Doch was habt ihr denn errungen
Mit der Freiheit Possenspiel?
Käuflich sind die Volksvertreter,
    alles ist hier feil für Geld;
Rechtsverdreher, Heuchler, Räuber
    herrschen in der neuen Welt.

Mucker, Temperänzler, Pfaffen
Wuchern wie des Unkrauts Saat,
Und die Mehrzahl sind wie Laffen,
Scheun die freie Mannesthat.
Die Verwaltung unsrer Städte
    ist verderbt, wie jeder weiß,
Und die Ämter in denselben
    giebt man Demagogen preis.

Unsre Jugend scheut der Hände
Werk und Arbeit mehr und mehr;
Daß sie rode, Schollen wende,
Axte schwinge ist zu schwer.
Jeder will ein Doktor werden,
    lieber noch ein Advokat,
Und der Herzenswunsch von allen
    ist ein fettes Amt im Staat. —

Hermanns Antwort: Deine Rede,
Nachbar, ist voll Bitterkeit,
Doch zum Rechten und zur Fehde
Bin ich heute nicht bereit.
Lieber wär' es mir gewesen,
    könnt' ich sagen, wahrheitstreu,
Daß nur Ingrimm aus dir redet,
    daß dein Ausspruch nichtig sei.

Doch das schlimmste der Gebresten
Ist des Reichtums Übermacht,
Der auch hier im goldnen Westen
Sich aufs frechste geltend macht.
Große, gierige Konsortien,
    allgewaltig, seelenlos,
Mästen sich vom Mark des Volkes,
    bis es arm ist, nackt und bloß.

Lincoln sprach von jenen Drohnen
Ahnungsvoll dies Scherwort:
„Reiche Korporationen
Hat der Krieg erzeugt im Nord;
Immer wachsend, sich vermehrend,
    Macht gewinnend Jahr um Jahr,
Werden sie nach drei Jahrzehnten
    uns zur drohendsten Gefahr!“

In dem Streit ums Dasein ringet
Schwerer stets der Arbeitsmann,
Dem es selten nur gelinget,
Daß er menschlich leben kann.
Während Einer wühlt im Golde,
    Reichtum anhäuft, schwelgt und praßt,
Müssen Tausende verkümmern,
    die erdrückt der Sorgen Last.

Soll die Mehrzahl denn verderben,
Stets bedrängt vom Mißgeschick?
Soll sie keinen Teil erwerben
Vom erhofften Erdenglück?
Arbeit ist des Wohlstands Schöpfer,
    baut Paläste, pflügt die Flur,
Und auf ihren Schultern ruhet
    jeder Fortschritt der Kultur.

Wenn wir heute Umschau halten,
Sehn wir bangend, wie die Macht
Jener dräuenden Gewalten
Das Gesetz verhöhnt, verlacht.
Kapital und Arbeit führen
    einen Kampf aufs Leben gar;
Wird er weislich nicht geschlichtet,
    wird das Wort des Sehers wahr. —

Richard drauf, ihn unterbrechend:
Lieber Freund, wir streiten hier,
Von dem Wohl der Menschheit sprechend,
Über Dinge, welche mir
Wie die Jagd nach Wolken scheinen;
    denn wir ändern nichts daran,
Wenn die Welt im argen lieget
    und sich nicht verbessern kann.

Aber sag', wie ist's ergangen
Jenen Drei'n, die hoffnungsfroh
Einst mit dir die Picke schwangen
In dem Goldland Idaho?
Auch von Peter möcht' ich hören,
    der euch treu zur Seite stand,
Und ob David in der Mine
    die erhofften Schätze fand.

Hermann sprach: Die drei Genossen,
Die mit mir des David Bolt
Festen Geldschrank aufgeschlossen,
Wahrten leider nicht ihr Gold.
Franz und Arthur hatten beide,
    von der Spielwut neu erfaßt,
Bald ihr schönes Geld verloren,
    gleich als wär' es eine Last.

Monte Carlos Bank zu sprengen,
War der Ehrgeiz jener zwei;
Doch nach kurzen Waffengängen
Mit der Spielbank war's vorbei.
Arthur strich dann im Kasino
    seine Geige, wie einst hier,
Holwitz nahm beim Sultan Dienste
    als Tscherkessen-Offizier.

Kleine Wechsel, Rat daneben,
Sandt' ich oft als alter Freund,
Lud sie ein bei mir zu leben;
Doch sie haben's stets verneint.
Franz von Holwitz fiel vor Plevna,
    Russen säbelnd, wie ein Held,
Arthur aber geigt noch immer,
    hat sein' Sach' auf nichts gestellt.

Beßres weiß ich zu berichten
Von dem trefflichen Baron,
Mußte dieser auch verzichten
Auf den Reichtum lange schon:
Denn der Schatz von Oro Fino,
    der ihm unerschöpflich schien,
Ging zum größten Teil verloren
    an der Börse in Berlin.

Klüglich weiß er doch zu walten
Mit dem Rest, der ihm verblieb,
Hat genug für seine alten
Tage, wie aus Rom er schrieb.
Eins nur hat er zu beklagen:
    nicht im Stande mehr zu sein,
Aufzubauen Dietrichs Hallen
    aus Cararas Marmelstein.

Peter lebt von Dividenden
In New York als Millionär,
Braucht nicht Schuldner mehr zu pfänden,
Hängt auch keine Räuber mehr;
David aber hat vor Jahren
    ein gar traurig Los ereilt,
Wie der Landsmann Eulenspiegels
    brieflich einst mir mitgeteilt.

Ausgeleert sind seine Taschen.
Statt der Goldbonanza fand,
Als die Erde fortgewaschen,
Er am Grund nur tauben Sand.
All die Mühe war verloren,
    hin ist all sein schönes Geld,
Täglich flucht er auf die Dutchmen,
    die so schändlich ihn geprellt. —

So beim Reden und Erzählen
Flogen rasch die Stunden dort,
Und der Wein in trocknen Kehlen
Spülte jeden Ärger fort.
Fern im Westen, purpurflammend,
    sank ins Meer der Sonnenball, —
Da ertönte von den Stiegen
    muntrer Schritte Wiederhall.

Und mit Lärm ins Zimmer sprangen
Die drei Kinder; Klärchen lief
Rasch mit feuerroten Wangen
Zu dem Vater hin und rief:
Sollst geschwind nach unten kommen!
    Thee ist fertig, sagt Mama!
Onkel Dick* und auch die andern
    bringe mit! hörst du's, Papa? —

* Dick-Richard.

Dieser streichelte der kleinen
Wilden Hummel heiß Gesicht:
Töchterchen, mir will es scheinen,
Daß gehorchen unsre Pflicht! —
Kommt, ihr Nachbarn! darf ich bitten? —
   Kinder, flink! und springt voraus! —
Und gemächlich folgten alle
   zum willkommnen Abendschmaus. — —

Wie sitzen so fröhlich am Tische dort
   die Alten und Jungen beisammen!
Es tönt von den Lippen das heitere Wort,
   es zünden die Scherze wie Flammen.
Die Hausfrau waltet mit rührigem Fleiß;
   besorgt um die schmausenden Gäste;
Ein jeglicher fühlt sich so wohl in dem Kreis
   und freut sich der Gaben aufs beste.

Es folgen der Gattin, so emsig am Tisch,
   des Hausherrn leuchtende Blicke,
Beseligt, daß sie so jugendfrisch,
   ein Bild von häuslichem Glücke.
Noch heute blüht sie in Lieblichkeit
   mit vollen und rosigen Wangen;
Wie ist fast spurlos an ihr die Zeit
   im Fluge vorübergegangen!

Es lauschen die Jungen bescheiden und still
   den belehrenden Worten der Alten;
So hat es der Vater geboten: er will,
   daß jene ihr Mäulchen halten.
Das Schweigen bei Tisch hat ihm als Kind
   die deutsche Erziehung befohlen, —
Denn Kinder, die vorlaut reden, die sind
   noch ärger als schwatzende Dohlen.

So eilt eine Stunde geschwind vorbei.
   Die Tafel ist abgeräumet,
Schnell greifen die Frauen zur Stickerei,
   als hätten sie viel schon versäumet.
Die Kinder durchblättern ein Bilderbuch
   voll Rittergeschichten und Mären,
Die Männer werden nicht müde, den Krug
   mit mächtigen Zügen zu leeren.

Und Richard beginnt, zu Hermann gewandt:
   Ihr lebt hier — kurz will ich mich fassen!
Als hättest du niemals dein Heimatland,
   Den deutschen Boden, verlassen;
Und immer war es ein Rätsel mir,
   daß Alma, dies Muster der Frauen,
Amerikas Kind, mehr deutsch als wir,
   als meine Familie zu schauen.

Schwer komm' ich mit meiner Mathilde zurecht,
   so sehr ich ihr sonst auch gewogen.
Obschon sie von adligem, altem Geschlecht,
   in Deutschland geboren, erzogen,
Spricht selten sie reines deutsch im Haus,
   mengt englische Brocken dazwischen;
Oft sieht's mit dem Frieden bedenklich aus,
   wenn grausig die Sprachen sich mischen.

Bei euch merkt keiner den Kindern es an,
   daß nicht sie in Deutschland geboren;
Kein reineres Deutsch man vernehmen kann,
   oft traute ich kaum meinen Ohren!
Doch sind sie vom Elternhause entfernt,
   so plaudern mit Altersgenossen
Sie englisch, als hätten sie dies nur erlernt
   und wären den Yankees entsprossen.

Drauf Hermann mit Lächeln: Herr Nachbar, mich däucht,
    muß ernst ich dein Schicksal betrachten,
Dich kümmert es mehr, daß der Schlund dir feucht,
    als auf die Erziehung zu achten.
Mich wundert das Sprachengemengsel nicht
    von deiner Gattin der lieben;
Daß englisch sie mit ihren Kindern spricht,
    gestattest du ja nach Belieben!

Ich habe in unserm Familienkreis
    das Englische ernstlich verboten,
Sonst zählte das reine Deutsch, wie ich weiß,
    bei uns auch schon zu den Toten.
Das Englische lernen die Kinder bald
    in der Schule und durch die Gespielen.
Das Deutsche gewinnt nur im Hause Halt
    bei deutschem Denken und Fühlen.

Und ist es nicht Pflicht, hochheilige Pflicht,
    die Sprache der Eltern zu hüten,
Daß unsere zweite Heimat nicht
    ermangle der herrlichsten Blüten?
Denn mit der Sprache entschwindet der Geist,
    aus dem sie lebendig entsprossen,
Und was der Fremde erstrebt und preist,
    ist unseren Enkeln verschlossen.

Wohl haben unzählige Deutsche dies Land
    zur neuen Heimat erkoren,
Im Glück und im Leide mit Herz und Hand
    ihm Liebe und Treue geschworen,
Und unsere Kinder, die sollen es auch
    verehren als frei'stes der Lande
Bis an ihren letzten Lebenshauch —
    noch mehr als wir Alten imstande:

Doch sollen die deutschen Laute sie
    als köstlichstes Erbe bewahren,
Die Heimat der Eltern vergessen nie,
    auch nicht in den spätesten Jahren;
Das Schöne und Edle, dies höchste Gut,
    das reicher gestaltet das Leben,
Hat Deutschland ihnen zur treuen Hut
    in seiner Sprache gegeben. —

Es faßte der Arzt mit kräftiger Hand
    dem alten Freunde die Rechte.
Fürwahr, so sprach er, dein klarer Verstand,
    stets trifft er das Wahre und Echte!
Wie selbst die Kinder dir still gelauscht,
    der Rede Sinn zu ermessen,
Und mit Verständnis die Blicke getauscht!
    Die werden dein Wort nicht vergessen! —

Klärchen, Robert, kommt ihr beiden! —
Nimmt die Mutter nun das Wort —
Müßt zu Bette gehn beizeiten;
Kommt, und legt die Bücher fort!
Fritz, du darfst noch unten weilen,
    bleibst ja munter läng're Zeit;
Horche achtsam dem Gespräche,
    sei zum lernen stets bereit! —

Ohne lang zu säumen, sagen
Beide Kleinen Gute Nacht,
Werden, eh es neun geschlagen,
Von Mama zu Bett gebracht.
Hermann aber holt Traminer
    mit den Römern aus dem Schrank;
Soll die Unterhaltung fließen,
    fehl' es nicht an edlem Trank.

Bald erscheint die Hausfrau wieder
In dem heitern Freundeskreis,
Setzt bei ihrem Mann sich nieder
Auf sein lächelndes Geheiß;
Und es löst der Wein die Zungen,
    auch die Frauen stimmen ein,
Welche zwar viel lieber plaudern,
    sind sie unter sich allein.

Und zu Alma spricht Mathilde,
Richards lust'ge kleine Frau:
Sag' uns, du, so sanft und milde,
Mit den Augen himmelblau,
Sag', wie fingst du's an, zu fesseln
    in der Minne Zauberbann
Diesen schönen, vielumworb'nen,
    einst so flatterhaften Mann?

Was man nicht schon alles hörte!
Daß er in des Südens Land
Mancher Donna Herz bethörte,
Dort auf Freiersfüßen stand!
Auch von deinem Lebensgange,
    von der Hochzeitsreise sprich! —
Alle wollen still wir lauschen;
    mach's nur nicht zu feierlich! —

Über Almas zarte Wangen
Flog ein purpurroter Schein,
Und sie sah verwirrt, befangen
Hermann an, ihr Schutz zu leihn:
Denn die Freunde miteinander
    stimmten bei in lautem Chor;
Selbst der Krauskopf Fritz rief lachend:
    thu's Mama! ich bin ganz Ohr!

Hermann sprach: Erfüll' die Bitte!
Bin ja selber auch dabei.
In der trauten Freunde Mitte
Rede unbesorgt und frei!
Stärke dich mit einem Schlückchen,
 daß die Zunge plaudern kann! —
Und sie that's, und frischen Mutes
 fing sie zu erzählen an. —

Ich war in meiner Jugend Tagen
 ein wildes, ausgelaff'nes Kind,
Dem sorgenlos die Stunden schwanden,
 die unsres Daseins schönste sind;
Der Eltern Haus, darin ich tobte
 vom Morgen bis zum Abend fort,
Stand hoch am Mississippiufer
 im hübschen Städtchen Davenport.

Die vier Geschwister, Knaben, Mädchen,
 je zwei und alle kerngesund,
An Jahren älter, nannten scherzend
 mich Kleinste ihren Pudelhund:
Denn Locken trug ich, wie mein Klärchen,
 die um mich flogen, wenn ich sprang
Mit unserm Fido um die Wette
 hinab den grünen Hügelhang.

Der Vater, Bauherr in dem Städtchen,
 des Herz schon lange nicht mehr schlägt,
Die Mutter, die nach wen'gen Jahren
 an seine Seite ward gelegt:
Sie waren Sprossen dieses Landes,
 von deutschem Stamm und biedrer Art,
Obschon die Sprache ihrer Ahnen
 sie unvollkommen nur bewahrt.

Ich spielte gern mit deutschen Kindern,
    die zahlreich in dem blüh'nden Ort;
Bald lernte deutsch ich fließend reden,
    und lieb war mir das deutsche Wort.
So wuchs ich auf, und meiner Kindheit
    Jahrzehnt im Fluge schwand es hin,
Ein jeder Tag war mir ein Sonntag,
    nichts trübte meinen heitern Sinn.

Da kam ein junger Mann, ein Deutscher,
    mit hellem, blauem Augenpaar,
Der aus der Heimat sich geflüchtet,
    wo er ein Freiheitskämpfer war.
Er wohnte in der Eltern Hause
    und blieb daselbst vier Monde lang,
Ein neues Leben zu beginnen
    mit jugendlichem Thatendrang.

Der Fremde spielt' auf dem Klaviere
    so schön wie ich's noch nie gehört,
War uns Geschwistern wie ein Bruder
    und von den Eltern hochverehrt.
Der Vater suchte ihn zu fesseln
    in unsrer Stadt, gab guten Rat,
Verschaffte Schüler ihm in Menge
    und half ihm treu mit Wort und That.

Von Deutschland sprach er oft begeistert,
    erzählte uns vom schönen Rhein,
Von stolzen Domen, alten Burgen,
    bestrahlt vom goldnen Sonnenschein;
Und als ich horchte, ward ein Sehnen
    in meiner kleinen Brust entfacht,
Das Land der Väter einst zu schauen,
    woran bisher ich nie gedacht.

Mit Rührung hab' ich ihn betrachtet,
   als er den ersten Brief empfing
Von seinen Lieben in der Heimat,
   und als der Gute von uns ging,
Da hab' in meinen Kindesaugen
   die ersten Thränen ich gespürt
Und stand am Ufer tief bekümmert,
   als ihn das Schiff hinweggeführt.

Die Jahre schwanden, älter ward ich,
   doch klar und unvergeßlich blieb
Des Fremdlings Bild in meinem Herzen,
   der mich so gern gehabt, so lieb.
Wir haben oft von ihm gesprochen,
   nach ihm gefragt so manches Jahr,
Doch niemals kam uns eine Kunde,
   Was wohl aus ihm geworden war.

Als sich nach jahrelanger Arbeit
   der Vater unabhängig sah,
Beschloß er, was er längst im Sinne,
   die Fahrt nach California;
Und früh im Märze ging's nach Westen
   im Prachtzug mit der Eisenbahn
Durch die Prärien, durchs Felsgebirge
   und endlos grauen Wüstenplan.

Dies war die erste große Reise,
   die die Familie unternahm,
Und alles, was mein Aug' erfaßte,
   erschien mir neu und wundersam;
Doch was am meisten ich bewundert,
   war Californias grüne Flur,
Als unser Zug von der Sierra
   hinunter in die Eb'ne fuhr.

Wir traten plötzlich, eh' wir's ahnten,
    aus eisumstarrtem Winterreich
Ins sonnige Gebiet des Lenzes,
    das einem Zauberlande gleich.
Hier möcht' ich wohnen! rief ich jubelnd,
    umfächelt von der linden Luft,
Die meine Sinne schier berauschte
    mit ihrem süßen Blütenduft.

Und als wir weiter westwärts jagten
    durchs schöne Land, als vor uns lag
Die breite Bai, die wir durchkreuzten
    auf mächt'gem Dampfer spät am Tag;
Als San Francisco Willkomm sandte,
    auf seinen Hügeln hingestreckt,
Durchs Goldne Thor mein schweifend Auge
    den Stillen Ocean entdeckt:

Da dünkte alles mir so herrlich —
    und ich so jung, so sorgenfrei!
Als ob ein neues reiches Leben
    vom Schicksal mir beschieden sei. —
So kam vom Mississippistrande
    ich nach des Westens Wunderland,
Wo ich mein höchstes Glück auf Erden,
    dich, meinen Hermann, wiederfand! —

Die Zeit, die ich mit meinen Lieben
    in San Francisco froh verbracht,
Sie schien mir, wahrlich, wie ein Märchen
    aus tausend und aus einer Nacht!
Die heitern mannigfalt'gen Bilder
    von fremder und ureig'ner Art,
Wie hab' auf unsern Streifereien
    ich oft bewundernd sie gewahrt!

Wir fuhren mit den Drahtseilbahnen
   so leicht hinab, hinauf die Höhn,
Wo schmucke Häuser, Holzpaläste
   an den besonnten Straßen stehn,
Und öfters sah entzückt mein Auge
   von einem Hügel, aussichtsfrei,
Die Stadt, sich hebend und sich senkend,
   im Rahmen ihrer blanken Bai.

Dann wanderten wir, starr vor Staunen,
   durch's Ghetto der Chinesenstadt,
Mit ihrem Flitter, Tempeln, Höhlen,
   bis wir des Anschauns müd' und satt;
Doch als wir fort aus dem Gedränge
   in düstern Gassen, o, da schien
Mir doppelt schön das Bild der Straßen,
   die über sonn'ge Höhen ziehn.

Im Park, der zwischen grauen Dünen
   gebettet liegt wie ein Smaragd,
Wie wandelten wir dort so gerne
   und freuten uns an seiner Pracht!
In offnen Dampfkarossen eilten
   zum Cliff=Haus wir beim Goldnen Thor,
Erklommen rasch die Sutro=Höhe
   mit ihrem reichen Blumenflor.

Wir sahn die ungeschlachten Löwen
   der See auf ihrem Klippenthron
Sich drängen, stoßen, horchten staunend
   auf ihrer Stimme dumpfen Ton;
Die Silberbrandung an dem Strande,
   wenn frei das Meer von Nebeln war,
Am Goldnen Thor die Felsenzähne, —
   ein Rundbild herrlich, wunderbar!

Da hab' ich nah am Oceane
    auf der Veranda oft gesäumt,
Auf ihrer breit gebauten Warte
    die jüngsten Tage nachgeträumt;
Und wenn ein Schiff in weiter Ferne
    dahinzog auf der blauen See,
Da sandt' ich froh ihm meine Grüße
    vom steilen Hang der Sutro-Höh'.

Nun wandten wir ins Land die Schritte
    nach Napas und Sonómas Au'n,
Der deutschen Winzer Weingelände
    und mächt'ge Keller anzuschaun,
Es grüßten uns die Blumengärten
    San Rafaels, wo hoch im Grün,
In Wipfeln alter Eichenbäume,
    die weißen Kletterrosen blüh'n.

Wie soll die schöne Zeit ich schildern,
    als ich geschwärmt an blauer See
Im zauberhaften Park Del Montes
    am Strand der Bai von Monterey!
Wie mich entzückt die Pracht der Villen
    im üpp'gen Santa-Clara-Thal,
Wo ich zuerst die Küstenberge
    geschaut im goldnen Sonnenstrahl!

Der Sommer kam, die Blumen schwanden
    von allen Hügeln, von der Flur,
Und statt der grünen Landschaft schaute
    das Auge braune Tinten nur:
Da zogen wir nach der Sierra
    auf unsres Vaters klugen Rat,
Zum schönsten Felsenthal der Erde,
    dem Edelstein im goldnen Staat *.

---

* Das Yosemite-Thal (sprich: Yosemmeti).

Aus sonnverbrannten Eb'nen traten
    wir jubelnd in des Hochwalds Reich,
Wo Mariposas Mammutbäume
    aufragen, roten Säulen gleich;
Die tausendjähr'gen Riesen schauten
    auf uns herab mit ernstem Blick
Und führten nach der Menschheit Wiege
    den Geist, den staunenden, zurück.

Und weiterfahrend sahn wir plötzlich
    hinunter in das Wunderthal,
Das vor uns lag in der Sierra
    im goldnen Mittagssonnenstrahl.
Als wie ein weißer Schleier wallte
    der Pohonó * von grauen Höhn,
Im Thalgrund wand durch grüne Matten
    ein Flüßchen sich idyllisch=schön.

Granitne wolkenhohe Dome,
    El Capitans gewalt'ge Wand,
Bekränzt mit Fichten, die wie Reiser
    aussahn am schroffen Felsenrand,
Der Kathedrale Riesenmauern,
    ein Obelisk, zehn Türme hoch,
Erhoben sich, als mit dem Wagen
    das Viergespann vorüberflog.

Doch als wir vor dem Gasthaus hielten,
    wo nahebei der Wogenschwall
Yosemmetis ** sich donnernd stürzte
    vom himmelhohen Felsenwall,

---

* Der indianische Name des 940 Fuß hohen Brautschleierfalls.
** Der Yosemmetifall stürzt 2634 Fuß in drei mächtigen Kaskaden
herab.

Sah ich mit Staunen einen Fremden
    auf der Veranda vor uns stehn,
Der grüßend sich vor uns verneigte,
    als glaubte Freunde er zu sehn. —

Prächtig kannst du, Schatz, erzählen,
Sprach jetzt Hermann rasch darein,
Und dabei die Worte wählen
Wie ein Redner, flott und fein;
Aber laß mich nun berichten,
    was des Weiteren geschah,
Als ich dich nach fünfzehn Jahren
    unerwartet wiedersah.

Deine Eltern, du, die andern
Schauten mich verwundert an;
Ob sie wohl bei ihrem Wandern
Schon gesehn den fremden Mann?
Doch ich hatte deinen Vater
    auf den ersten Blick erkannt,
Ob ich ihn, den Nimmermüden,
    merklich auch gealtert fand.

Welch ein jubelnd Wiedersehen! —
Nach so langer Trennungszeit
Unter Menschen hier zu stehen,
Die den Jüngling einst erfreut! —
Lange schüttelte dein Vater
    mir die Hand und sprach dabei
Warme, liebevolle Worte,
    gleich als ob sein Sohn ich sei.

Und vergessen werd' ich's nimmer,
Als er meinen Sausewind,
Alma dich, beim Abendschimmer
Vorgestellt als jüngstes Kind;

Wie ich staunend auf dich schaute,
   als vor mir du dich verneigt
Und dem Freunde deiner Kindheit
   herzlich deine Hand gereicht.

Später trafen wir uns alle
Wieder in dem Speisesaal;
Das Gebraus vom Wasserfalle
War Musik bei unserm Mahl.
Vieles wurde da besprochen,
   Deiner Mutter fiel es auf,
Daß ich, immer dich betrachtend,
   oft vergaß der Rede Lauf.

Abends saß ich dir zur Seite
An dem lodernden Kamin,
Sah beim Flammensprühn der Scheite
Oft dein Antlitz hold erglühn;
Doch es blieb mir noch ein Rätsel,
   was die Ursach' möchte sein,
Ob das Feuer meiner Blicke,
   ob der Flammen Wiederschein.

Eh wir spät die Ruhe suchten,
Machten wir den Wanderplan;
Wohlbekannt mit Wegen, Schluchten
Bot ich mich als Führer an.
Allen war dies hoch willkommen,
   und zur frühsten Morgenzeit
Wollten sie sich anvertrauen
   meinem kundigen Geleit.

Und ich ging dann auf und nieder
An dem Fuß des Felsenwalls,
Lauschend auf die Sturmeslieder
Des gewalt'gen Wasserfalls;

Sah die Silberfluten wallen
    von den himmelhohen Höhn,
Einen Riesenschleier webend,
    herrlich, unbeschreiblich schön.

Doch dein Bild, das holde, traute,
Schwebte stets vor meinem Blick,
Und mit ganzer Seele baute
Ich an dein= und meinem Glück,
Was ich mir seit Jahren träumte,
    ward es endlich Wirklichkeit,
Leuchtend wie ein Strahl des Himmels
    in die ernste Manneszeit?

Schön're Tage, glanzumflossen,
Von der Minne Traum verklärt,
Wie ich damals sie genossen,
Wurden mir noch nie beschert.
Die gewalt'gen Wasserstürze
    grüßten mich mit Freudenbraus,
Riefen schallend meinen Jubel
    in das Wunderthal hinaus.

Die granit'nen Riesendome
Standen jetzt für mich auf Wacht.
Das Gebüsch am kleinen Strome,
Der dahinfließt klar und sacht,
An den steilen Höhn die Fichten,
    jener Wiese helles Grün
Und die rauschenden Kaskaden
    sahn mein reiches Glück erblühn.

In der Frühe war's, am dritten
Morgen jener Wonnezeit.
Weithin waren wir geritten
Tags zuvor voll Fröhlichkeit.

Vernals und Nevadas Wogen *
    sahn wir stürzen, gischtumschäumt;
Welch ein Anblick! niemals hatten
    wir so herrlich ihn geträumt.

Alle schliefen noch im Hause,
Die die Müdigkeit bezwang,
Als ich in der engen Klause
Rasch von meinem Lager sprang:
Denn der Wächter ging die Runde,
    klopfte schon beim Morgengrau'n,
Daß die Schläfer sich erhüben,
    um den Spiegelsee zu schaun.

Als, des frohen Gangs gewärtig,
Ich auf die Veranda trat,
War zum Ausflug Alma fertig,
Früh nach dem erteilten Rat.
Morgengrüße tauschend, bot ich
    meinen Arm der schlanken Maid,
Und wir wandelten selbander
    durch Tenayas Herrlichkeit.

Die gewalt'gen Königsbogen,
Washingtons granitner Schaft
Ragten auf aus Nebelwogen,
Während Goldglanz zauberhaft
Um die grauen Dome spielte,
    und der Morgensonne Strahl
Langsam aus des Äthers Bläue
    niederstieg ins enge Thal.

* Der 400 Fuß hohe und 60 Fuß breite Vernalfall und der prächtige 700 Fuß hohe Nevadafall liegen am oberen Ende des Yosemitethales nicht weit von einander.

Auf des Katarakts Gedröhne
Lauschte ich als Führer nicht;
Daß kein Unfall meine Schöne
Träfe, war mir höchste Pflicht.
Sinnend senkte sie die Augen,
    mächtig wogte ihr die Brust.
Ob sie ahnte, was ich fühlte?
    Ob mein Hoffen ihr bewußt?

Und nun standen wir beisammen
An dem dunkelgrünen See,
Drauf die Wasserlilien schwammen,
Weiß, wie frisch gefall'ner Schnee;
Sahn des Süddoms Riesenkuppe,
    goldig von der Sonne Glut,
Wie ein Zauberbild sich spiegeln
    uns zu Füßen in der Flut.

In dem Bergsee, klein und enge,
Spiegelblank und grünlich=klar,
Malten sich die Felsenhänge,
Büsch' und Bäume wunderbar.
Um uns tiefe Feierstille:
    Nur mein Herz, das schlug mit Macht,
Als dein holdes Bild mich grüßte
    in dem schimmernden Smaragd.

Leise faßt' ich deine Hände,
Als du zu der Flut dich bogst,
Und mein Zweifel war zu Ende,
Da du sie mir nicht entzogst.
Worte, innig, tief empfunden,
    strömten von den Lippen mir,
Und ich mußt' es laut verkünden,
    daß mein Herz gehöre Dir.

Deiner Wangen Rosenblüten,
Deiner Augen Strahlenschein,
Deine Züge mir verrieten,
Daß du mein, fürs Leben mein;
Und da haben wir besiegelt,
  eh zu End' mein Redefluß,
An Awiyas* Spiegelfluten
  unsern Bund mit heißem Kuß.

Zögernd wandten wir die Schritte
Von des stillen Bergsees Rand,
Traten gleich auf deine Bitte
Vor die Eltern Hand in Hand.
Schneller ward, als sie es dachten,
  ihnen das Erhoffte kund,
Und mit freudigem Umarmen
  ward gesegnet unser Bund. —

Alma, die bei Hermanns Reden
Jener sel'gen Zeit gedacht,
War an seine Seit' getreten,
Küßte ihm die Wange sacht.
Ja, so war's! — sprach sie mit Rührung —
  und der Segen blieb nicht aus,
Und er ruht mit seinen Gaben
  immer noch auf unserm Haus.

Doch von Tagen höchster Wonnen,
Schöner noch, als du erzählt,
Tagen, die zu schnell entronnen,
Wurden beide wir beseelt,
Als wir auf der Hochzeitsreise
  weilten in der Engelsstadt,**
Durch Gebirg und Thäler streiften,
  nie des Sehens müd' und satt.

* Der indianische Name des Spiegelsees.
** Die Stadt Los Angeles in Südcalifornien.

Denkst du noch des wunderbaren
Frühlingstags, so sonnenhell,
Als wir zwei allein gefahren
Durch das Thal San Gabriel?
Pfirsichbäume und Granaten
 standen reich im Blütenflor,
Vor uns ragte die Sierra
 wie ein blauer Wall empor.

Durch Orangenhaine gingen
Weltvergessen wir dahin;
Ihre goldnen Früchte hingen
Über uns im dunklen Grün.
Blumen, Blüten allerorten,
 und die Balsamluft so lau,
Und der Lenz in unsern Herzen,
 dir und deiner jungen Frau!

Herrlich waren auch die Tage
Dort an Coronados Strand,[55]
Wo wir oft beim Wellenschlage
Wandelten auf weißem Sand;
Wo wir spät auf der Veranda
 wie in einem Märchenschloß
Glückerfüllt beisammen saßen,
 unbemerkt vom Fremdentroß.

Malte dann des Vollmonds Leuchte
Einen Pfad aufs dunkle Meer
Demantglitzernd, o, da däuchte
Mir's die Straß' vom Sternenheer!
Immer wieder mußt' ich schauen
 in dein liebes Angesicht,
Das mir nie so schön erschienen,
 wie verklärt von Lunas Licht.

Doch, was auf der Hochzeitsreise
Ich zuletzt noch staunend sah,
Künde ich zu deinem Preise,
Blüh'ndes Santa Barbara!
Voll Begeisterung, freudetrunken
    hab' ich deinen Flor erblickt,
Der bei deinem Blumenfeste
    jeden Fremdling hoch entzückt.

Zu Tausenden waren im Rosengepränge
Bezaubernde Mädchen und blühende Frau'n
Und lachende Kinder im dichten Gedränge
Und stattliche Männer und Burschen zu schaun;
Sie saßen auf ragenden breiten Tribünen,
Sie standen in Reihen, geschlossen und dicht,
Zu Seiten der prangenden Straße, beschienen
Vom warmen und goldigen sonnigen Licht.
Es flatterten farbige Wimpel und Fahnen
Von Masten und Dächern und hohen Altanen,
Es wölbten von Palmen und Moos und Gezweig
Sich Bogen an Bogen, an Rosen so reich,
Es hoben und senkten sich leise und linde
Die silbernen Wedel des Pampas im Winde —
Und über das Ganze der blaue Azur,
Darunter die freundliche, lachende Flur
Und schimmernde Villen in Menge umher,
Das mächt'ge Gebirg und das blinkende Meer. —
Nun zogen gemächlich zu Fuß und zu Pferd,
Auf Wagen, in Kutschen und leichtem Gefährt
Die festlichen Scharen beim schmetternden Klang
Der Hörner die glänzende Straße entlang:
Hier mächtige Fuhren im Blumengeschmeide,
Voll lachender Kinder im schneeigen Kleide,

Mit flatternden farbigen Bändern geschmückt —
Wie schwenkten die Fähnlein die Kleinen entzückt!
Dort glänzende Reiter und Knaben als Knappen
Auf mutig sich bäumenden Schimmeln und Rappen,
Die Tiere so stolz, sich des Schmuckes bewußt,
Mit Rosenguirlanden um Nacken und Brust;
Drauf leichte Kaleschen, die Räder an ihnen
Umflochten von Veilchen und bunten Lupinen,
Darinnen die mutigsten, schönsten der Frau'n
Als sichere Lenker der Rosse zu schaun.
Auf blumenumwundenen Rädern und Rädchen
Erschienen die Burschen sodann und die Mädchen
Und zogen in vierfach gegliederter Reih'
In Jockey- und Bloomerkostümen vorbei;
Begeisterter Jubel und lautes Hurra
Begrüßte den Kreuzer Olympia,
Im strahlenden Glanze von Nelken und Rosen,
An Stricken gezogen von flotten Matrosen.
Dann nahte im Wagen, im liliengeschmückten,
Voll blühender Mädchen, die jeden entzückten,
Die Königin Flora im Rosengewand
Und grüßte berückend mit Haupt und mit Hand.
Auf Kissen von goldnen Eschscholtzias ruhte
Die schönste der Schönen aus spanischem Blute,
Mit Augen wie Kohlen, mit flatterndem Haar,
Schwarzglänzend, — die zweite Ramona,[56] fürwahr! ---
So folgten im Zuge in buntem Gepränge,
Bewundernd begrüßt von der fröhlichen Menge,
Die Bilder einander in farbiger Pracht,
Eins reizender stets als das andre erdacht.
Nach längerem Halt und geduldigem Warten
Verteilten die Richter als Preise Standarten;
Hoch schwang in den Lüften den schimmernden Lohn,
Wer einen empfangen am schmucken Balkon.

Und als mit unendlichem Jubel sodann
Die Schlacht mit den herrlichsten Rosen begann,
Von hohen Tribünen hinunter im Bogen
Auf Wagen und Reiter und Scharen zu Fuß
Die glänzenden Blumen die Lüfte durchflogen
Bei frohem Gelächter und brausendem Gruß,
Und wieder hinauf die von Kampflust Entbrannten
Die prangenden Gaben der Flora entsandten,
Die Tausende, welche die Straße umschlossen,
Die Zieh'nden bewarfen mit Blumengeschossen,
Bis tief, wie ein farbiger Teppich, alsbald
Die Rosen bedeckten den schwarzen Asphalt:
Da stellt' ich im Taumel der fröhlichsten Lust
Mich selber zum Kampfe mit klopfender Brust,
Und schleuderte Rosen, die Hermann gebracht,
Begeistert hinab in die tobende Schlacht.
Ja, Freunde, nie hab' ich ein Fest noch erlebt,
Das schöner, als dies vor der Seele mir schwebt!
Es wird mir die Tage der Wonnen erwecken,
Wenn Flocken des Winters das Haupt schon
                                        bedecken. —

Staunend horchten Almas Gäste,
Als sie ganz nach Dichterart
Sprach vom prächt'gen Blumenfeste,
Das ihr Geist so treu bewahrt.
Alle rühmten ihre Schild'rung,
       so voll Glut, so klar dabei;
Jedem schien's, als ob er selber
       bei dem Fest gewesen sei.

Alma, jener Zeit gedenkend,
Hörte auf die Freunde kaum;
Sich in altes Glück versenkend,
Dünkt' ihr alles wie ein Traum:

Aber Fritz, der hochbegeistert
      an dem Aug' der Mutter hing,
Weckte sie mit seinen Küssen
      aus dem Bann, der sie umfing.

Liebe Mutter, rief der Knabe
Schmeichelnd mit bewegtem Ton —
Glaub's, nach Rosenfesten habe
Ich gesehnt mich lange schon!
Eine herrliche Fiesta *
      wird im Mai im Blumenflor
In Los Angeles gefeiert,
      schöner noch als je zuvor.

Gieb dem Vater gute Worte,
Daß er uns die Freude macht,
An dem sonnenheitern Orte
Auch zu schaun die Rosenschlacht!
Kaum in vierundzwanzig Stunden
      fährt man dorthin mit der Bahn;
Wär' der Monat doch vorüber,
      und wir kämen dort schon an!

Alma, streichelnd seine Haare,
Sprach: Du machst es zu geschwind!
Schwerlich wird in diesem Jahre
Was daraus, mein Sausewind!
Öfters wünscht' ich wohl im stillen,
      nochmals solch ein Fest zu sehn,
Aber mit so vielen Köpfen
      kann dies nicht so leicht geschehn.

* Das in Californien für dergleichen Feste gebräuchliche spanische Wort.

Hermann aber: Traun, mein Junge,
Aus dem Herzen sprichst du mir;
Hast ja eine Rednerzunge,
Wenn ein Wunsch im Herzen dir!
Will es euch nur gleich bekennen,
    daß den Plan ich längst gehegt,
Doch ich wollt' davon nicht sprechen,
    weil ich mehr noch überlegt.

Nun, ich will es euch verraten:
Sind wir unterwegs einmal,
Geht's gleich weiter nach den Staaten [57]
Über Berg und über Thal;
Und dann hab' ich's wohl erwogen,
    ob ein Ausflug übers Meer
Nach der Bildung alten Stätten
    nicht daran zu knüpfen wär'?

Alles hab' ich vorbereitet
Schon seit letztem Januar, —
Und wer weiß, vielleicht begleitet
Uns die liebe Freundesschar?
Lang schon zieht mich heißes Sehnen
    nach dem teuren Vaterland,
Noch einmal die Luft zu atmen,
    wo der Kindheit Wiege stand.

In die Arme möcht' ich schließen
Dort die Lieben, groß und klein,
Manchen alten Freund begrüßen
Frohgemut beim goldnen Wein;
Möcht' das neue Deutschland schauen,
    das mit kaum geahnter Kraft,
Seit geeinigt seine Stämme,
    sich entfaltet zauberhaft.

Aber mit noch stärkerm Drange
Treibt mich auf die Wanderfahrt
Ein Gedanke, den schon lange
Ich im Herzen still bewahrt:
Jene zarte Wunderblume,
   die im deutschen Herzen blüht,
Sollen auch die Kinder erben
   und besitzen — das Gemüt;

Und die Kunst, die Hehre, Schöne,
Deren Heim im deutschen Land,
Soll veredeln meine Söhne,
Leiten sie mit sichrer Hand;
Mit den Wissenschaften sollen
   sie bereichern ihren Geist,
Daß er sie im Kampf des Lebens
   auf die rechten Pfade weist.

Fünfzehn Jahre sind die Grenze,
Die hinweg vom Kindesspiel
In dem heitern Lebenslenze
Weisen auf ein ernstes Ziel.
Fritz ist eben eingetreten
   in dies Alter froh bewußt,
Und Begeistrung für das Edle
   schwellt ihm schon die junge Brust.

Will nach Altona ihn bringen.
Dorten als Gymnasiast
Soll er streben, soll er ringen,
Von des Lernens Trieb erfaßt.
In dem Heim von meinem Bruder
   wird er wohnen, wie sein Kind,
Wo der Sittlichkeit Gebote
   Mahner ihm und Hüter sind.

Wenn sein Studium beschlossen,
Soll er frei und ohne Zwang
Mit den älteren Genossen
Folgen seinem Wissensdrang;
Soll sich dann auf höh'ren Schulen
    bilden nach des Bruders Rat,
Soll sich auch des Lebens freuen,
    wie ich selber einst es that.

Doch zu lang soll er mir nimmer
Fern sein von Amerika!
Sein Geburtsland steh' ihm immer
Lieb als seine Heimat da.
Kehrt zurück ins Land der Freiheit
    er mit Geistesschätzen dann,
Wird er seine Ideale
    wahren als gereifter Mann.

Alma, meines Daseins Sonne,
Robert, Klärchen nehm' ich mit;
Mög' uns folgen Glück und Wonne
Übers Meer auf Schritt und Tritt'
Unsre Nachbarn, alte, junge,
    groß und klein, die ganze Schar,
Hoff' ich werden uns begleiten
    für ein volles Reisejahr. —

Hoch verwundert waren alle
Über Hermanns rasches Wort;
Dann mit lautem Wiederhalle
Scholl der Beifallsruf sofort.
Wie in vielen andern Fällen
    gings auch hier in diesem Kreis
Wenn, was Tausende ersehnten,
    Einer auszusprechen weiß.

Fritz und Alma ward erst mählich
Klar der plötzliche Entschluß,
Und sie gaben, überselig,
Beide Hermann Kuß auf Kuß.
Eifrig ward alsdann besprochen
    für die Reise mancherlei,
Und den Frauen schien's, daß vieles
    wohl noch zu erwägen sei.

Doch der Arzt: Mir will's nicht scheinen,
Daß Bedenkzeit nötig ist!
Schuh' und Strümpfe für die Kleinen
Schafft man an in kurzer Frist!
Für die Damen je ein Koffer,
    für die Männer leicht Gepäck —
Also reist man hierzulande,
    ist das Geld am rechten Fleck!

Hermann lachte: Dies zu heben
In der Bank, ist leicht gethan!
Und im Mai, wenn wir's erleben,
Sind bereit wir für die Bahn!
Werde mit dem Draht bestellen
    Plätze bei dem Bremer Lloyd.
Jetzt, ihr Nachbarn, macht euch fertig,
    eh der Vorsatz euch gereut! —

Arm in Arm den Kiesweg schritten
Alle nach dem Gitterthor.
Übers Waldgebirge glitten
Leicht Gewölk und Nebelflor.
Fester aneinander schlossen
    sich die Herzen, warm und weich;
Ob im Goldland je erblühte
    Menschenglück so überreich?

Erläuternder Anhang.

1. Buckeye (Aesculus flava) — der in den westlichen Unionsstaaten häufig vorkommende Bockaugenbaum. Buckeye=Staat ist der im Volksmunde gebräuchliche Name für den Staat Ohio.

2. Belle rivière (der schöne Strom) wurde der Ohio von den ersten französischen Ansiedlern genannt.

3. Banjo — ein Negerinstrument mit fünf Saiten, das mit den Fingern gespielt wird. Der Hals eines Banjos sieht wie der einer Guitarre aus, während sein unterer Teil einem Tambourin gleicht.

4. Der Arkansaw Traveler — ein Hinterwälbler aus dem Staate Arkansas, der in urkomischen Versen und Bildern verherrlicht wurde.

5. Die Howard Association ist eine in den Südstaaten weit verbreitete Gesellschaft, deren Mitglieder es sich zur Aufgabe machen, die vom Gelben Fieber Befallenen aufzusuchen und unentgeltlich zu pflegen.

6. Der Mississippi bildet vor New Orleans einen weiten Bogen, weshalb diese Stadt Crescent City (die Halbmondstadt) genannt wird.

7. Bayou La Fourche — ein Nebenarm des Mississippi in Louisiana.

8. Der Champlain See (Lake Champlain) bildet zum größten Teil die Grenze zwischen den Staaten Vermont und New York.

9. Die Stadt Natchez im Staate Mississippi ist durch ihre streitsüchtigen Bewohner berühmt geworden; daher ihr Beiname „Das blutige Natchez".

10. Lake Ponchartrain (korrumpiert aus Point Chartrain) ist eine land= seeartige Bai des Mexikanischen Golfs, die sich von Osten her bis nach New Orleans erstreckt.

11. Alamo — ein altes Fort im Weichbild der Stadt San Antonio, das von 172 Texanern gegen 5000 Mexikaner unter dem Befehl des Generals und Diktators Santa Ana dreizehn Tage lang ruhmvoll ver= teidigt wurde. Sämtliche Verteidiger des Alamo starben den Heldentod, während die Mexikaner 1544 Tote und 300 Verwundete verloren (6. März 1836). Bei San Jacinto (21. April 1836) vernichteten die Texaner unter dem Befehl des Generals Sam Houston mit dem Schlachtruf: „Rache für Alamo!" in einer halben Stunde die ihnen vierfach überlegene Hauptmacht der Mexi= kaner. Diese Schlacht entschied die Selbständigkeit von Texas, das zehn

Jahre lang einen unabhängigen Staat bildete und sich dann den Vereinigten Staaten anschloß.

12. Die mit Recht berühmt gewordenen Texas rangers bilden ein berittenes Corps von Freiwilligen, welches die Grenzdistrikte gegen die Indianer und räuberischen Mexikaner schützen.

13. Der Whippoorwill (Anstrotomus vociverus) ist ein echter Insekten jagender Waldvogel, den man im ganzen nördlichen Gebiete der Union, weniger zahlreich in den Südstaaten, hören kann. Im Winter zieht er südlich bis nach Westindien und Guatemala. Seinen Namen hat der volkstümliche Vogel nach den von ihm nachts meistens aus hohen Laubbäumen erschallenden Tönen „Whip — pur — will“ genommen.

14. Virginia Reel (V. Riel) — ein amerikanischer Tanz, bei welchem die Herren und Damen in langer Doppelreihe einander gegenüber stehen.

15. Tamarack, die amerikanische Lärche, ein kleiner Baum, dessen feinfasriges hartes Holz oft zu Spazierstöcken verarbeitet wird.

16. Corn-Cob — der innere Teil eines Maiskolbens, der von den Landbewohnern in Amerika gern zu Pfeifen verwendet wird.

17. Papuhse — kleine Indianerkinder, welche, fest eingewickelt, von den Squaws (Frauen) in Kiepen auf dem Rücken getragen werden.

18. Der Tümmler gehört zum Geschlecht der Delphine, ist aber bedeutend größer als der klassische Delphin des Altertums. Er taucht oft in der Nähe eines Schiffes in Scharen auf, schlägt Purzelbäume und schwimmt mit dem Schiff um die Wette.

19. Mit der Beschießung und Einnahme von Fort Sumter im Hafen von Charleston in Süd-Carolina (12. April 1861) begannen die Südstaaten den Bürgerkrieg.

20. In der Schlacht von Bull Run, in der Nähe von Washington, erlitten die Bundestruppen eine schmähliche Niederlage (21. Juli 1861).

21. Die Kriegsschiffe der Südländer wurden, in Ermangelung von Stahlplatten, mit Eisenbahnschienen gepanzert, welche man in umgekehrten Lagen auf einander befestigte.

22. Die Chesapeake (spr.: Cheßpiek)-Bai, ein gegen 200 engl. Meilen (320 km) ins Festland einschneidender Busen des Atlantischen Meeres, wird von den Staaten Virginia und Maryland eingeschlossen.

23. Die blutige Schlacht bei Shiloh (Pittsburg Landing am Tennesseefluß) fand am 6. und 7. April 1862 statt.

24. In der Schlacht bei New Orleans (8. Januar 1815) erlitt das Landungsheer der Engländer, 12 000 Veteranen aus den Feldzügen in Spanien, unter dem Befehl des Generals Pakenham, eines Schwagers von Wellington, eine furchtbare Niederlage durch die Freiwilligen unter General Jackson.

25. Der Admiral Farragut erzwang am 24. April 1862 mit siebzehn hölzernen, mit Eisenketten an den Seiten einigermaßen geschützten Kriegsschiffen unter dem heftigen Feuer der Forts Jackson und St. Philip den Mississippi, vernichtete die Flottille der Conföderierten und legte sich vor New Orleans. Am 1. Mai besetzte General Butler die Stadt.

26. Mit der Schlacht am Malvernhügel (Malvern Hill) am James=
fluß — 1. Juli 1862 — nahm der mit so großem Pomp von Mc Clellan
in Scene gesetzte Halbinselfeldzug ein trauriges Ende.

27. Staten Island — eine Insel in der Bai von New York.

28. Ho—pot—le—ho—lo: ein Häuptling der Creek (Kriek)=Indianer.

29. We are coming Father Abraham! Three hundred thousand more!
— so lauten die Anfangsworte eines Kriegsliedes, welches viel gesungen
wurde, als Lincoln wiederholt Freiwillige zu den Fahnen rief.

30. Das für den Süden zu Offensivbewegungen außerordentlich wichtige
Shenandoah=Thal liegt am östlichen Fuße der Blauen Berge im Staate Virginia.

31. Der Rapidan ist ein Nebenfluß des Rappahannock im nördlichen
Virginien.

32. Mit der Schlacht bei Gettysburg (1.—3. Juli 1863) trat die
Wendung des Bürgerkrieges zu gunsten der Union ein, obgleich die folgen=
schwere Bedeutung des Sieges erst in späterer Zeit gewürdigt wurde.

33. Die südlich vom Ohio im Felde stehende Bundesarmee führte
ihren Namen nach dem Cumberland, einem Nebenflusse des Ohio.

34. Die Stadt Chattanooga (spr.: Tschattanuga), in der Sprache der
Cherokesen „das Habichtsnest", liegt im Staate Tennessee, nicht weit von
seiner Südgrenze, und bildet einen wichtigen strategischen Punkt. Auf den
in der Nähe liegenden Lookout=Bergen und auf der Missionary Ridge
erlitten die Südländer am 24. und 25. November 1863 eine schwere Niederlage.

35. Die furchtbar blutigen Schlachten in der Wildnis (battles o
the Wilderness) — 6. bis 12. Mai 1864 — fanden während des Vor=
marsches von Grant gegen Richmond inmitten ausgedehnter Waldungen
südlich vom Rapidan statt.

36. Nachdem Richmond gefallen war (3. April 1865), wurde Lee ge=
zwungen, mit dem Reste seiner halb verhungerten Truppen (27 000 Mann)
bei Appomattox=Court=House (9. April 1865) vor Grant die Waffen
zu strecken.

37. Die Wohnung des Präsidenten in Washington führt den Namen
Das weiße Haus.

38. Die Arlington=Brücke überspannt den Potomac bei Washington
und verbindet diese Stadt mit dem Staate Virginia.

39. Am Freitag den 14. April 1865, wenige Minuten nach zehn Uhr
abends, wurde Abraham Lincoln von dem fanatischen Schauspieler J. Wil=
kes Booth in einer Loge in Ford's Theater in Washington hinterrücks
durch den Kopf geschossen. Das Lustspiel Our American Cousin wurde
an jenem Abende dort aufgeführt. Lincoln kam nicht mehr zum Bewußt=
sein und starb früh am nächsten Morgen.

40. Die sogenannten Präriehunde (prairie dog — spermophilus
ludovicianus) gehören zum Geschlecht der Hamster. Die lustigen Tierchen
wohnen auf den westlichen Ebenen zu Tausenden wie in Dörfern zusammen.
Klapperschlangen und kleine Eulen nisten sich gerne bei ihnen ein.

41. Die Zahl der Bisons (gewöhnlich Büffel oder Buffalos genannt — Bos Americanus) auf den westlichen Ebenen schätzte man zur Zeit des Baues der ersten Pacific=Eisenbahn (1869) auf 5½ Millionen. Nach 1869 wurden sie von Jägern, nur wegen des Wertes ihrer Knochen und Felle, in zwölf Jahren buchstäblich vom Erdboden vertilgt. Gegenwärtig giebt es im wilden Zustande nur noch etwa 200 im Yellowstone=Park, wo sie von der Regierung der Vereinigten Staaten beschützt werden, und höchstens 500 in den nördlichen Britischen Besitzungen.

42. Der Tempelberg (Church Butte) liegt im Staate Wyoming in der Nähe der Unionpacificbahn. Die aus der öden Ebene aufragende Fels= masse hat eine merkwürdige Ähnlichkeit mit einer uralten riesigen Tempelruine.

43. Cañon oder Canyon (spr.: Kännion) — ein dem Spanischen ent= nommenes Wort — ist die im westlichen Amerika übliche Bezeichnung für ein enges Felsthal oder eine Felsschlucht.

44. Minnehaha (lachendes Wasser) ist der Name einer schönen India= nerin in Longfellows Gedicht Hiawatha.

45. Die faule Grete hieß die Kanone, mit der Friedrich I., der erste Markgraf von Brandenburg aus dem Hause Hohenzollern, die Quitzow'schen Raubschlösser zusammenschoß. Das größte derselben, das Burgschloß Friesack, wurde im Jahre 1414 zerstört.

46. Hurdy=Gurdys werden die deutschen Tanzmädchen in den Minen= lagern und Ortschaften in den amerikanischen Golddistrikten genannt.

47. Das Wort Bonanza ist dem Spanischen entnommen und bedeutet eine Stelle im Minengrund, wo sich das Gold in Menge angesammelt hat.

48. Minstrels — Negersänger, meistens geschwärzte Weiße. Sie sind urkomisch herausgeputzt und tragen tolle Lieder und Chorgesänge unter der Begleitung von Banjos, Tambourins u. s. w. vor, untermischt mit derben Witzen und blödsinnigem Frage= und Antwort=Spiel, Negertänzen u. dergl. m.

49. Sheriff heißt der oberste Gerichtsvollzieher in Amerika, der auch das Hängen zu besorgen hat. Das Amt eines Sheriffs gehört zu den einträglichsten Beamtenstellen.

50. Die Piutes (Peiuts) sind ein Indianerstamm, der sich in Nevada und im südlichen Oregon herumtreibt.

51. Micawber (im Roman David Copperfield von Dickens) ist ein alter Herr, der immer auf einen Glücksfall wartet — always waiting for something to turn up.

52. Gesalzen nennt man einen Minengrund, in welchen Goldstaub gestreut oder hineingeschossen wurde, um ihm bei einem Schwindelverkauf den Anschein von großem Reichtum zu geben.

53. Eschscholtzia californica ist der botanische Name einer goldgelben Blume, welche eine prächtige Zierde der californischen Landschaft bildet. Adalbert von Chamisso, der Californien im Jahre 1816 als Botaniker auf dem russischen Schiffe Rurik auf einer Weltumsegelungsreise besuchte, benannte diese Blume nach seinem Freunde Eschscholtz aus Dorpat, dem

Ärzte und Zoologen der Expedition. Die Eschscholtzia, im Volksmunde golden poppy genannt, wurde zur symbolischen Blume (State flower) des Staates Californien erhoben.

54. Die Stadt San José in Californien wird die Gartenstadt genannt.

55. Die Halbinsel Coronado, auf welcher das gleichnamige prachtvolle Gasthaus nahe am Meeresstrande steht, schließt im Westen den schönen Hafen von San Diego in Südcalifornien ein.

56. Ramona ist die volkstümliche Heldin des nach ihr benannten californischen Romans von Mrs H. Jackson (Helen Hunt).

57. Die östlichen (älteren) Unionsstaaten nennt man in den Ländergebieten am Stillen Meere kurzweg die Staaten (the States).

www.ingramcontent.com/pod-product-compliance
Lightning Source LLC
Chambersburg PA
CBHW031050110726
47900CB00003B/881